« Un double regard parents-enfants parfait pour favoriser la transmission. »

Nicolas Hulot

« Les enfants possèdent ce pouvoir magique de poser — avec un air innocent — des questions terribles, vous savez, celles qui mettent les adultes face à leurs incohérences. Avec ce livre salutaire, Anne Thoumieux tente de sauver l'honneur des adultes ! Elle nous donne tout le matos pour éviter les grands silences ou les petits mensonges… Car ne plus mentir aux enfants, c'est arrêter de nous mentir à nous-mêmes. Apprendre à parler aux enfants, c'est apprendre à parler avec son cœur. »

Pablo Servigne

« Un livre essentiel pour l'avenir. »

Jean Jouzel

De la même autrice, aux éditions Leduc :

J'arrête le plastique, 2019

Édition : Christine Cameau
Maquette et illustrations intérieures : Jennifer Simboiselle
Design couverture : Antartik
Illustration couverture : Beya Rebaï

10, place des Cinq-Martyrs-du-Lycée-Buffon
75015 Paris – France
ISBN : 979-10-285-1963-6

ANNE THOUMIEUX

Dis, c'est vrai qu'on peut soigner la Terre ?

40 questions-réponses pour tout comprendre à l'écologie d'aujourd'hui et l'expliquer à nos enfants

LEDUC

Sommaire

Pour mes filles et tous les enfants du monde.
Pardon.

Préface
par Jean Jouzel

Climatologue, spécialiste de la reconstruction du passé de notre climat à partir de l'étude des glaces de l'Antarctique et du Groenland, je me suis, dès les années 1980, intéressé à son évolution future en réponse à l'augmentation de l'effet de serre liée à nos activités et aux conséquences d'un réchauffement dont il était envisagé qu'il pourrait être important dans la seconde partie du XXIe siècle. À travers mon implication, de 1994 à 2015, dans les rapports successifs du GIEC, j'ai pris conscience de l'ampleur de ces conséquences, du caractère inéluctable de certaines d'entre elles et de l'urgence à agir de façon à diminuer drastiquement nos émissions de gaz à effet de serre. Mais j'ai surtout été marqué par le fait qu'un réchauffement important exacerbe, dans la plupart des cas, les problèmes auxquels notre humanité doit faire face, que ce soit dans le domaine de l'environnement, des ressources en eau, de la perte de biodiversité, de la pollution, ou sur des aspects plus généraux tels que sécurité alimentaire, risque de conflits, lien entre santé et environnement, accroissement des inégalités...

Prenons deux exemples, ceux de la perte de biodiversité et de la pollution. Le changement climatique est d'ores et déjà la troisième cause de perte de biodiversité après les changements d'usage de la mer, des terres – en premier lieu la déforestation – et l'exploitation directe de certains organismes, et avant la pollution et les espèces exotiques envahissantes. Et si le réchauffement n'était pas maîtrisé, il aurait, par rapport à la biodiversité, un impact négatif de plus en plus important. En effet, à la fin du siècle, certaines espèces, faune ou flore, auraient une capacité de déplacement inférieure à la vitesse de déplacement des zones climatiques et il leur serait impossible, ou pour le moins difficile, de s'adapter à ces conditions climatiques profondément modifiées. Quant à la pollution, elle peut, dans l'atmosphère, être favorisée par le réchauffement, et il est aussi plus difficile d'y faire face dans des mégapoles lors de périodes caniculaires qui deviennent de plus en plus fréquentes et auxquelles est souvent associé un phénomène d'îlot de chaleur urbain. Ces trois problèmes environnementaux majeurs, réchauffement climatique, pollution atmosphérique et perte de biodiversité, sont très intimement liés et ont une cause première commune : la consommation de plus en plus importante de ressources, combustibles fossiles, espaces naturels ou autres, associée à nos activités.

L'approche adoptée par Anne Thoumieux d'aborder ces trois aspects dans un même ouvrage et de faire le lien avec nos consommations est donc extrêmement pertinente. Et tout aussi pertinent est le choix de s'adresser à la fois – et sur un registre différent – aux parents et aux enfants. Aux parents, car la sensibilisation et l'éducation sont des clés qui permettront aux jeunes générations de s'éloigner du mode de développement que nous avons adopté depuis quelques décennies, développement trop peu soucieux de ressources limitées et de la nature qui nous entoure. Certes, cette indispensable éducation à l'environnement, qui doit aboutir sur la prise de conscience de la nécessité d'une transition écologique, est de mieux en mieux prise en compte à l'école, au collège puis au lycée, mais les parents ont un rôle essentiel à jouer par la parole et par l'exemple.

Les enfants, eux, sont doublement concernés, en particulier dans le cas du réchauffement climatique dont la maîtrise constituerait un facteur positif par rapport aux conséquences de la pollution et à la préservation de la biodiversité. Ils le sont d'abord par l'inaction, celle des adultes, les décideurs d'aujourd'hui. En effet, le climat qu'ils connaîtront dans la seconde partie de ce siècle dépend de notre capacité collective à atteindre la neutralité carbone, si possible dès 2050. Si rien de sérieux n'était fait d'ici là pour diminuer rapidement nos émissions de gaz à effet de serre, nous irions vers des réchauffements dont les impacts seraient tels que ne rien faire n'est pas envisageable. Et c'est au cours de cette décennie et des suivantes qu'il faut agir pour éviter aux jeunes d'aujourd'hui un climat auquel il leur serait très difficile de s'adapter d'ici une cinquantaine d'années, sinon impossible dans certaines régions. Ces enfants auront donc un rôle essentiel lorsque, dans quelques années, ils rentreront dans la vie professionnelle, et ce quel que soit le secteur dans lequel ils exerceront leur activité. Ils seront alors au cœur de l'action.

Avec la variété et la complémentarité des thèmes abordés, ce regard dirigé alternativement vers les adultes et vers les enfants ajoute à l'intérêt de l'ouvrage, très bien documenté, d'Anne Thoumieux. Celui-ci est rédigé avec la conviction que réchauffement climatique, pollution et perte de biodiversité sont des problèmes majeurs mais que des solutions existent pour en limiter, voire en diminuer, l'ampleur et les conséquences. Et il est passionnant.

***Jean Jouzel**, climatologue et glaciologue, membre de l'Académie des sciences. Directeur de recherches émérite au CEA (commissariat à l'Énergie atomique et aux énergies alternatives) à l'origine du collectif « Pacte Finance Climat », vice-président, de 2002 à 2015, du groupe scientifique du GIEC (groupe d'experts intergouvernemental de l'ONU sur l'évolution du climat), organisation qui a reçu le prix Nobel de la paix en 2007.*

Avant-propos

Cinq jours précisément avant la remise du manuscrit de ce livre à mon éditrice, ma fille de 6 ans est rentrée en larmes de l'école. Et m'a poussée à changer d'angle pour vous présenter cet ouvrage. Elle avait vu dans la vitrine d'une boucherie un lapin, mort, entier, avec ses poils. Attirée car le croyant vivant, ce fut un choc pour elle. Elle pleura longtemps, plusieurs fois dans la soirée, me disant : « Il faut tuer ces gens qui sont méchants avec les animaux ! » (les enfants sont toujours très modérés) ou encore : « En plus il avait les yeux ouverts, c'est horrible de faire ça, il faut les empêcher. » Je lui ai expliqué que l'on ne pouvait pas empêcher les gens ni d'exercer ce métier, ni de manger des animaux. « Mais, maman, pourquoi manger un lapin ? C'est si mignon. Ils pourraient au moins le mettre en tranches (*sic*) et pas en entier, pour pas rendre tristes les enfants », m'a-t-elle répondu (les enfants ont toujours un grand sens pratique). Je lui ai alors fait prendre conscience que les petits cochons aussi, c'est mignon, tout comme les veaux ou les agneaux, que c'est pour cela que moi, j'avais décidé de ne plus les manger, de m'en tenir aux volailles pour l'instant et à un minimum de bœuf, et qu'elle pouvait faire pareil. Je lui ai également fait remarquer qu'elle aussi aimait bien la viande, et que ça ne la choquait pas quand c'était sous forme de « jambon », mais que si elle le voulait, elle pouvait défendre sa position en manifestant devant la boucherie

avec un panneau disant : « Moi j'aime les animaux vivants. » Ses yeux se sont illuminés (les enfants sont toujours des révolutionnaires dans l'âme). Or je ne pensais pas qu'elle adhérerait à l'idée... Je la voyais réfléchir intensément, puis elle dit : « C'est vrai que moi, j'aime bien la viande. C'est trop dur de pas en manger. Mais si je fais une manif et que je continue d'en manger, ça n'a aucun sens. ». CQFD. Nous en avons conclu qu'elle pouvait juste défendre les lapins et demander au boucher de s'engager à ne plus mettre d'animaux entiers dans ses vitrines pour préserver la sensibilité des enfants. C'est alors que sa sœur de 3 ans et demi, qui n'avait pas raté une miette de la discussion, dit : « Heureusement que dans notre vie on n'a pas de chasseurs » (sans doute le lien entre le lapin et le chasseur de la célèbre chanson « Ce matin un lapin a tué un chasseur » de Chantal Goya, militante écolo avant l'heure, qu'elles écoutent en boucle). La grande lui a alors dit : « Oui, parce que les chasseurs, ce sont eux qui vont dans la forêt, tuent les animaux et les donnent au boucher. » Il m'a fallu repartir dans une explication sur l'élevage, les abattoirs (version light) et la viande industrielle qui choque moins mais qui est en fait pire (je n'ai pas eu à cœur de tenter d'expliquer l'inexplicable, que les chasseurs tuent pour le plaisir...).
Avant de se coucher, ma fille a encore pleuré mais a conclu ainsi : « Demain, j'en parle à mes copines et on ira voir le boucher ensemble avec des panneaux, et toi, tu lui donneras ma lettre pour lui demander pour les lapins. »

Cette situation montre énormément de choses : d'abord que les enfants ont un sens inné de la justice, qu'ils sont naturellement empathiques, capables d'engagement, et qu'ils peuvent très tôt comprendre des choses et raisonner. En dehors de cette histoire particulière, les enfants sont en effet un excellent détecteur à absurdités, et leur sensibilité est un baromètre fiable pour mesurer à quel point on s'habitue à des choses qui n'ont aucun sens. Enfin, et surtout, les enfants aiment le vivant. Par-dessus tout. La nature les émerveille, ils vouent tous une passion aux animaux, présentent un instinct de protection très fort envers les bébés humains ou animaux, adorent patauger, gratouiller, ramasser des coquillages et des cailloux. Leur innocence préservée, quand on prend le temps de l'observer, nous révèle à quel point nous nous sommes éloignés de cet élan naturel. C'est pour toutes ces raisons que j'ai voulu écrire ce livre. J'ai, pendant un an environ, noté des phrases que mes filles disaient, les fameux « mots d'enfants » : ce sont elles qui m'ont directement inspiré les doubles questions que vous trouverez dans ces pages. Parce que les enfants ont soif et faim de savoir, de découvrir et de faire, nous avons beaucoup à apprendre d'eux, mais c'est d'abord à nous de les aider à comprendre le monde d'aujourd'hui pour leur permettre d'agir demain.

« Mais alors, dit Alice, si le monde n'a absolument aucun sens, qui nous empêche d'en inventer un ? »

Lewis Carroll

Introduction

L'ouvrage que vous tenez entre vos mains est le fruit de mes recherches en tant que journaliste, en tant que citoyenne et en tant que maman. Il n'était pas facile de trouver des réponses à mes propres questions, mais il est encore plus dur d'arriver à répondre à celles de mes enfants dont la naïveté et la bienveillance entrent frontalement en opposition avec le monde qui nous entoure, que nous détruisons et qui nous détruit en retour. Car tout est lié.

J'ai découpé cet ouvrage en quatre thématiques : climat, consommation, pollutions et biodiversité. Mais la réalité est que l'écologie est un problème qui doit être abordé de manière systémique, globale. Raser une forêt pour construire une ville ou une usine implique les quatre sujets : les arbres supprimés n'absorberont pas le CO_2 qu'ils devraient, accélérant ainsi le dérèglement climatique, ils n'abriteront plus les espèces qui y vivaient, la construction de la ville génère une pollution environnementale tout en supprimant un écosystème naturel et sa biodiversité, et son fonctionnement générera une consommation supplémentaire, de matériel comme d'énergie, responsable de nouvelles pollutions (déchets...), etc.

Autre exemple : quand les tourbières, sortes de terrains marécageux type « éponges » très répandus dans le Sud-Est asiatique (Indonésie et Malaisie) composés de matière végétale à demi décomposée, s'assèchent, elles libèrent du CO_2. Mais elles perdent surtout leur capacité à réguler les inondations pendant la saison des pluies et à servir de réserves d'eau pendant la saison sèche. Nous sommes alors privés de tous les services précieux qu'elles nous rendent : protection des côtes contre l'intrusion de l'eau de mer, filtrage des polluants en amont des nappes phréatiques, habitat pour la faune... Pourtant, on organise sciemment leur dégradation au profit de la production d'huile de palme ou du développement industriel et résidentiel. En Russie, dans un objectif d'augmenter la part des ressources renouvelables dans la consommation d'énergie, il est prévu de drainer ces tourbières pour s'en servir de combustible. En Afrique, la dégradation des tourbières en fait une des sources principales de la production de CO_2, comparable à celles dues aux combustibles fossiles (!). Sans parler du dioxyde de carbone émis quand elles brûlent... Un exemple typique des interactions indissociables entre climat, biodiversité, pollution, consommation... et politique ! Car aucun des protocoles ou des négociations climatiques et écologiques n'accorde (pour l'instant) vraiment d'importance à ces tourbières, pourtant essentielles.

Acheter des produits conçus pour ne pas durer implique les quatre thèmes. Prendre l'avion comme on prend le métro implique les quatre thèmes. Manger des burgers et des sushis à gogo également. Entre notre consommation et l'environnement, tout est inexorablement lié, et plus qu'on ne le croit.

Nous ne soupçonnons pas la quantité de ressources naturelles nécessaires à la production des biens de consommation. Les emballages, mais aussi les produits à usage unique ou les gadgets multiples que nous consommons en masse, sont souvent issus du pétrole. Réduire les déchets représente une importante source d'économie de matières premières. Les minerais précieux qui se trouvent au cœur de nos appareils hi-fi ou informatiques sont autant de ressources épuisables qu'il faut gérer avec soin. Le prix à payer en termes de dégradation de notre milieu de vie est très élevé : le processus de production des biens et services dans le monde pollue à 360 degrés. Or on regarde la plupart du temps les conséquences directes de l'usage des produits sur le climat, sans prendre en compte l'impact de leur production sur les ressources, la biodiversité, la pollution de l'air, de l'eau et des sols. On parle quand même parfois d'énergie grise, une notion qui indique la quantité d'énergie utilisée pour produire un bien de consommation ou mettre au point un service. Mais il y a toujours beaucoup d'autres choses qui entrent en jeu et qui ne sont pas prises en compte : l'extraction des ressources, les procédés de fabrication, le transport des matières... Des enjeux longtemps invisibilisés, aujourd'hui mis au jour par les notions d'« empreinte cachée » ou de « sac à dos écologique » qui émergent. Il s'agit de regarder le poids (au sens propre) de l'ensemble des ressources naturelles des matériaux nécessaires à la fabrication d'un exemplaire du produit. Et alors seulement nous aurons l'ensemble du tableau.

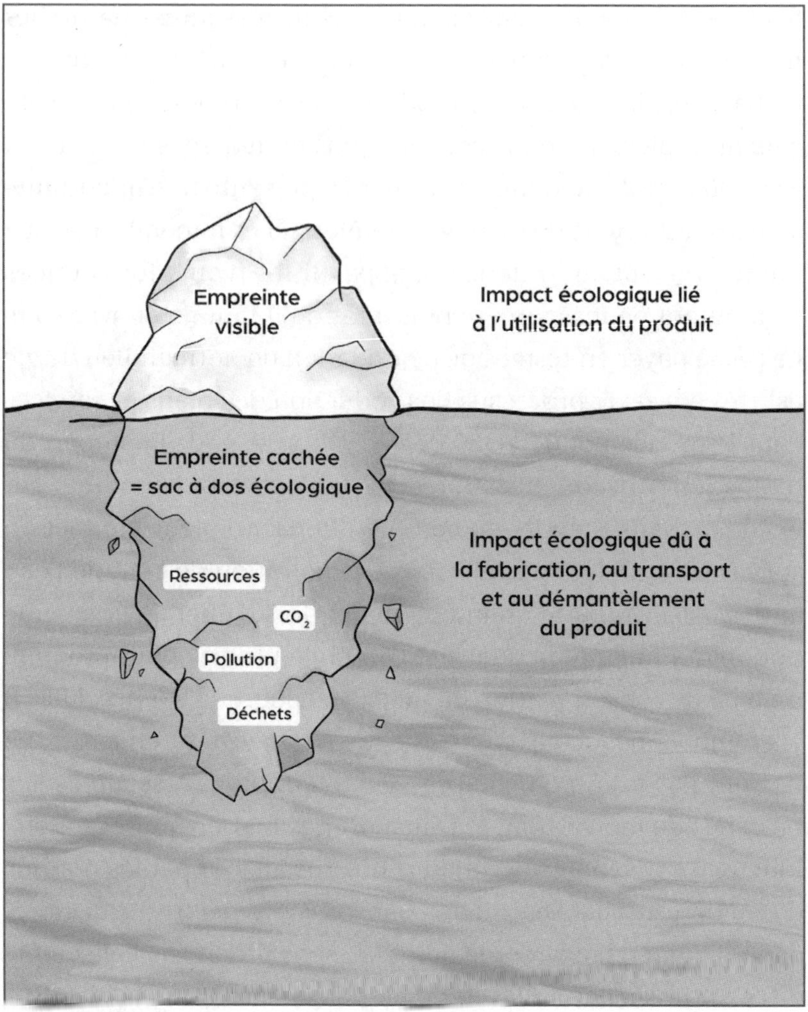

Toutes ces incidences, ces liens et nos choix, au niveau mondial, national, local ou particulier, ont en commun d'exercer une pression sur les ressources naturelles. Or le caractère limité des ressources fossiles et minérales non renouvelables comme le pétrole, le fer, les métaux rares est aujourd'hui incompatible avec le rythme mondial et national de consommation.

L'urgence de ralentir se fait sentir pour tous. Adultes et enfants se sentent souvent malmenés par les rythmes imposés par la société, les premiers se demandant de plus en plus : « Mais comment en est-on arrivé là ? Et que faire ? » Ce livre essaie de répondre à ces deux questions, en allant dans le détail afin de donner aux parents toutes les clés de compréhension nécessaires pour appréhender de manière globale la crise écologique que nous vivons et dont les enfants hériteront... Et pour pouvoir répondre aux questions sans détour dont les petits ont le secret, lesquels, en plus de nous mettre violemment face à nos incohérences et à l'absurdité des choses, soulèvent des problèmes beaucoup plus grands qu'eux et nous réunis. Il est urgent de prendre conscience et de transmettre ces clés à nos enfants pour qu'ils puissent s'épanouir dans le monde de demain, armés de compréhension et d'espoir.

1

CLIMAT

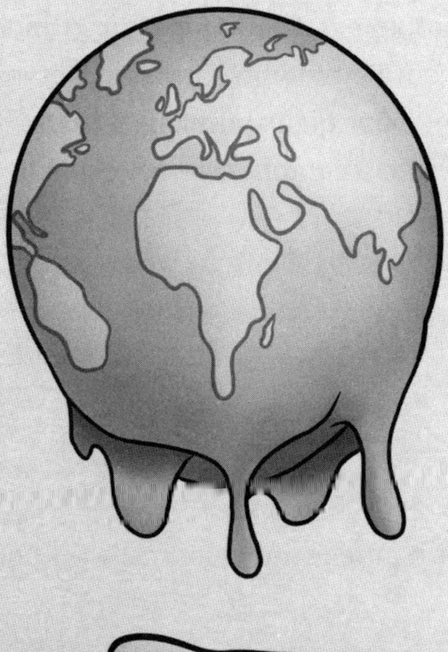

1

C'EST QUOI, LE RÉCHAUFFEMENT CLIMATIQUE ? ET L'EFFET DE SERRE ?

Il s'agit d'un dérèglement du climat : le climat change naturellement depuis toujours, mais normalement sur des temps dits « géologiques », c'est-à-dire sur des millions d'années. Ainsi, la Terre a connu une alternance de périodes de froid et de réchauffement, jusqu'à des climats extrêmes, très chauds et humides. Mais cela se passait sur des cycles de millions ou de milliers d'années, or aujourd'hui le réchauffement est bien plus rapide, comme accéléré, arrivant sur une période d'à peine plus de 100 ans, et causé par les activités humaines. À chaque seconde, le sol de la Terre reçoit une partie des rayons du soleil. Le sol alors réchauffé émet des rayons infrarouges qui repartent dans l'atmosphère (faite en partie de gaz et de vapeur d'eau) et y restent, totalement ou en partie. Normalement, les gaz et la vapeur d'eau de l'atmosphère qui reçoivent ce rayonnement, retiennent une partie seulement des infrarouges, comme un filtre qui en laisserait passer. Quand – et si – on ajoute un ou des gaz comme du dioxyde de carbone (CO_2), du méthane (CH_4) ou du protoxyde d'azote (N_2O), cela densifie ce « filtre » qu'est l'atmosphère. Il laisse alors de moins en moins d'infrarouges sortir, et retient alors plus de chaleur, comme dans une serre de jardinier : c'est ce qu'on appelle l'effet de serre, et c'est pour cela qu'on appelle ces gaz des « gaz à effet de serre » (GES).

Ce sont eux qui, en empêchant les rayons de passer, et la chaleur de partir, font monter la température. Ces gaz proviennent autant des transports consommant du pétrole (avions, bateaux, voitures), des activités industrielles fonctionnant par la combustion du charbon et du gaz (production d'électricité, chauffage) que de l'élevage intensif et de ce qu'il induit (déforestation pour faire pousser des céréales afin de nourrir le bétail, lisier, engrais, fermentation du lisier et du riz, utilisation de machines...). Malheureusement, on évalue à un siècle le temps qu'il faut pour les dissiper : si on arrêtait TOUTE émission de CO_2 et de méthane aujourd'hui, l'atmosphère se réchaufferait donc quand même de près de 1 °C d'ici la fin du siècle... Une variation de température qui peut sembler faible, pourtant, en particulier dans les régions les plus froides et les plus chaudes, elle représente un véritable bouleversement pour l'environnement. À 1 °C près, la glace fond ou ne fond pas, par exemple... et les formes de vie, végétales ou animales, qui pour certaines ne pourront pas s'adapter à ce changement trop rapide, seront largement impactées. Pour rappel, les espèces – dont l'homme fait partie – s'adaptent, certes, mais sur plusieurs milliers à millions d'années... Dans certaines régions du monde, les conditions de température et d'humidité seront telles qu'elles deviendront invivables en ce sens qu'il sera, l'été, impossible d'avoir des activités à l'extérieur. Autour de l'équateur, à horizon 2050, les conditions pourront ne pas permettre la vie, de manière directe, à cause de la chaleur, ou indirecte pour la cascade de conséquences que ce réchauffement aura sur l'écosystème, l'eau, la capacité à cultiver, etc.

« CE SERA TOUT LE TEMPS L'ÉTÉ, ALORS ? C'EST LA FAUTE DES HUMAINS ? »

Le soleil est une boule de feu, et il envoie des rayons lumineux très chauds. Normalement, quand ils arrivent sur la Terre, les rayons rebondissent et repartent vers le ciel, à travers un nuage qu'on appelle l'atmosphère. Une partie seulement de ces rayons reste en dessous et nous réchauffe. Mais les voitures, les avions et les bateaux, les tracteurs et les engrais utilisés pour faire pousser nos céréales mais aussi les plantes que mangent les animaux (que l'on mange ensuite) rejettent des gaz (CO_2, protoxyde d'azote et méthane) qui épaississent le nuage. (Même les vaches en rejettent... via leurs pets, et leurs bouses en produisent !). Les rayons chauds restent donc coincés sous le nuage trop épais, comme sous un couvercle, et il fait alors chaud comme dans une serre où l'on fait pousser des plantes : c'est l'effet de serre. Plus l'homme rejette ces gaz, plus il fera chaud dans les années à venir. C'est pourquoi il faut maintenant éviter au maximum de prendre la voiture, l'avion, d'acheter des produits qui viennent de loin ou de manger trop de viande, pour laisser le temps au nuage de se dissiper sans quoi la Terre va être comme une Cocotte-minute ! Seuls les hommes peuvent agir sur ce phénomène.

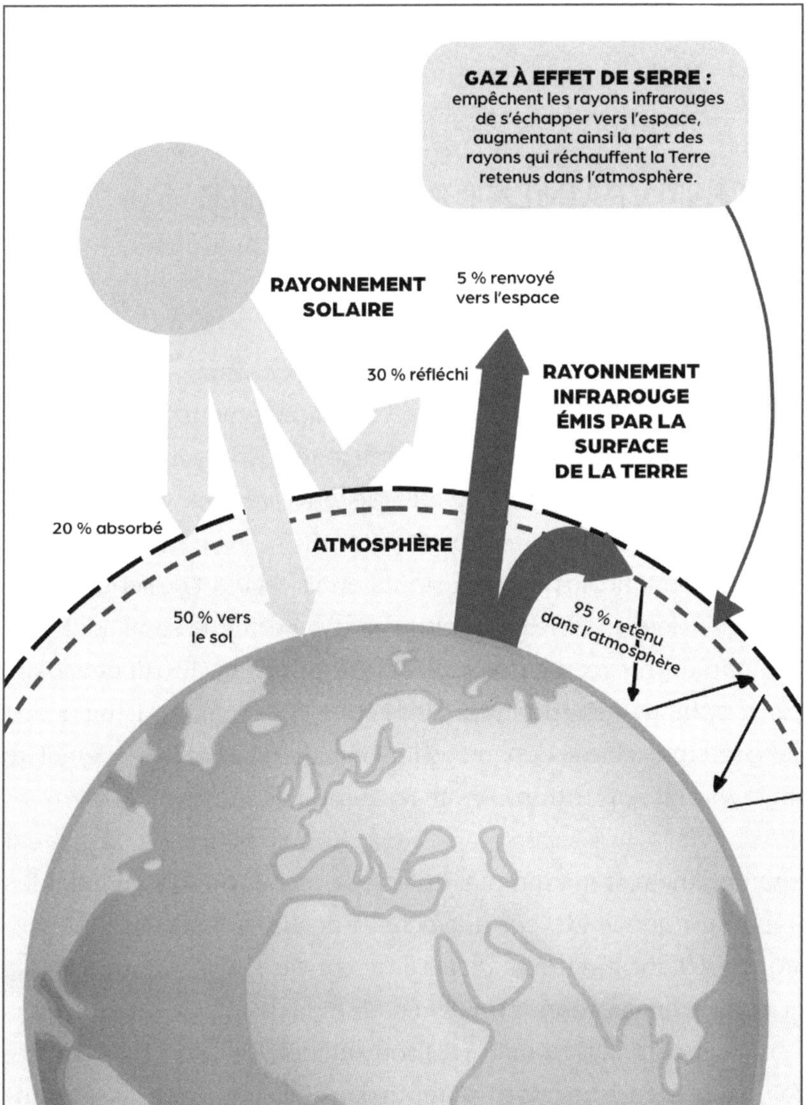
GAZ À EFFET DE SERRE :
empêchent les rayons infrarouges de s'échapper vers l'espace, augmentant ainsi la part des rayons qui réchauffent la Terre retenus dans l'atmosphère.
RAYONNEMENT SOLAIRE
5 % renvoyé vers l'espace
30 % réfléchi
RAYONNEMENT INFRAROUGE ÉMIS PAR LA SURFACE DE LA TERRE
20 % absorbé
ATMOSPHÈRE
50 % vers le sol
95 % retenu dans l'atmosphère

2

QUI EST VRAIMENT RESPONSABLE DU RÉCHAUFFEMENT ?

À l'origine, c'est donc bien un phénomène naturel : une partie de l'énergie en provenance du soleil est directement réfléchie vers l'espace par l'atmosphère et la surface terrestre sous forme d'un rayonnement infrarouge, et celui-ci se retrouve piégé par les nuages et les gaz à effet de serre (vapeur d'eau, dioxyde de carbone, ozone et méthane pour les plus importants). Mais cet effet de serre naturel se trouve déséquilibré et amplifié par un « effet de serre additionnel » dû à un excédent de gaz à effet de serre (GES) libérés dans l'atmosphère uniquement par les activités humaines. L'impact de ces GES sur le climat dépend de leur capacité à absorber et émettre du rayonnement infrarouge, mais aussi de leur durée de vie.

Le méthane a, par exemple, un effet « réchauffant » 28 fois plus important que le CO_2 sur une échelle de 100 ans… mais il ne met « que » 10 ans environ à disparaître contre 100 ans pour le CO_2… et nous avons la chance qu'il y en ait plus de 500 fois moins dans l'atmosphère. Un facteur qui est souvent délaissé alors qu'il mériterait d'être bien plus pris en compte dans la lutte contre le réchauffement climatique, tout comme les particularités propres à chaque gaz à effet de serre. Par exemple, la concentration du méthane a principalement augmenté au cours du siècle dernier à cause de l'agriculture intensive... Il vient par ailleurs des processus de fermentation des marécages, des ruminants et des décharges.

Naturellement émis par les sols, le protoxyde d'azote, de son côté, appelé également « gaz hilarant » et que l'on trouve dans les cartouches pour siphon à chantilly, provient notamment de l'utilisation par l'agriculture d'engrais azotés.

L'ozone, lui, est naturellement présent vers 20 kilomètres d'altitude, mais peut être émis dans les basses couches de l'atmosphère à cause de composés produits par les transports.

Tandis que la vapeur d'eau est responsable de la grande majorité de l'effet de serre naturel avec un effet exponentiel sur le réchauffement : l'évaporation de l'eau et donc la quantité de vapeur d'eau augmentent quand la température augmente...

À l'inverse, le CO_2 peut venir d'éruptions volcaniques ou de feux de forêts, mais son excès est majoritairement dû aux activités humaines, comme l'utilisation d'énergies fossiles (pétrole, gaz naturel et charbon consommés notamment pour l'industrie, le chauffage et les transports), la fabrication du ciment et les changements d'occupation des sols (déforestation, agriculture et étalement urbain), qui sont responsables de l'essentiel de l'augmentation de sa concentration depuis 1850, au début de la seconde révolution industrielle. Il est ainsi le premier responsable de l'effet de serre additionnel, et donc du réchauffement climatique, passant d'une concentration de 280 ppm (parties par million) au début de l'ère industrielle contre plus de 410 ppm en 2020. Du coup, toute l'attention est portée sur le CO_2, trop souvent considéré comme un indicateur unique, associé à sa durée de vie de

100 ans. Or nous n'avons plus autant de temps devant nous : il est aujourd'hui essentiel de prendre en compte la charge des autres gaz à effet de serre, dont le méthane qui est le deuxième plus important, pour agir sur leur ensemble.

Le méthane est en effet responsable de plus de 15 % des émissions de GES et sa concentration connaît une augmentation inquiétante au niveau mondial : + 9 % entre les deux périodes de référence 2000-2006 et 2017, selon les données du Global Carbon Project (référence mondiale de l'état annuel des émissions de gaz à effet de serre). Ceci est dû à la hausse des émissions dans le secteur des énergies fossiles, de l'agriculture et des déchets, en particulier en Afrique, Chine et Asie. Or, 38 % des émissions anthropiques de méthane sont dues à l'élevage et à la riziculture, deux productions essentielles aux pays en voie de développement où la famine est encore d'actualité.

Bref, il faut regarder à 360 degrés pour établir les responsabilités. À l'échelle individuelle, mieux et moins consommer et moins polluer sont d'excellents changements mais qui ne sauraient compenser l'impact environnemental des entreprises et pays qui polluent le plus. À ce titre, un rapport de l'ONG Carbon Disclosure Project (CDP) en association avec le Climate Accountability Institute, datant de juillet 2017 et fondé sur des chiffres publics, dévoile leur part des émissions de CO_2 (toujours l'indicateur unique, néanmoins révélateur). Selon ce rapport, 25 pays seulement sur les 200 que compte le monde seraient responsables de plus de la moitié des émissions de dioxyde de carbone, et ce depuis 1988[1]. Attention, le classement des pays les plus émetteurs de CO_2 (Chine : 10 giga tonnes de CO_2 par an en 2017, États-Unis : 5 GT/an, Inde : 2,5 GT/an, Russie : 1,7 GT/an, Japon : 1,2 GT/an, Allemagne : 1,8 GT/an[2]...)

qui le sont par leur démographie, n'est pas forcément représentatif des émissions de CO_2 par habitant. Si l'on prend ce critère, le classement est totalement différent : c'est alors le Qatar qui est en tête avec 30 tonnes par habitant par an, puis le Curaçao (23 T/habitant/an), puis le Koweït, les Émirats arabes unis, Gibraltar, Bahreïn, l'Arabie Saoudite, l'Australie, le Canada, puis les États-Unis et le Luxembourg.

La Chine arrive alors 35e et la France en 58e position. Surprenant ? On pourrait penser que le Français moyen, ayant un niveau de vie supérieur au Chinois moyen, émet plus de CO_2 que lui. Pas vraiment : cette statistique ne prend en compte que les émissions de CO_2 sur le territoire du pays. Les pays qui exportent beaucoup (comme la Chine) sont donc plus responsabilisés alors qu'ils produisent beaucoup pour les autres (comme la France, qui du coup a un classement moins mauvais). Ainsi, en Europe, on se vante d'avoir drastiquement diminué nos émissions de CO_2, contrairement aux autres continents où elles ont augmenté ces dernières décennies, alors qu'en réalité, en délocalisant nos usines et industries en Asie, nous le faisons simplement émettre par d'autres sur un autre continent... Ce qui, bien sûr, ne change rien pour la planète !

Toujours selon ce rapport, 71 % des émissions de CO_2 seraient dues à quelque 100 entreprises, majoritairement productrices d'énergies fossiles, responsables principales du réchauffement climatique que nous subissons. L'industrie des énergies fossiles a en effet pollué plus ces 30 dernières années qu'en 200 ans auparavant. Les entreprises dont l'impact écologique est le plus important sont China Coal (14,3 % des émissions mondiales de gaz à effet de serre), Saudi

Arabian Oil Company (4,5 %), Gazprom (3,9 %), National Iranian Oil (2,28 %) ainsi que ExxonMobil, Suncor, Total (seule entreprise française de la liste, représentant 1 % des émissions) et Shell. Les énergies fossiles (pétrole, gaz naturel et charbon) représentent ainsi LE levier majeur de la lutte contre le réchauffement climatique. Les auteurs du rapport incitent investisseurs, P-DG et autorités gouvernementales à faire face à leurs responsabilités en cessant d'investir dans les énergies fossiles et à se retirer de leur exploitation et de leur commercialisation.

« MAIS CEUX QUI FONT ÇA, FAUT LES METTRE EN PRISON ! »

Les gaz à effet de serre sont souvent déjà présents dans la nature et l'atmosphère, ce qui permet de vivre, mais les activités humaines en produisent beaucoup plus que prévu, ce qui dérègle les mécanismes naturels et fait grimper la température. Mais comment savoir exactement ce qui émet le plus de gaz à effet de serre, et où dans le monde ? Les transports ? L'agriculture ? Les usines ? En France ? En Afrique ? En Asie ? Des scientifiques passent beaucoup de temps à mesurer et calculer ce que chacun rejette, en particulier le dioxyde de carbone, le CO_2, mais aussi les autres gaz. En regardant ces chiffres, on se rend compte que certains pays en produisent beaucoup, d'autres moins, et que certains secteurs sont plus responsables que d'autres. Mais on voit aussi les aggravations et les améliorations en comparant les chiffres d'une année avec les années précédentes : on sait donc quelles actions marchent. Les lois, par exemple, qui peuvent interdire certaines choses, ou les initiatives comme les changements de façon de consommer et de cultiver la terre... C'est par ces mesures que l'on sait que les entreprises productrices d'énergies fossiles sont les principales responsables et ainsi qu'il faut en premier lieu leur fixer des règles plus strictes. Il faut également trouver des accords avec d'autres pays pour qu'eux aussi fixent de nouvelles lois, mais aussi transformer notre consommation d'énergie.

Que veut dire être climato-sceptique ?

Le terme « climato-sceptique » désigne une personne qui minimise ou qui ne croit pas au réchauffement climatique, ou nie son origine anthropique ou l'incidence de l'activité humaine sur celui-ci, ou qui pense que celui-ci est d'origine naturelle.

Il peut s'agir de citoyens, de politiques, d'entreprises et même de scientifiques ! Certains disent qu'il n'existe tout simplement pas, d'autres le relativisent. En bref, il existe de multiples variantes allant des climato-négationnistes aux climato-relativistes en quelque sorte. Problème : selon une étude de la revue scientifique *Nature Communications*, les intervenants doutant du phénomène ont bénéficié pendant des années de 49 % de visibilité en plus dans les médias que les climatologues reconnus, menant à une désinformation du grand public et un ralentissement de la lutte contre le réchauffement. Un déséquilibre renforcé par l'effet d'amplification des réseaux sociaux[3].

Aujourd'hui, face au consensus, les climato-sceptiques se contentent souvent de minimiser la gravité de la crise, mais certains restent très virulents.

En septembre 2019, 500 « scientifiques et professionnels » de plusieurs pays ont ainsi formulé à l'ONU un document intitulé « Il n'y a pas d'urgence climatique[4] ». Parmi les signataires, 68 Français dont Vincent Courtillot, géophysicien, précédemment directeur de l'Institut de physique du globe, François Gervais, auteur de *L'Urgence climatique est un leurre*, ainsi que la plupart des climato-négationnistes autoproclamés dans les médias français. Une lettre qui accumule tous les arguments préférés (bien que tous démentis et contraires à la réalité scientifique) des climato-sceptiques type : « *Le* CO_2 *est bon pour les plantes.* »

3

POURQUOI C'EST TRÈS GRAVE S'IL FAIT PLUS CHAUD ?

La fonte de la calotte Antarctique à cause du réchauffement pourrait faire monter le niveau des mers de 50 centimètres à 1 mètre à la fin du siècle… et les surfaces couvertes de glace, de mer ou de neige continueront à diminuer. Or ces surfaces reflètent les rayons du soleil et les empêchent de réchauffer le sol, et plus elles fondent, plus le réchauffement augmentera. Le réchauffement climatique est un cercle vicieux à lui tout seul. Il induit une effroyable réaction en chaîne qui implique le monde animal, humain et végétal, et des répercussions sur tous les organismes vivants, du plus grand au plus petit, des mammifères aux insectes, du corail à la forêt amazonienne. Les conséquences touchent la santé publique, les risques sanitaires comme les épidémies, mais aussi l'agriculture, la production et donc l'économie, autant que la multiplication des phénomènes météo extrêmes comme les cyclones ou la sécheresse. On comprend ainsi facilement que certaines espèces animales vont nécessairement en souffrir, disparaître peut-être, avec un effet domino sur d'autres espèces de la chaîne alimentaire, ainsi que des plantes, réduisant encore plus la biodiversité. Ce que l'on entrevoit moins, c'est que les dérèglements en cascade sur le vivant peuvent aussi être d'ordre chimique. D'abord, le CO_2 émis par l'homme est en partie absorbé par les océans, ce qui, en abaissant le pH, entraîne une acidification des eaux et a plusieurs conséquences désastreuses pour les écosystèmes marins. L'acidification provoque une dissolution accrue des carbonates, empêchant les oursins, mollusques, micro-organismes et les coraux de fabriquer correctement leurs coquilles de calcaire et leurs squelettes. En mourant à petit feu, le corail n'est plus en mesure d'accueillir les milliers d'espèces qui l'habitent quand il est vivant (le corail est en effet vivant, ce n'est pas un minéral) : c'est le « blanchiment » du corail, qui perd ses couleurs quand il meurt. Ensuite, l'augmentation de la température des océans empêche la photosynthèse du phytoplancton, c'est-à-dire sa capacité à produire de l'oxygène, ce qui entraîne une désoxygénation des zones océaniques en profondeur. Les zones pauvres en oxygène deviennent invivables pour les espèces qui devraient y habiter.

Côté océans toujours, les îles et les villes en bord de mer sont également en danger, parfois parce qu'elles s'enfoncent, parfois car le niveau de la mer va monter et risque de les engloutir. On pense tout de suite à Venise, mais aussi à Miami ou Jakarta, capitale de l'Indonésie dont on sait qu'elle sera en partie submergée d'ici 2050 et qui va être... déplacée ! Et si, en France, les productions agricoles et viticoles deviennent déjà difficiles à prévoir du fait des variations météorologiques inattendues, bien entendu, les pays dits « du Sud » dont les conditions climatiques sont déjà difficiles pourraient se retrouver dans l'incapacité de maintenir leur agriculture qui souvent tient déjà à un fil.

« C'EST PAS GRAVE POUR LES POISSONS CAR ILS SE BAIGNENT TOUT LE TEMPS ! »

Le monde répond à un équilibre où chacun a sa place, comme dans un orchestre. Si on enlève un instrument, ça ne s'entend pas. Mais si de nombreux instruments sont absents ou cassés, ils n'arrivent plus à jouer la chanson, on ne peut plus rétablir l'harmonie. Sur la Terre, c'est pareil. Chaque animal, chaque plante, chaque insecte a un rôle à jouer. Les abeilles permettent aux plantes de se reproduire, c'est la pollinisation. L'abeille apporte le pollen (les petites graines mâles) aux cellules femelles d'une plante, qui donnera un fruit, qui permet aux animaux et aux hommes de manger et à de nouvelles plantes de pousser grâce à ses pépins. Si les abeilles sont gênées par la chaleur, il y aura moins de fleurs, de fruits et d'arbres.

Dans l'océan, les baleines ingèrent des poissons et des invertébrés en profondeur, et d'autres habitants de la mer se nourrissent de leurs déjections qui agissent comme un engrais marin permettant la vie de minuscules organismes appelés phytoplancton… dont se nourrissent des milliers d'espèces marines ! Si l'eau devient trop chaude, que les baleines n'ont plus assez à manger et meurent, ce sont des milliers d'espèces et de poissons qui n'auront plus à manger non plus et disparaîtront à leur tour.

4

POURQUOI N'ARRÊTE-T-ON PAS TOUT DE SUITE DE PRODUIRE DES GAZ À EFFET DE SERRE ?

Malheureusement, la société et ses industries, mais aussi nos vies quotidiennes, dépendent du pétrole, du gaz et du charbon. On ne peut pas tout arrêter d'un coup, car nous sommes extrêmement dépendants de ces sources d'énergie. C'est pour cela que l'on parle de « transition énergétique ». Pour nous et les marchés mondiaux. C'est donc une question de temps et d'argent : tant que beaucoup d'argent est en jeu, tant qu'il y aura beaucoup d'argent à gagner sur le dos de la planète, les intérêts financiers passeront avant les intérêts du vivant. Car il y aura toujours quelqu'un pour préférer s'enrichir plutôt que d'essayer d'éviter aux générations futures le chaos climatique.

En pratique, si nous arrêtons totalement les émissions demain matin (y compris celles issues de notre respiration !), cela aurait pour seul effet de faire lentement décroître la concentration atmosphérique en CO_2. Ensuite, il faudrait attendre quelques milliers d'années au moins pour que la concentration du CO_2 dans l'atmosphère revienne à son niveau de 1850. La durée de vie des gaz à effet de serre dans l'atmosphère est très longue, notamment pour le principal d'entre eux, le CO_2 (rappelez-vous, il met plus de

100 ans à disparaître). Comme les gaz à effet de serre continuent à jouer le rôle de couverture (ou de serre) tant qu'ils sont présents, le réchauffement issu des gaz que l'homme a mis dans l'atmosphère depuis 1850 se poursuivra encore longtemps. À cause de la très grande inertie de certaines des composantes de la machine climatique, l'évolution que nous avons mise en route aura donc des conséquences pendant quelques milliers d'années, quoi que nous fassions désormais. Car, malheureusement, pour l'essentiel des gaz à effet de serre d'origine humaine, aucune technologie ne permet de les retirer de l'atmosphère. Pour le CO_2, en particulier, il est possible en théorie d'accélérer le fonctionnement des « puits de carbone » naturels (océans, écosystèmes terrestres, sols, arbres) qui l'absorbent, mais cette accélération ne pourrait en aucun cas épurer en quelques années l'excès de CO_2 dans l'air. Pire, même si l'on observait une baisse des émissions de CO_2 par une limitation volontaire de notre consommation d'énergie fossile, ou par une pénurie des combustibles fossiles (raréfaction des ressources), la concentration en CO_2 et la température pourraient continuer d'augmenter. Cela ne veut pas dire qu'il ne faut pas le faire, au contraire, cela veut surtout dire que c'est urgent ! Notamment car, nos moyens d'action étant eux-mêmes dépendants de combustibles fossiles, si l'on attend une baisse des ressources, notre capacité à faire face sera elle aussi réduite…

« MAIS ENFIN, PUISQU'ON LE SAIT, IL SUFFIT DE NE PLUS LE FAIRE ! »

Nous avons construit une vie où beaucoup de choses fonctionnent à l'essence, par exemple, et comment ferait-on sans voiture ? Nous sommes tombés dans un piège car aujourd'hui que l'on s'aperçoit que c'est mauvais, on ne sait plus fonctionner autrement. Comment ferait-on aujourd'hui sans camions pour apporter les aliments dans les magasins ? Ou pour partir en vacances sans avion ni voiture ?

Il faut réapprendre à vivre plus localement, c'est-à-dire avec des aliments, des produits fabriqués plus près de chez nous, et de manière moins polluante... ce qui veut dire aussi renoncer à certaines marques, et à certaines tentations.

Car des gens qui veulent gagner beaucoup d'argent vont continuer à proposer des produits qui produisent les gaz à effet de serre, que ce soit de la viande au supermarché ou des jouets qui sont fabriqués très loin (en Chine principalement) et prennent le bateau pour arriver jusque chez nous. Ils espèrent que les gens comme nous continueront de les acheter : c'est donc nous qui pouvons arrêter puisqu'eux ne le veulent pas, ou alors il faut des lois pour les contraindre à produire autrement et à polluer moins... et cela prend du temps. Et puis, parfois, on ne sait tout simplement pas faire autrement, il faut donc aussi trouver de nouvelles technologies pour remplacer les plus polluantes. Mais pour les développer, on a besoin d'énergie qui émet encore des gaz à effet de serre. Voilà pourquoi c'est si long.

5

EST-CE QUE LA MÉTÉO VA PERDRE LA TÊTE ?

En plus de dérégler les écosystèmes, la température qui monte peut dérégler… la météo ! Les variations météorologiques sont dues à un complexe équilibre par exemple maintenu en Europe par le « gulf stream », un énorme courant d'eau chaude qui prend sa source entre la Floride et les Bahamas et se dilue dans l'océan Atlantique. Ce méga courant, combiné à la rotation de la Terre, crée un jeu de vents et de courants qui agit comme un régulateur naturel des températures. Il a alors l'effet d'un mur qui protège l'air froid de l'Arctique et du pôle Nord de l'air plus chaud. Devenu moins solide, ce barrage naturel a récemment laissé passer des masses d'air chaud qui, en remontant jusqu'au pôle Nord, l'ont non seulement réchauffé mais ont créé une vague de froid intense en France et en Europe, l'air polaire ayant été repoussé vers le sud. Une anomalie météorologique qui n'est pas le fruit du hasard.

Le changement climatique, s'il ne provoque pas directement plus d'ouragans et de cyclones, renforce en revanche leur intensité, leur fréquence ou leur durée. Certains touchant par exemple les Caraïbes trouvent leur puissance dans l'énergie dégagée par les océans et pourraient ainsi être plus fréquents à cause de l'augmentation de la chaleur terrestre et océanique. Un cyclone naissant se développe plus facilement dans une atmosphère humide, et la capacité de l'atmosphère à contenir de l'humidité augmente avec sa température.

Par ailleurs, des épisodes autrefois exceptionnels ou saisonniers comme la canicule deviennent petit à petit des phénomènes fréquents. Avec le réchauffement, chez nous, les écarts entre les saisons seront moins marqués. Alors qu'il pleuvra sans doute encore moins dans les pays du Sud qui seront en proie à plus de sécheresse, il pourrait pleuvoir plus dans la partie nord de l'Europe. Aussi, les nuages agissent pour la planète comme un écran solaire en réfléchissant la lumière du soleil, ce qui permet de modérer la chaleur reçue. L'évolution de ces nuages, leur emplacement plus bas ou plus haut dans l'atmosphère influent sur leur capacité à renvoyer les rayons vers l'espace qui sera vraisemblablement amoindrie. À l'inverse, avec le réchauffement, les nuages « glacés » comprenant des cristaux deviendront des nuages remplis d'eau qui, étant plus brillants, réfléchiront plus les rayons solaires. Une maigre consolation malheureusement qui ne suffira pas à compenser le réchauffement.

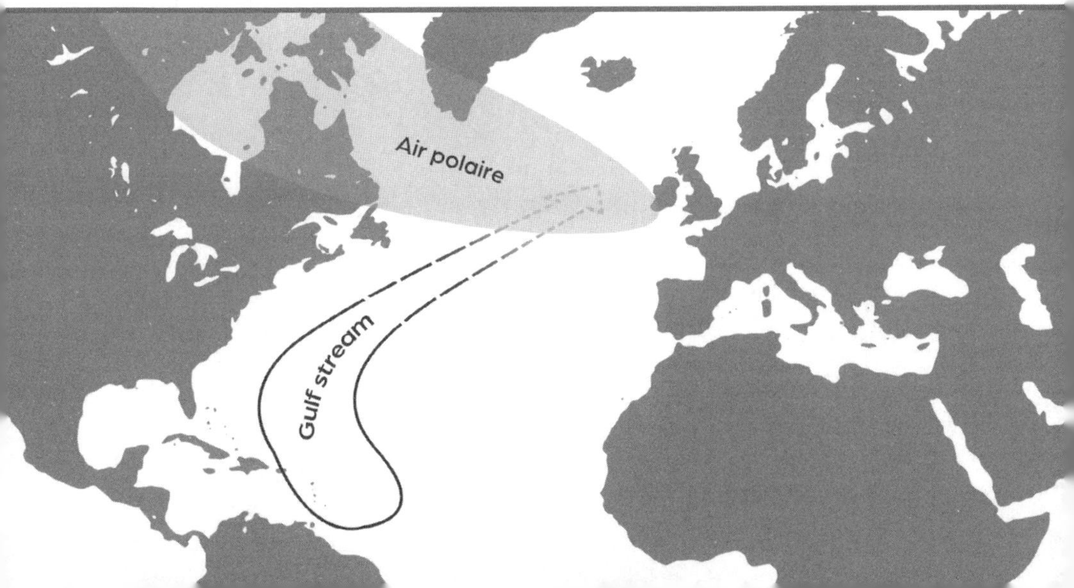

« MAIS ON EST EN ÉTÉ ET IL NEIGE ? IL EST TOC TOC LE CIEL ! »

Savais-tu que l'eau peut se transformer en gaz quand elle s'évapore ? On l'appelle alors vapeur d'eau. Présente en grande quantité dans l'atmosphère, elle est responsable, avec les différentes températures et les nuages, de nombreux phénomènes météorologiques, comme la formation de la neige, mais également de la pluie et des ouragans. Aussi appelés typhons ou cyclones, ce sont tous des tourbillons qui se forment dans les mers tropicales à la suite de la rencontre de vapeur d'eau chaude et d'air froid. Ils prennent leur force dans la chaleur de la mer, alors si les eaux des mers sont plus chaudes, les ouragans seront plus forts. Il existe aussi des courants d'eau chaude sous l'eau, qui, comme des rivières sous-marines, séparent des zones chaudes et froides de la mer. Mais si l'océan se réchauffe, les zones peuvent se mélanger, des courants froids viennent vers nous et des courants chauds vont au pôle Nord. Et c'est ainsi que le réchauffement climatique dérègle la météo. Les nuages, de leur côté, font comme de l'ombre à la planète, et peuvent réfléchir les rayons du soleil pour nous préserver en partie de leur chaleur. Si eux aussi se transforment, ils peuvent être moins efficaces.

6

QUELS SONT LES ENJEUX ET LES CONSÉQUENCES SANITAIRES DU RÉCHAUFFEMENT ?

Quand on sait que le développement de nombreuses maladies infectieuses est lié aux températures et aux taux d'humidité ambiants d'un pays, et influencé par la microbiologie des agents infectieux et des vecteurs de transmission, on comprend vite comment le dérèglement climatique pourra (et peut déjà) avoir un impact sanitaire important et multiplier les menaces pour la santé des êtres humains. Par ailleurs, une biodiversité variée freine la propagation des épidémies par effet de dilution, ce qui réduit la probabilité de transfert à l'humain.

Ainsi, les inondations, les canicules, l'urbanisation, la perturbation et les modifications chimiques des écosystèmes, la disparition d'espèces, la baisse de la biodiversité et l'apparition de parasites, tout cela couplé aux flux de déplacements humains et matériels et à l'augmentation des températures auront une incidence sur l'apparition, la transmission et la propagation des virus.

Notons que les maladies infectieuses émergentes ou réémergentes proviennent des animaux comme ce fut le cas pour le SARS, la grippe aviaire H5N1 et le virus de la grippe H1N1. Sans oublier l'apparition du VIH à la suite de chasses de grands singes au Cameroun. Or ces changements ont un impact direct sur les modes de vie des animaux porteurs de maladie qui sont amenés à changer de région après la destruction ou la modification de leur habitat, entraînant une évolution des maladies. C'est déjà le cas pour la dissémination des maladies infectieuses transmises par les moustiques. Le fameux moustique-tigre originaire des forêts tropicales, en grand champion de l'adaptation, s'est acclimaté au milieu urbain et aux latitudes tempérées et est en phase d'expansion planétaire. Quand une région prend 1 °C ou 2 °C de plus, il migre un peu plus au nord, ce qui le fait progresser dans des zones dont il était absent. Problème : cette espèce est l'une des plus invasives au monde et on le retrouve déjà dans 80 pays – dont la France, depuis 2004 – alors qu'il est vecteur de nombreuses maladies, dont la fièvre jaune et la dengue, et de maladies virales type chikungunya et zika qui font des ravages sur les populations les plus fragiles et urbanisées. L'université d'Oxford a d'ailleurs permis à une équipe internationale de publier dans la revue *Nature Microbiology*, une carte mondiale de la dissémination de ce moustique d'ici à 2050[5].

De son côté, l'institut Pasteur tente d'anticiper la circulation de ces maladies infectieuses avec des calculs et des modélisations prenant en compte l'urbanisation, les flux migratoires et les évolutions du climat. Selon l'OMS, « *deux milliards de personnes de plus pourraient être exposées au risque de transmission de la dengue d'ici les années 2080* ».

Quelques degrés de plus et le paludisme pourra lui aussi menacer des millions de personnes supplémentaires, comme les maladies diarrhéiques, le plus souvent provoquées par la contamination de l'eau. Or des températures très élevées et la sécheresse impactent les sources d'eau et les nappes phréatiques qui peuvent devenir impropres, alors même que les populations fragilisées devront se regrouper, ce qui, avec le manque d'hygiène, démultipliera les risques de contamination.

L'exemple le plus représentatif est le phénomène climatique El Niño, une « anomalie » atmosphérique et océanique responsable du réchauffement des eaux de l'océan Pacifique près des côtes de l'Amérique du Sud, environ chaque décennie. En 1998 et en 2015, l'événement fut tel qu'il fit augmenter la température au niveau mondial et eut des répercussions aux quatre coins du globe. Selon un rapport de la Nasa[6], ces données comparées aux dossiers de santé publique ont pu établir un lien entre El Niño et le développement de maladies comme le syndrome pulmonaire à hantavirus, une maladie grave, dans le Sud-Ouest américain. Les fortes pluies dues à El Niño en automne et en hiver se traduisent au printemps par plus de graminées, la nourriture favorite des rongeurs qui, alors, se multiplient, menant un an après à une forte augmentation des souris infectées par le virus et à une recrudescence de la maladie chez les hommes à qui elles les transmettent. Les maladies liées à l'hantavirus ont ainsi progressé dans le Colorado et au Nouveau-Mexique en 2015 ainsi que la peste, qui a alors connu son pic maximal dans les mêmes régions. En Afrique, de nombreux cas de choléra ont été recensés la même année à l'est de la Tanzanie. Toujours en 2015, au Brésil, en Indonésie et en Thaïlande, l'augmentation des températures et la sécheresse ont non seulement poussé les moustiques vers des zones urbaines humides mais les ont aussi rendus sexuellement matures plus vite, et plus gourmands. Résultat, une explosion des piqûres et des cas de dengue à cette période…

Plus près de chez nous, les hivers doux peuvent entraîner d'une année sur l'autre une variation de l'épidémie de grippe et de l'immunité des populations, et le réchauffement pourrait bien, comme il l'a déjà fait sous les tropiques, prolonger la durée de la « saison » grippale à l'année, permettant au virus de muter et de développer des souches plus résistantes...

Enfin, parmi les facteurs climatiques susceptibles d'accroître les risques épidémiques, on trouve en premier lieu le dégel du pergélisol, ou permafrost. Ce sol des régions arctiques est resté gelé pendant des millions d'années, et avec lui des restes d'humains, d'animaux et de végétaux ainsi que des « virions » oubliés. Ces particules virales réagissent comme des graines de virus parfaitement conservées qui ne demandent qu'à être réactivées... C'est ce qu'a montré en 2014 une équipe de scientifiques menée par deux chercheurs français ayant trouvé des bactéries et un virus géant inerte depuis 30 000 ans dans un morceau de terre gelée sibérienne[7].

Malheureusement, ces régions arctiques sont de plus en plus convoitées et exploitées par les compagnies pétrolières qui industrialisent et bâtissent de vastes zones désertes. En « remuant » le pergélisol, elles prennent le risque de libérer des virus dangereux si toutes les précautions requises ne sont pas mises en œuvre. Car si les virions demeurent parfaitement inoffensifs tant qu'ils n'ont pas d'hôte à infester – attendant leur heure pendant des millénaires, au frais dans le sous-sol –, ils peuvent, s'ils trouvent un hôte compatible, se développer à grande vitesse. Si les chercheurs évoquaient la variole, maladie présente en Sibérie au XIXe siècle, le risque est ici de « réveiller » des souches qui pourraient dater de l'homme de Néandertal et contre lesquelles nous ne serions pas immunisés. Le réchauffement climatique pourrait anéantir un certain nombre des avancées scientifiques, sociales et médicales de ces cinquante dernières années, faisant périr des centaines de milliers d'hommes, de femmes et d'enfants.

« MAIS LA CHALEUR, ELLE PEUT TUER LE CORONAVIRUS, PAS VRAI ? »

Si le coronavirus préfère le froid, de nombreux microbes, virus et maladies, eux, sont renforcés par l'humidité et la chaleur. Ils peuvent aussi se répandre plus et plus vite si les animaux qui les transportent et qui contaminent les hommes sont eux-mêmes friands de soleil et de pluie. C'est le cas de certains moustiques, qui sont plus nombreux et plus actifs quand il fait chaud : ils piquent plus, et transmettent les maladies aux humains. Ils se déplacent avec la chaleur dans certaines régions et y apportent des maladies type fièvre jaune, dengue, chikungunya. Les pays qui manquent de bonnes conditions d'hygiène peuvent aussi voir revenir la peste et le choléra qui peuvent être fatals. À l'autre bout du monde, quand la chaleur fait fondre les glaces qui étaient gelées depuis des milliers d'années, ce sont des virus anciens qui peuvent être décongelés et redevenir actifs.

7

LES HOMMES VONT-ILS TOUS SOUFFRIR DU RÉCHAUFFEMENT ?

Oui, tout le monde pâtira du réchauffement climatique, avec plus ou moins de gravité. Malheureusement l'évolution du climat met en lumière de manière violente les inégalités entre les êtres humains. Car les pays les plus touchés par le réchauffement seront aussi les plus pauvres, de même que les populations qui ont un mode de vie frugal et simple, et sont donc les moins responsables du réchauffement.

En effet, alors que les 10 % des habitants les plus riches de la planète sont responsables de près de 50 % des émissions de carbone à l'échelle mondiale, les 3,5 milliards de personnes les plus pauvres du monde ne sont responsables que de 10 %. Des populations pauvres qui seront à la fois affectées par les causes du réchauffement (déforestation, industrialisation, exploitations de leurs territoires) et par ses conséquences (sécheresse, famine, maladie). Ceux-là qui sont déjà fragiles, ceux qui souffrent déjà de records de températures, ceux qui ont le moins d'infrastructures, ceux qui consomment le moins, les enfants qui extraient les minerais rares pour fabriquer nos smartphones – qu'eux n'auront jamais – et ceux qui n'ont jamais pris l'avion... (Eh oui : moins de 10 % de la population mondiale seulement a déjà pris l'avion. Cela remet tout de suite les choses en perspective, non ?) C'est déjà un peu le cas aujourd'hui, mais il est possible qu'un jour, seuls les « riches » auront les moyens d'avoir accès à l'eau, l'électricité, la nourriture et de se préserver de la chaleur, tandis que les plus pauvres subiront leur sort, sans espoir.

Le dérèglement climatique est à l'origine de l'augmentation des sécheresses et de nombreuses catastrophes naturelles dues aux typhons, cyclones et inondations. Des épisodes extrêmes qui provoquent le déplacement de populations entières : les réfugiés climatiques seraient, à l'heure actuelle, déjà plus nombreux que les réfugiés de guerre. Si l'on ajoute les nouveaux conflits que provoqueront les pénuries et leurs enjeux géopolitiques, des migrations massives sont à prévoir et, avec elles, des crises sociales majeures. Dans son rapport de 2019, fondé sur une hausse des températures de seulement 2 °C d'ici 2100, l'ONU annonce le chiffre de 280 millions de déplacés dans le monde en 2050, promettant un avenir bien sombre aux droits de l'homme et aux gouvernements en place et à venir...

On estime qu'autour de 2030, plus de 120 millions de personnes tomberont à leur tour dans la pauvreté. Loin d'être les seuls, quand le réchauffement atteindra les + 2 °C, ce sont 100 à 400 millions de personnes supplémentaires qui manqueront de nourriture et plus d'1 milliard qui manqueront d'eau[8]. Tous les êtres humains vont donc subir les conséquences du réchauffement climatique, mais pas à la même échelle...

« ON VA DEVOIR DÉMÉNAGER ? »

Le réchauffement climatique a déjà des effets visibles partout dans le monde. On vit des épisodes de canicule de plus en plus souvent, qui font mourir les gens les plus fragiles, même chez nous. Les tempêtes, les cyclones et les inondations sont aussi de plus en plus fréquents à cause de ce dérèglement. Si tu as ce livre devant toi, il y a de fortes chances que tu vives en France, ou dans un pays européen, avec des hôpitaux, l'eau courante, l'électricité, des transports, des rues et des routes, et plein d'autres choses qui font que tu vis en sécurité, et qu'il fait encore raisonnablement chaud. Mais dans de très nombreux pays, il n'y a pas tout ça et il fait aujourd'hui déjà très chaud là-bas, en Afrique, en Inde, sur des îles isolées, en Arabie Saoudite et dans les déserts... S'il fait encore plus chaud, les habitants ne pourront tout simplement plus y vivre. Surtout si leur pays manque d'eau, qu'il n'y en a plus assez pour faire pousser les cultures de céréales, les gens devront partir, soit car la chaleur sera trop forte, soit parce que la sécheresse les empêchera de survivre en les privant de nourriture et d'eau. Il faudra alors partager les ressources et il est possible que, dans nos pays, tout le monde ne soit pas d'accord pour les aider... Pour le monde de demain, les notions de partage et d'entraide seront essentielles.

Qu'appelle-t-on la justice climatique ?

Le terme de justice climatique apparaît pour la première fois dans le préambule de l'Accord de Paris en 2015, peut-on lire dans un théma du Commissariat général au développement durable : « *À l'échelle internationale, le concept de justice climatique prend son essor dans les années 2000, suite aux désaccords entre pays du Nord et pays du Sud sur la responsabilité, l'équité et la justice vis-à-vis du changement climatique. Il pose la double question de la responsabilité et de la redistribution vis-à-vis des dommages causés par le changement climatique*[9]. » En effet, la notion de justice climatique, souvent associée à justice sociale, réunit les approches éthiques, morales et politiques de la question de l'égalité face au dérèglement climatique, qui s'appuie largement sur le fait que ceux qui sont les moins responsables du changement climatique en subissent les conséquences les plus graves. Cela inclut les questions des droits fondamentaux et collectifs, et des droits de l'homme.

Dans son avis « Justice climatique : enjeux et perspectives pour la France », publié en septembre 2016, le Conseil économique social et environnemental (CESE) définit les injustices climatiques : « *Les inégalités climatiques peuvent être considérées comme des injustices si, après en avoir pris connaissance, rien n'est fait pour les diminuer.* »

Face aux actions insuffisantes de certains États contre le réchauffement climatique et la responsabilité délibérée de certaines entreprises, le concept de justice climatique permet aujourd'hui à des citoyens et des ONG d'engager des actions en justice contre des décisions publiques sur le climat, des manquements de mesures mises en place par les États ou entreprises et des recours contre le rejet de demandes d'accueil de déplacés ou réfugiés climatiques.

8

EST-IL ENCORE POSSIBLE D'ARRÊTER CET EMBALLEMENT ?

Oui et non. Pas de suspens puisque la réponse, comme souvent, n'est pas tranchée. Non, tout d'abord, on ne peut pas stopper nettement et rapidement les choses, comme nous l'avons vu plus haut. Non, certaines choses ne se réparent pas, ne se rattrapent pas, les espèces disparues ne reviendront pas, les degrés gagnés ne se reperdront pas… Pour autant, il n'est pas trop tard dans le sens où tant qu'il y a de la vie, on peut agir dessus. On peut donc surtout agir sur un ralentissement plus qu'un arrêt des dégâts, mais aussi, et surtout, sur les techniques d'adaptation, de résilience et de protection des populations. Et cela passe par des mesures politiques, commerciales et des prises de décisions en ce sens.

Les gouvernements doivent (devraient) travailler en priorité sur des mesures de lutte contre la précarité énergétique, la préservation du patrimoine naturel (construire des digues, par exemple, en anticipant sur la montée du niveau de la mer, comme le font certains pays), miser sur l'entretien des zones naturelles qui ont un effet bénéfique (forêts, lacs, dunes…), plus et mieux réglementer l'aménagement de l'espace urbain (obligation d'espaces verts, ordonnancement urbain comme à Nîmes après l'inondation de 1988 où des torrents d'eau et de boue ont déferlé sur la ville, occasionnant la mort de 9 personnes. La commune a alors complètement revu la politique urbaine de la ville en y incluant les désordres que peuvent provoquer des phénomènes naturels). Les États doivent en effet anticiper et prendre en compte ces évolutions qui sont à présent prévisibles, avec la mise en place de plan inondation, de plan canicule, d'accueil de réfugiés, etc. afin de les devancer. Tout en prévoyant de faire évoluer ces actions qui ne cesseront de se heurter à de nouveaux changements dans le futur. Il faut donc des modèles souples et adaptables.

En effet, les processus ne seront pas arrêtés par ces mesures qui ne feront que temporiser. Le niveau des océans, par exemple, va continuer à monter proportionnellement à la montée des températures, et les digues du départ ne suffiront sans doute pas à horizon 100 ans, car la chaleur de l'air mettant du temps à se propager à la mer, la dilatation de l'océan se poursuivra encore longtemps même si le réchauffement se stabilise...

« ALORS, C'EST TROP TARD ? »

Si on ne peut pas tout changer en quelques mois ni même années, on peut toujours se battre pour comprendre, prévoir et protéger les lieux et les gens. Il n'est jamais trop tard pour bien faire. Mais, en effet, le temps presse et nous avons besoin des décisions et des lois des gouvernements, de tous ceux qui peuvent anticiper les changements pour ne pas en souffrir, tout en ralentissant les causes. C'est pour cela qu'il faut en parler beaucoup autour de nous, pour que tout le monde sache et comprenne le danger et s'y prépare, et que le message parvienne aux gens qui décident pour nous. Il peut s'agir du maire de ta ville ou de ton village, ou d'un conseil de quartier, tout comme des ministères qui doivent écouter les experts et les scientifiques ainsi que les citoyens comme nous pour trouver des solutions.

9

POURQUOI LES MESURES PRISES PAR LES GOUVERNEMENTS NE SUFFISENT PAS ?

Aujourd'hui, plus de 80 % de l'énergie consommée dans le monde est d'origine fossile et émet donc du CO_2, un chiffre qui n'a pas ou peu changé depuis l'an 2000. Pire, entre 2002 et 2012, la consommation de pétrole a augmenté de près de 15 %, celle du gaz de plus de 30 % et celle du charbon, l'énergie la plus polluante, de 55 %[10] !

Comment est-ce possible ? Malgré la prise de conscience, la croissance économique et démographique a poursuivi sa course, notamment pour des pays comme la Chine, l'Inde et les pays du Sud-Est qui ont accéléré leur développement à cette période jusqu'à aujourd'hui. Mais comment les blâmer de vouloir accéder au développement industriel qui fut le nôtre ? En revanche, les pays développés ont eux aussi continué à consommer nos ressources de manière croissante : plus de pétrole pour le Canada et l'Australie, plus de gaz pour les États-Unis, le Canada, la France et le Japon et même plus de charbon pour la Pologne et l'Italie. En parallèle des énergies renouvelables et afin de compenser leur production intermittente, même l'Allemagne, en sortant du nucléaire, a favorisé les énergies fossiles, dont les centrales à charbon ! Pourtant, ces pays semblent passer leur temps à s'engager sur des mesures. Depuis

1992 et le sommet de la Terre de Rio de Janeiro, l'ONU a créé la CCNUCC (Convention-cadre des Nations unies sur les changements climatiques). Elle compte presque tous les pays du monde, appelés les « parties », dont les représentants se réunissent chaque année depuis 1995 lors des « Conferences of the Parties », les célèbres « COP », auxquelles assistent aussi des acteurs non étatiques type ONG, collectivités territoriales, scientifiques...

Ces conférences sont ainsi prévues pour que soit appliquée la convention-cadre, et que les États signataires s'engagent sur des mesures visant à la réduction des émissions anthropiques de gaz à effet de serre dans des accords et, selon les ambitions de ces engagements, les accords connaissent plus ou moins d'écho médiatique par la suite. Problème : les États s'engagent, certes. Mais rien ne les oblige ensuite à appliquer leur engagement, ou alors l'échéance est si lointaine qu'ils ont surtout le temps d'ici à ce qu'elle arrive... de ne rien faire s'ils n'en ont plus envie ou – surtout – si leurs intérêts les emmènent ailleurs entre-temps.

Par exemple, le Protocole de Kyoto a été signé à l'issue de la troisième COP, en 1997, par 37 pays s'engageant (déjà) à réduire leurs émissions de 5 % en moyenne sur la période 2008/2012.

À l'issue de la COP21, en 2015, qui avait pour objectif de limiter le réchauffement climatique en deçà des 2 °C d'ici la fin du siècle, ce sont 195 États qui ont promis de réduire leurs émissions de gaz à effet de serre dans le fameux « Accord de Paris ».

Mais alors, pourquoi, en 2019, les émissions mondiales de CO_2 ont-elles encore augmenté !? Il faut comprendre que ces accords ne sont pas ou peu « contraignants », au sens juridique du terme : ils ne prévoient aucune sanction. Seule une contrainte politique pourra être appliquée de la part des autres sur les États qui ne tiendront pas leur engagement. Malheureusement, la culpabilité n'a jamais sauvé aucune planète... Les contraintes qui existent concernent surtout la transparence des comptes rendus de réductions d'émissions de GES. Il faudrait donc compter sur la farouche détermination des États, dont les plus gros émetteurs de CO_2 (États-Unis, Chine, Inde, Russie), pour réduire volontairement leurs émissions, sans sanction ni mesure financière type taxe carbone, une mesure à peine évoquée dans les textes. Tout comme les émissions des gaz à effet de serre dues à l'aviation et au transport maritime international. Pas un mot sur ce qui cause pourtant environ 8 % du total des émissions mondiales.

Encore mieux : les pays producteurs d'énergies fossiles ont refusé toute mention des mots « énergies fossiles », « pétrole » ou « charbon » dans l'accord. Or l'unique solution pour réduire les GES, et donc limiter le réchauffement, est de renoncer à l'exploitation des énergies fossiles. Si celles-ci étaient taxées ou si leur prix était annexé sur leur impact climatique, leur rentabilité baisserait tellement qu'il y a fort à parier que ces industries ralentiraient toutes seules... En attendant, la politique budgétaire et fiscale est contradictoire à la politique climatique puisque toujours favorable aux énergies fossiles qui reçoivent même bien souvent des subventions. En définitive, il faudrait une régulation de la production à l'échelle mondiale pour que tout le monde soit au diapason. Mais les enjeux financiers de chacun sont bien trop importants pour s'y résoudre et s'allier... Personne ne veut faire le premier pas. Sauf quand il s'agit de signer des traités de libre-échange sans aucune clause prenant en compte les émissions de CO_2.

En conclusion, reprenons les mots d'Evo Morales, dirigeant syndical et à l'époque président qui avait provoqué la colère des chefs d'État à l'issue de la COP21 : « *Le capitalisme a créé au cours des deux derniers siècles la forme la plus sauvage et destructrice de notre espèce, pour le bénéfice de quelques-uns [...] Si nous continuons dans la voie du capitalisme, nous sommes condamnés à disparaître.* »

Côté français, le Haut Conseil pour le climat créé par Emmanuel Macron fin 2018 n'a pas hésité à épingler nos dirigeants sur leur piètre politique climatique. En 2019, le Haut Conseil souligne dans son rapport annuel[11] qu'au rythme actuel, la France a peu de chances de tenir ses engagements climatiques, et en 2020, il constate un accroissement des annonces, mais qui ne sont toujours pas suivies d'actes pour faire diminuer concrètement les émissions de GES[12]. À l'heure où j'écris ces lignes, nous apprenons qu'en réponse au « recours climatique » déposé en décembre 2018 par la commune de Grande-Synthe et son ancien maire Damien Carême, le Conseil d'État a pour la première fois statué sur les obligations de résultats de l'État quant aux objectifs fixés par l'Union européenne et par la loi pour la transition énergétique et la croissance verte de 2015, en application de l'Accord de Paris. Historique : les contraintes pourraient bien finalement voir le jour !

« IL FAUT DIRE AU PRÉSIDENT DE FAIRE QUELQUE CHOSE, MAMAN ‼ »

Tout le monde est d'accord pour dire qu'il faut changer, mais personne n'y arrive car il faudrait se priver de beaucoup de choses. Alors les pays se réunissent et se font des promesses. Comme quand tu sais qu'il faut ranger ta chambre mais que des jeux t'appellent et que tu promets que tu vas ranger, mais ce soir. Tu vas préférer aller jouer car, avouons-le, sur le moment c'est plus amusant. Le soir venu, si en voyant ta chambre en désordre, personne ne te force à la ranger, si on te fait juste une petite remarque, il y a peu de chances que le lendemain tu ne choisisses pas à nouveau de faire quelque chose qui t'amuse plutôt que de ranger. Ou alors tu rangeras un petit truc pour pouvoir répondre que tu as quand même fait quelque chose si tes parents te demandent si tu as rangé. Pour les pays, c'est pareil : sur le moment, ils disent oui, ils font de petits efforts, mais ils préfèrent gagner de l'argent, ou continuer à vivre avec du confort, à acheter des choses polluantes. Parfois même ils trichent : ils mettent tout le bazar de leur chambre dans le placard du pays voisin. Ça a l'air rangé mais ça ne l'est pas… Ils n'ont jusqu'ici jamais eu de punitions pour les obliger à tenir leurs promesses, mais cela pourrait bien arriver bientôt.

10

EN QUOI LUTTER CONTRE LE RÉCHAUFFEMENT EST POSITIF POUR LA SOCIÉTÉ ?

Les choses bougent lentement, bien trop lentement, c'est sûr. On se heurte à une inertie très forte : beaucoup d'intérêts financiers sont en jeu et les décideurs, politiques, industriels et patrons, les font passer avant l'intérêt humain... MAIS ! Mais les citoyens se réveillent ! Mieux, en prenant conscience des freins qu'on leur oppose, ils agissent, nous agissons, vous agissez. Et des idées émergent, des solutions sont testées : cette menace est un moteur pour beaucoup de citoyens qui repensent leur vie et leurs emplois, et se dédient à faire naître le changement. Bien sûr qu'il faut changer tout le système car on ne pourra jamais prétendre à une société neutre en carbone tant que le modèle économique reposera sur le pétrole. Les énergies fossiles viendront à manquer et il semblerait qu'il y ait consensus pour attendre le dernier moment et sucer la planète jusqu'à la moelle. Or il y a urgence, et urgence à adopter les solutions qui fonctionnent pour une transition énergétique rapide et un remodèlement des systèmes de production. Côté consommation, il serait temps d'affaiblir les géants aux pieds d'argile en refusant tout simplement de cautionner leurs comportements industriels irresponsables par nos achats. Et cela passe par la remise en cause de tout et notamment de chacune de nos dépenses !

Car, le saviez-vous ?, même l'argent que vous ne dépensez pas peut polluer !
Aujourd'hui, nous faisons des efforts au quotidien pour réduire notre empreinte carbone, mais notre épargne finance pétrole, charbon et gaz à bien plus grande échelle[13]. En effet, pour faire fructifier un placement, la banque va l'investir sur des marchés : de l'argent placé sur une assurance-vie ou un PEL peut financer à notre insu les énergies fossiles, comptant parmi les derniers placements les plus rentables à court terme, donc très appréciés des banquiers. Peu de gens le savent, mais l'épargne représente la plus grande part de l'empreinte carbone des citoyens par ce biais indirect. Or la somme des financements des énergies fossiles, publics et privés réunis, représente 6,5 % du PIB mondial ! 6,5 % de toute la richesse produite sur une année dans le monde : c'est colossal. Tant que les énergies fossiles seront financées à cette hauteur, elles se développeront. En revanche, en prendre conscience fut l'occasion d'un sursaut entrepreneurial qui a donné naissance à des banques écologiques, dites banques vertes (Onlyone, Banque française mutualiste, Hélios, Green-Got, en plus du crédit coopératif et de la NEF, doyenne née en 1978…), soutenues par la FEBEA (Fédération européenne de finances et banques éthiques et alternatives) créée en 2001 à Bruxelles. Celles-ci garantissent des placements éthiques, écologiques ou solidaires et refusent de financer les projets liés à l'exploitation des énergies fossiles. On voit que la volonté de changement s'intensifie ! La lutte contre le réchauffement climatique est l'opportunité de formidables révolutions pacifiques et d'innovations sociétales visant un changement de modèle avec au passage de nouveaux emplois, une économie différente et un réalignement des valeurs économiques avec celles des citoyens. La transformation nécessaire est si profonde qu'elle va forcément générer de nouveaux métiers (c'est déjà le cas), dans

l'énergie, le bâtiment, l'agriculture... ce combat contre nous-mêmes est un incroyable levier de rapprochement des peuples et de mobilisation, à la fois personnelle, locale et globale. La mondialisation peut en effet avoir du bon si on utilise ses outils pour lutter contre... ses propres effets néfastes !

« QUAND JE SERAI GRANDE, JE VEUX ÊTRE ACTIVISTE ! »

Quand on est en difficulté, on peut paniquer mais aussi chercher des solutions. On devient alors très créatif pour régler un problème quand il est grave ! C'est très positif : aujourd'hui on se rend compte que la vie sur Terre est en danger par notre faute, alors ceux qui veulent changer les choses et arrêter de polluer inventent de nouvelles façons de faire, changent leurs habitudes, de nouvelles entreprises se créent qui proposent des produits qui polluent moins et sont fabriqués dans des conditions écologiques. Et vous, les enfants, aurez déjà été élevés dans cette approche : vous aurez déjà appris à arrêter d'acheter les produits qui abîment la planète et à réduire ce qui génère des gaz à effet de serre, de l'avion à la viande. Vous aurez envie d'apprendre de nouveaux métiers, de vous engager dans des entreprises écologiques. Vous serez les génies de demain qui allez trouver encore de nouvelles façons de changer les choses et de forcer les gouvernements et les grandes entreprises à arrêter le massacre de la planète !

« Certains pans ou instruments des politiques de lutte contre le changement climatique peuvent être dommageables à certains autres aspects de l'environnement. »

Guillaume Sainteny, membre de l'Académie d'agriculture de France, a occupé plusieurs postes de responsabilité au ministère du Développement durable et de la Transition écologique, notamment celui de directeur des études économiques et de l'évaluation environnementale. Il enseigne le développement durable à AgroParisTech, après l'avoir enseigné à Sciences Po Paris et à Polytechnique. Il est l'auteur de *Le climat qui cache la forêt* et *Plaidoyer pour l'écofiscalité*.

AT : Dans votre livre, en quoi le climat cacherait la forêt ?

GS : Ce que j'essaye d'expliquer dans mon livre, c'est que la question du changement climatique a pris une telle importance, en elle-même, mais aussi sur les plans médiatique et politique, qu'elle en vient à dominer, à subordonner d'autres enjeux environnementaux qui sont pourtant d'une importance égale. Il s'agit, par exemple, de la pollution de l'air, de l'érosion de la biodiversité, de la dégradation des sols ou de l'état des ressources en eau.

À l'aide de quels critères peut-on hiérarchiser les questions d'environnement et décider que l'une est plus importante qu'une autre ? C'est naturellement difficile, notamment car beaucoup d'entre elles sont liées. Mais, par exemple, la pollution atmosphérique entraîne chaque année

7 millions de décès prématurés dans le monde, soit beaucoup plus que le changement climatique. Les évaluations économiques montrent que les coûts globaux de la pollution atmosphérique ou de l'érosion de la biodiversité sont, chacun, aussi élevés, voire davantage que celui du changement climatique. Quant aux organisations internationales ou commissions d'experts, elles mettent sur un pied d'égalité ces différents problèmes d'environnement[14].

AT : En quoi la lutte contre le réchauffement climatique peut-elle nuire ou affaiblir l'efficacité des politiques environnementales ?

GS : Je ne dis pas qu'en elles-mêmes et par principe, les tentatives de modération du changement climatique affaiblissent systématiquement l'efficacité de toutes les politiques environnementales. J'essaye de montrer que certains pans des politiques de lutte contre le changement climatique peuvent être dommageables à certains autres aspects de l'environnement. Je prends plusieurs exemples concrets où cela a été le cas. Ainsi, le recours massif aux ENR ou la rénovation thermique par l'extérieur peuvent, parfois, entraîner des atteintes aux paysages, au patrimoine architectural, voire à la biodiversité, et participer à l'artificialisation des sols. De même, la lutte contre le changement climatique et les économies d'énergie ont servi de justification, pendant longtemps, en France, au développement du gazole, pourtant davantage émetteur de polluants atmosphériques que le super.

Par ailleurs, je ne critique pas que l'on puisse parfois faire primer le changement climatique sur d'autres aspects de l'environnement si cela est assumé, rationnel et globalement positif. On considère souvent qu'une mesure de lutte contre le changement climatique est forcément bonne pour l'environnement. Or, cette équation est fausse. Un examen au cas par cas est nécessaire. Dans certains cas, les maigres bénéfices d'une action climatique sont inférieurs à ses dommages environnementaux. Or, justement, cet examen des coûts et des bénéfices des impacts des différentes mesures climatiques sur le changement climatique, lui-même, d'abord, et sur les autres aspects de l'environnement, ensuite, n'est pas toujours effectué. On en arrive, par exemple à prendre des mesures favorables à l'atténuation du changement climatique mais défavorables à d'autres aspects de l'environnement. Certaines de ces mesures sont, en outre, très coûteuses. Cela revient à dire que l'on dépense beaucoup d'argent pour atténuer très légèrement le changement climatique mais endommager moins légèrement l'environnement. Où est la rationalité ?

En matière de politique climatique comme de politique environnementale, il convient, comme partout ailleurs, de privilégier les mesures présentant un bon rapport qualité-prix, c'est-à-dire, si possible, les mesures les moins coûteuses ayant le plus d'impact positif. Tout le monde peut comprendre que cela est plus astucieux et plus efficace que de privilégier des mesures coûteuses ayant un effet faible sur le changement climatique. Dans le second cas, on dépensera beaucoup d'argent (qui aurait pu être dépensé à autre chose) pour des résultats faibles. Dans le premier cas, on dépensera moins d'argent pour des résultats plus importants, on aura davantage réduit les émissions de GES et il restera de l'argent pour les réduire encore davantage ou pour financer d'autres politiques publiques. Mais quand des mesures coûteuses diminuent peu les émissions de GES et présentent donc un rapport coût-efficacité mauvais en matière climatique et qu'en plus elles entraînent des effets négatifs sur d'autres secteurs de l'environnement, alors l'effet global de ces mesures devient globalement nul ou négatif pour un coût pourtant important. Cela s'apparente à du gaspillage d'argent public.

Parmi ces mesures, on peut citer le soutien aux biocarburants, qui a favorisé la déforestation et la dégradation des milieux naturels dans les pays du Sud, ou la priorité accordée aux ENR sur l'efficacité énergétique dans des pays dont le mix électrique est déjà très largement décarboné et où le développement des ENR ne peut donc guère faire diminuer les émissions de GES, la création de nouvelles lignes ferroviaires à grande vitesse, non rentables, qui fragmente les milieux naturels, contribue à l'artificialisation des sols et des paysages et dont le bilan carbone lui-même n'apparaît pas toujours positif.

Pourtant, il est possible de privilégier des mesures de lutte contre le changement climatique qui sont à la fois d'un bon rapport coût-efficacité en elles-mêmes et ne sont pas défavorables à d'autres aspects de l'environnement. Pour cela, il faudrait, notamment :

- rehausser la part des mesures d'adaptation au changement climatique par rapport à la part des mesures d'atténuation du changement climatique ;
- favoriser les mesures à double ou multiples dividendes, c'est-à-dire favorables à la fois à la lutte contre le changement climatique et à l'atténuation d'autres problèmes d'environnement.

Dans cette perspective pourraient notamment être prioritaires la diminution des subventions publiques et dépenses fiscales favorisant les énergies fossiles, un rééquilibrage entre les mesures d'efficience énergétique et celles relatives aux ENR, une politique visant à favoriser un urbanisme compact, mixte, permettant de diminuer la mobilité contrainte et des mesures favorisant le stockage du carbone dans les sols agricoles et forestiers.

AT : Comment des aides publiques (subventions ou exonérations fiscales) peuvent-elles être dommageables à l'environnement ?

GS : Il existe aussi des subventions ou dépenses fiscales des États ou collectivités publiques en faveur d'activités publiques ou privées dommageables à l'environnement. L'un des exemples les mieux connus concerne les soutiens publics favorables aux énergies fossiles. Ils se montent, en ce moment, à environ 400 milliards de dollars par an. On peut citer, par exemple, l'exonération de taxation des carburants des transports aériens, les taux réduits pour le gazole, le gazole routier ou le fioul domestique, les subventions aux aéroports, etc. Cela signifie que, si les États cessaient ces soutiens, on aurait une diminution notable de la production et de la consommation d'énergies fossiles. C'est une mesure qui ne coûterait rien aux États, au contraire, elle leur rapporterait et aurait des effets significatifs : elle permettrait une diminution de 24 % des émissions de CO_2 et de plus de la moitié des décès prématurés dus à la pollution atmosphérique.

Au-delà des seuls soutiens aux énergies fossiles, les subventions dommageables à l'environnement sont beaucoup plus amples. On peut mentionner les soutiens à la pêche en mer, les exonérations ou taux réduits de taxe sur le foncier bâti, de taxe d'aménagement, le prêt à taux zéro, les nombreux régimes fiscaux d'aide à l'investissement locatif, etc.

AT : Qu'appelle-t-on la fiscalité de l'environnement ? À quoi sert-elle ?

GS : Il existe plusieurs définitions de la fiscalité de l'environnement. Pour faire court, disons qu'elle concerne les prélèvements assis sur des matières polluantes ou des comportements ayant un rapport avec l'environnement. Cela peut concerner la taxation des émissions polluantes ou des activités défavorables à l'environnement. Mais cela doit aussi englober – et on l'oublie trop souvent – l'exonération ou la taxation à taux réduit de produits ou d'activités favorables à l'environnement.

L'écofiscalité n'a donc pas un but principalement budgétaire. Certes, ses recettes peuvent servir à financer des politiques d'environnement. Mais ce n'est pas toujours le cas et les produits de taxes générales, sans rapport avec l'environnement, peuvent aussi être affectés au financement de politiques environnementales. Le but premier de l'écofiscalité est incitatif. Il s'agit d'inciter les individus et les entreprises à adopter des comportements moins nocifs à l'environnement. Cela peut se faire aussi bien en taxant les produits polluants et comportements dommageables qu'en détaxant les produits et comportements favorables à l'environnement.

De nombreuses études ont montré que, bien conçue, l'écofiscalité était efficace aussi bien du point de vue environnemental (diminution effective de la pollution) qu'économique (atteinte du but environnemental souhaité de façon plus économe que via d'autres mesures réglementaires). On peut citer plusieurs exemples d'écotaxes ayant donné de bons résultats environnementaux : taxes sur le SO_2 et les Nox en Suède, taxe sur les sacs plastiques en Irlande, redevance poids lourds en Suisse, taxes sur les déchets au Royaume-Uni, etc.

En France, les mesures d'écofiscalité souffrent de deux défauts notables. D'une part, les taxes environnementales visent davantage à engendrer des recettes budgétaires qu'à diminuer les pollutions. Leurs taux sont souvent trop bas pour être incitatifs. D'autre part, la France semble moins utiliser l'écofiscalité positive (accorder des exonérations ou taux réduits aux comportements favorables à l'environnement) que d'autres pays comparables. Ces deux défauts semblent provenir de la même cause. Les déficits budgétaires chroniques de la France depuis 45 ans et l'importance de la dette publique cumulée y rendent plus difficile l'usage de la vraie écofiscalité incitative. La fiscalité environnementale est donc davantage utilisée pour aider à diminuer les déficits budgétaires.

2

CONSOMMATION

11

POURQUOI MANGER DE LA VIANDE, C'EST MAUVAIS POUR L'ENVIRONNEMENT ?

Vous le savez peut-être déjà, mais beaucoup ignorent ou ont du mal à comprendre le lien entre écologie et consommation de viande. Il faudrait pourtant penser « déforestation » ou encore « réchauffement climatique » quand notre main se tend vers ce steak au restaurant d'entreprise ou ce paquet de jambon sous vide et trop rose au supermarché (avant de le reposer, CQFD). Si l'on met de côté le non moins épineux sujet de la souffrance animale des individus destinés à nos assiettes et abattus dans des conditions indignes, et le fait que l'on sache avec certitude que l'abus de viande est mauvais pour la santé, reste que l'élevage des animaux que l'on « produit » puis tue pour les manger épuise les ressources précieuses de la planète et émet beaucoup de gaz à effet de serre. Tout d'abord, les céréales cultivées pour nourrir ces bêtes nécessitent des quantités industrielles d'eau. La viande de bœuf d'élevage industriel est la pire : pour chaque kilo produit, environ 15 à 20 kg de céréales sont consommés et plus de 10 000 litres d'eau sont nécessaires (contre environ 5 000 pour le porc et 4 000 pour le poulet). Ce faisant, les céréales produites pour nourrir les animaux d'élevage pourraient mettre fin à la plupart des famines dans le monde si elles étaient destinées aux humains. Enfin, la production de céréales type riz ou blé étant bien moins gourmande en eau que n'importe quelle production de viande (respectivement 1 400 et 1 200 litres nécessaires pour en produire un kilo), elle serait bien mieux utilisée et plus rentable si elle était utilisée pour produire des céréales pour les humains et non pour le bétail. En termes de nutrition, on dit que la production d'1 calorie de bœuf nécessite 10 calories végétales… ou comment nourrir des millions d'êtres humains plutôt que des millions d'animaux.

Ah ! Je vous entends penser : mais cette viande, elle nourrit aussi les hommes. Certes. Mais quand on sait qu'une grande partie de la viande industrielle est détruite car surproduite et non consommée, qu'une grande partie de l'humanité ne mange pas à sa faim et n'a pas un accès facile à l'eau, ce n'est pas forcément ne plus manger de viande qu'il faut mais en manger moins et, surtout, la produire différemment.

À l'heure de la mondialisation où des milliards d'animaux sont transportés, vivants ou morts, d'un pays à un autre pour toujours réduire les coûts, ce sont les hommes et les femmes les plus démunis, et la planète, qui paient le prix fort de cette viande low cost ingurgitée par les pays les plus développés. C'est une question de répartition au niveau mondial. Pour finir, selon un rapport de l'Organisation des Nations unies pour l'alimentation et l'agriculture (FAO), l'élevage de bétail dans le monde était responsable, en 2005, de 14,5 % des émissions de gaz à effet de serre liées aux activités humaines. Dont le méthane, un gaz à effet de serre 25 fois plus puissant que le CO_2 produit massivement par les « émanations » des vaches (pets mais surtout rots). Petit problème mathématique : sachant qu'une vache produit environ 600 litres de méthane par jour (!) et qu'elles sont environ 1 milliard et demi, combien de bœuf par personne faut-il arrêter de manger pour réduire immédiatement l'effet de serre ? Vous avez 2 heures. Voire 4 heures si l'on prend en compte les différences liées à l'alimentation : un régime alimentaire à base de lin (et non de soja ou maïs) permettrait de diminuer drastiquement les émissions de méthane des bovins. Certains ont même développé des masques à faire porter aux vaches (oui oui) pour absorber et filtrer le méthane qu'elles rejettent par le nez et la bouche. Preuve que l'empreinte écologique due à l'élevage (et à notre consommation de viande de bœuf en particulier) n'est pas une mince affaire. Et c'est sans compter tout le pétrole nécessaire pour faire tourner une exploitation agricole... Dans l'ordre du plus au moins polluant se trouve la viande de bœuf, puis la viande d'agneau, loin devant le porc et le poulet. Ces derniers se rattrapent (malheureusement) avec un taux d'azote très élevé dans les eaux usées, ce qui pollue les rivières et déséquilibre jusqu'aux écosystèmes marins. Le plus étonnant ? L'industrialisation massive de l'élevage a presque été multipliée par cinq depuis les années 1960 et continue d'augmenter... reposons donc ce paquet de carpaccio sous vide et cherchons des producteurs locaux tout en réhabilitant les légumineuses dans nos assiettes !

« LE JAMBON, AVANT, C'ÉTAIT UN ANIMAL ? ALORS ON FABRIQUE DES ANIMAUX POUR LES MANGER ? »

Élever des animaux afin de les vendre pour qu'ils soient mangés est un métier. Certains veulent gagner beaucoup d'argent en vendant beaucoup beaucoup de viande et ont des centaines de milliers de vaches, de cochons ou encore de poulets. Pour nourrir ces animaux, il faut des céréales, et pour faire pousser ces céréales, il faut non seulement beaucoup beaucoup d'eau, mais aussi un très grand endroit que l'on prend aux forêts en arrachant leurs plantes, leurs arbres et leurs animaux pour y planter des champs. Pour que cela coûte moins cher, et gagner plus d'argent, on fait pousser ces céréales pour les animaux dans des pays pauvres alors que des gens y manquent de nourriture et d'eau ! Or, avec cette eau, on pourrait faire pousser des céréales qui nourriraient plus d'humains qu'avec la viande. En plus, ces fermes gigantesques polluent énormément l'eau et rejettent des gaz à effet de serre, notamment le méthane, responsables du réchauffement climatique… Pire, quand elle n'est pas vendue, la viande est jetée : sa production a donc pollué pour rien. En plus, manger trop de viande est mauvais pour la santé… il faut vraiment réduire notre consommation !

protéines	23 g	22 g	23 g
cholestérol	74 mg	0 mg	0 mg
calories	295	333	223
fibres	0 g	15 g	7,8 g
calcium	11 mg	123 mg	132 mg
fer	1,9 mg	5 mg	6,7 mg
magnésium	23 mg	171 mg	112 mg
acidification	++	Ø	Ø
eau nécessaire	1 500 L	103 L	300 L
prix au 100 g	3 €	0,50 €	0,50 €

12

POURQUOI FAIT-ON/LAISSE-T-ON SOUFFRIR LES ANIMAUX D'ÉLEVAGE ?

Pourquoi parler de la souffrance animale dans un livre sur l'écologie ? Qu'une vache ait mal ou non quand on lui tranche la gorge n'accentue pas le réchauffement, quand même ? Non, certes... mais si on prend la définition Larousse de l'écologie, voici ce qu'on peut lire : « *Science ayant pour objet les relations des êtres vivants (animaux, végétaux, micro-organismes) avec leur environnement, ainsi qu'avec les autres êtres vivants.* » Or on peut vouloir manger de la viande mais ne plus supporter cette relation sado-maso qui nous est imposée. De nos jours, presque tout le monde a vu les images tournées en caméras cachées dans de nombreux abattoirs (notamment par l'association L214). Si ce n'est pas le cas, allez-y, car parfois il faut le voir pour le croire. Sans compter les images de ceux qui sont maltraités, frappés sans raison, torturés sans raison dans des élevages insalubres.

On sait donc sans doute possible que, malgré les lois et les procédures censées garantir une vie correcte et permettre une mise à mort sans souffrance, un grand nombre d'animaux vivent une vie de souffrance et ne sont pas ou pas correctement étourdis quand on leur tranche la gorge. Sans parler du stress ressenti (car, oui, les animaux sont reconnus comme étant des êtres sensibles) à cause des procédés sans pitié des élevages et de ceux des abattoirs qui deviennent un enfer à cause d'une chose en particulier : le rendement. Toujours plus d'animaux tués par minute, pour moins cher. Seconde chose : le personnel qui y travaille. Interchangeables, non qualifiés, ces hommes (principalement) acceptent rarement ce job contre nature par gaieté de cœur. Alors, quand on est obligé de faire un travail qui nous retourne le cœur, le corps et la conscience mais que l'on a besoin du salaire à la fin du mois, une seule solution : se blinder, devenir insensible. Et parfois on en devient barbare. Même chose dans l'élevage intensif : il implique de mauvais traitements quasi incontournables pour conserver un rendement élevé... Des espaces minuscules qui favorisent les maladies combattues à grand renfort d'antibiotiques, des animaux qui se battent entre eux, deviennent fous, un élevage automatisé où la nature profonde de ces animaux est niée, comme le fait de picorer pour les poulets par exemple, élevés sur des grilles pour permettre aux déjections de passer, mais qui blessent leurs pattes. Ou encore d'être nourris avec des farines de poissons – vous avez déjà vu du bétail manger du poisson, vous ? Ou de séparer les petits veaux de leurs mères pour en prendre le lait à peine quelques heures après la naissance. Et enfin, saviez-vous que les animaux – considérés comme une marchandise – peuvent être importés ou exportés vivants (et passer des heures coincés en douane pour des problèmes administratifs, sans manger ni boire pour finir, pour 20 % d'entre eux, morts de soif ou de crise cardiaque), voire envoyés à l'étranger pour être tués (sans normes), avant de revenir en morceaux, juste parce que, malgré le transport, c'était moins cher comme ça ? Voilà l'enfer des animaux d'élevage. Si leur souffrance émettait du CO_2 la planète aurait tellement chaud qu'elle pourrait cuire elle-même ses steaks.

« POURQUOI LES ANIMAUX N'ONT PAS LE DROIT D'AVOIR UNE PETITE VIE AVANT D'ÊTRE DANS LEUR CAGE ? »

Les animaux sont des êtres vivants, on sait qu'ils peuvent souffrir. Toi-même, tu sais bien quels gestes peuvent faire mal aux chats ou aux chiens, parce qu'on te l'a dit ou que tu as vu leurs réactions. Quand on voit des vaches dans les prés, ou que l'on visite des fermes, les animaux n'ont pas l'air de souffrir. Mais on n'entre jamais dans les élevages intensifs, c'est-à-dire là où les animaux sont si nombreux dans leurs cages qu'ils se marchent dessus au point de s'étouffer. On ne sait pas forcément que les mamans cochons sont dans des cages si petites qu'elles ne peuvent même pas se lever et que leurs petits naissent sur des grilles en fer. Et on ne va jamais visiter les endroits où l'on tue les animaux avec des gestes et du matériel qui les fait souffrir. Parfois il faut le voir pour réaliser, mais parfois imaginer suffit à comprendre à quel point ce qu'ils vivent est terrible. Cela s'appelle l'empathie. Les enfants ont beaucoup de compassion pour les animaux, cependant, les adultes qui utilisent les animaux dans leur métier ne les voient plus comme des êtres vivants mais comme des objets. Ce qui compte, c'est de gagner de l'argent avec les animaux, peu importe leur tristesse, leur peur, leur douleur. Ces adultes respectent plus ou moins les lois qui autorisent la souffrance, sans essayer de faire mieux, car faire mieux demanderait plus d'argent. Alors, si aujourd'hui les animaux d'élevage souffrent, c'est d'abord parce que les abattoirs ne sont pas publics : personne ne voit ce qui s'y passe. Mais aussi parce que les lois ne sont pas assez sévères et protectrices, que les hommes qui vendent la viande veulent gagner plus d'argent sans changer le matériel trop vieux et qu'ils poussent les employés à tuer les animaux toujours plus vite, ce qui conduit à de la maltraitance. Des vidéos secrètes tournées par les associations de défense des animaux dans des abattoirs ont montré des hommes qui torturaient les animaux, comme un jeu. Récemment, grâce à ce procédé, des employés d'un abattoir ont été jugés pour des violences infligées à des animaux et condamnés à de la prison et des amendes[15]. Car, en théorie, faire souffrir un animal quel qu'il soit est interdit par la loi.

13

LES CULTURES BIO, C'EST MEILLEUR POUR L'ENVIRONNEMENT ?

Au mot « pesticide » (pest–, « ravageur » et –cide, « tuer »), l'Agence nationale de la sécurité sanitaire, de l'alimentation, de l'environnement et du travail (ANSE) préfère « produit phytopharmaceutique », ou « produit phytosanitaire ». Ces termes désignent toute substance utilisée pour lutter contre les organismes considérés comme nuisibles par les agriculteurs : champignons, insectes et mauvaises herbes.

Pour la santé, dans la mesure où les fruits et légumes bio sont issus d'une culture réputée sans pesticides, c'est *a priori* forcément meilleur. Mais méfiance, ce sont les pesticides de synthèse qui sont interdits par le cahier des charges AB. L'agriculture bio utilise bien des pesticides, à condition qu'ils proviennent de « substances naturelles ou substances dérivées de substances naturelles »... ou issues d'une liste de quelques exceptions telles que la chaux éteinte (de son vrai nom hydroxyde de calcium), l'huile de paraffine (pourtant issue du pétrole) ainsi que le soufre et des « composés de cuivre », le sulfate de cuivre étant le pesticide le plus retrouvé sur les aliments biologiques, utilisé comme fongicide (anti-champignons).

Or naturel ne veut pas dire inoffensif pour l'homme ou dépourvu d'effets néfastes pour l'environnement. Les préparations au cuivre sont issues de la chimie minérale de synthèse, comme la fameuse « bouillie bordelaise » utilisée dans les vignes bio, un mélange de chaux et de sulfate de cuivre obtenu industriellement qui résulte du décapage chimique du cuivre par l'acide sulfurique. Naturelle, la bouillie ? Pas vraiment... N'étant pas biodégradable, le cuivre a des effets négatifs sur les micro-organismes des sols où il s'accumule, des dommages collatéraux bien connus d'ailleurs soulevés par l'Inra (Institut national de la recherche agronomique) dans une expertise scientifique[16]. Mais pour les raisins bio comme pour les pommes de terre bio, il n'y a pas d'alternative.

Les produits bio répondent donc à un cahier des charges qui cible les produits chimiques, mais qui laisse de côté un très grand nombre d'aspects pourtant essentiels : on peut ainsi cultiver du bio tout en ayant des pratiques agressives pour l'environnement et les sols. En effet, l'agriculture chimique « conventionnelle » a, par exemple, tout autant recours au labour que le bio alors que c'est une des pratiques les plus perturbantes pour les sols et la biodiversité qu'ils hébergent.

Et si les produits bio viennent de l'autre bout du monde, suremballés dans du plastique, là, les dommages écologiques dus au transport et ses émissions de gaz à effet de serre ainsi que la pétrochimie utilisée pour les emballages prennent le pas sur d'éventuels bénéfices santé. Si on se tourne vers du local, côté santé, des résidus de glyphosate (herbicide toxique) seront tout aussi néfastes sur les produits issus d'une jolie ferme à côté de chez soi que sur ceux d'une lointaine exploitation étrangère.

En revanche, s'il vaut mieux éviter de consommer des pesticides, leurs effets sur la santé des consommateurs fait encore débat. Et en ce qui concerne la teneur en nutriments souvent vantée par les producteurs bio, elle ne dépend pas de l'utilisation ou non des pesticides naturels ou de synthèse mais de la variété de la plante, de son exposition ou non au soleil, de la pollution de l'air et de la richesse ou de la pauvreté du sol... ainsi que des engrais azotés utilisés et du moment de la cueillette. Un fruit qui finit de mûrir dans un container ne sera pas aussi riche en minéraux, vitamines, etc. que s'il était resté alimenté sur son arbre en profitant des bienfaits du soleil...

En termes de méthodes peu orthodoxes, le label et la charte bio ne garantissent malheureusement pas le respect des travailleurs sur les exploitations, ou de meilleures conditions de travail, comme on pourrait s'y attendre. En effet, il est hélas fréquent que des ouvriers agricoles exercent dans des conditions déplorables, voire hors des principes des droits de l'homme dans certaines régions du monde, y compris en Europe. Par exemple, poivrons, tomates (« Rosita ») et autres légumes d'été que l'on trouve encore en fin de saison chez nous, viennent majoritairement d'Espagne et de sa « mer de plastique » à Almeria, une zone largement cultivée et récoltée par des travailleurs migrants saisonniers, vivant et travaillant dans des conditions indignes proche de l'esclavage moderne et qui produisent du bio comme du conventionnel, pour toute l'Europe... Le label Bio devrait pouvoir assurer des conditions de travail décentes dans les champs, où qu'ils soient... Heureusement, si l'on met de côté le bio « industriel », les agriculteurs bio adhèrent en général à une philosophie tendant vers le vertueux, au-delà même du cahier des charges.

D'un point de vue économique, il ne faut pas négliger le fait que le bio pollue beaucoup moins, ce qui permet d'économiser drastiquement sur les coûts des traitements de dépollution de l'eau et des sols, et contribue ainsi à réduire ces dépenses pour la société.

Voilà pourquoi le bio est important, et souvent meilleur, même s'il n'est pas parfait. Pour le perfectionner, il existe une troisième voie complémentaire : l'agriculture de conservation. Non bio, cette agriculture-là utilise un ensemble de pratiques vertueuses (ne pas labourer les sols, éviter d'avoir des sols « nus » en y semant un « couvert végétal », c'est-à-dire un mélange de plantes qui lui évite de se dégrader et de perdre sa précieuse matière organique). Elle utilise malheureusement des désherbants chimiques néfastes mais offre des pistes précieuses dont il faut s'inspirer.

Ainsi, pour vraiment bien faire, préserver notre santé ET l'environnement des dégâts causés par l'agriculture intensive et les pesticides, il faudrait donc que l'agriculture se convertisse au bio, bannisse toute molécule chimique de synthèse mais aussi que les agriculteurs se saisissent de toutes les bonnes pratiques de conservation des sols, ou que celles-ci soient imposées ou récompensées. Et bien sûr que les produits soient distribués et consommés localement... Autant de pratiques qui permettraient de faire de l'agriculture vertueuse, ou du « vrai bio », et non du bio mondialisé low cost. Tout comme la vente en circuits courts qui voit le jour. Voilà l'agriculture régénératrice du futur, celle qui associe tout cela, que certains appellent l'ABC : agriculture biologique de conservation, mais elle ne repose que sur la motivation et le bon vouloir d'agriculteurs nouvelle génération.

« MAMAN, À LA CANTINE ON MANGE BIO, ON SAUVE LA PLANÈTE, ALORS ?! »

Un produit qui est « bio » veut dire qu'il a été produit en suivant une charte, c'est-à-dire des obligations et des interdictions. Il est par exemple interdit d'utiliser sur lui les pesticides, c'est-à-dire des produits chimiques pour l'aider à pousser en le débarrassant des pucerons ou des mauvaises herbes. Cela est vraiment bien car ces produits sont mauvais pour le sol, sa vie et ses insectes, et pour l'eau qu'ils polluent, ainsi que pour les animaux. Mais surtout, les pesticides restent sur les fruits et légumes et entrent dans notre corps quand on les mange, un peu comme du poison que l'on consomme en petite quantité à chaque fois. Alors bien sûr qu'il vaut mieux manger sans pesticides, mais, problème, la charte n'est pas assez sévère : certains produits autorisés sont quand même néfastes et elle n'oblige pas les agriculteurs à bien traiter le sol. Et si le fruit bio a dû prendre l'avion, bien que cultivé sans pesticides chimiques, il a beaucoup pollué d'une autre manière pour venir jusqu'à nous. Et s'il est emballé dans un sachet plastique, c'est aussi mauvais. Alors, l'idéal est de manger des fruits au moment où on peut les cultiver chez nous, achetés à la personne qui les cultive pas loin, comme ça ils ne polluent pas en voyageant, et bio quand même pour éviter les pesticides. Les agriculteurs doivent aujourd'hui travailler à réunir toutes les qualités des différentes méthodes, sans leurs inconvénients, ce qui leur demande beaucoup d'efforts et rend leur travail plus compliqué. Pas facile d'être parfait !

14

POURQUOI L'EAU EST SI PRÉCIEUSE ?

L'eau est essentielle à la vie, non seulement pour nous humains, mais aussi pour la vie sur Terre, pour faire pousser des plantes et nous nourrir. Or, les sources d'eau douce sont limitées. Très limitées à l'échelle globale. Certaines populations doivent parfois parcourir des kilomètres à pied pour trouver une source. Et encore faut-il que celle-ci ne soit pas polluée. L'abondance ressentie en France de cette eau potable, qui semble illimitée quand nous ouvrons le robinet, ne doit pas nous faire oublier que nous représentons une infime partie de la population et que nous sommes privilégiés. Dans de nombreux pays, des zones entières n'ont accès qu'à une eau insalubre, un problème sanitaire majeur puisque des populations entières voient leur santé mise en danger, et développent des maladies, sans avoir d'autre choix. Il y a donc un problème de quantité d'eau mais aussi d'accès à cette eau, et de qualité de cette eau. Cela peut paraître loin de nous et on peut se demander si économiser l'eau à notre échelle est vraiment utile. La réponse est OUI. Car l'eau chez nous, avant d'arriver dans la baignoire ou l'évier, nécessite des infrastructures pour l'épurer et l'acheminer, ainsi que des traitements parfois chimiques pour la rendre potable ou pour assainir les eaux usées avant de les rejeter. Moins on consomme d'eau chez nous, moins elle est traitée, moins on fait de dommages sur les écosystèmes. Autre avantage non négligeable : c'est économique pour la société, car bien sûr tous ces processus de prélèvement, pompage, traitement, distribution, évacuation et épuration sont des opérations coûteuses et consommatrices d'énergie… Or l'eau est aussi utilisée dans l'industrie et il peut être utile de connaître celles qui la polluent le plus, à savoir les industries pétrolière et agroalimentaire, la métallurgie et le papier dont les eaux usées chargées de produits chimiques arrivent directement dans la mer. Autre responsable : l'industrie textile, très gourmande en eau, et dont les produits de traitement et de teinture des tissus sont très néfastes pour l'homme et la nature.

L'eau potable est d'autant plus précieuse que sa rareté est amplifiée par des entreprises qui en font commerce ! Alors qu'elle devrait être disponible pour tous, et gratuite, au même titre que l'air que nous respirons, certaines populations en manquent, non pas parce qu'il n'y en a pas, mais parce que leurs gouvernements, avides, et certaines multinationales s'entendent pour que ces dernières la prélèvent, outrageusement. C'est par exemple le cas de Nestlé, tout d'abord avec sa marque Coca-Cola qui prélève sans vergogne des milliards de litres d'eau dans les nappes phréatiques à travers la planète, notamment au Mexique. L'usine Coca-Cola de San Cristobal prélève 750 000 litres d'eau CHAQUE JOUR, alors que dans le pays 250 000 millions d'habitants n'ont pas accès à l'eau potable[17] ! Du coup ils boivent (et achètent) du Coca Cola ! Conséquence : epidémie d'obésité au Mexique où 70 % de la population est en surpoids… et 13 % est diabétique. Tout cela avec l'aval de la Commission nationale de l'eau… et c'est la même chose en Inde, en Indonésie et dans certains pays d'Afrique où l'eau manque aussi pour faire pousser les cultures. Je ne parlerai pas ici des quantités astronomiques de déchets industriels et chimiques cancérogènes que Coca-Cola déverse dans la nature sans les traiter, ni des monceaux de plastiques issus des bouteilles qui ne bénéficient d'aucun programme de recyclage ni de ramassage de la firme géante. Bref, le mal absolu (rappelez-vous, le boycott est une arme, servez-vous-en !).

Plus près de nous, à Vittel, en France, la multinationale Nestlé Waters a mis la main depuis le début des années 1990 sur de nombreuses terres de la région sous prétexte de protéger les sols de la pollution. Le deal était simple : Nestlé et sa jeune filiale Agrivair achetaient les terrains et les mettaient à disposition gratuite des agriculteurs si ceux-ci s'engageaient à les exploiter selon une charte écologique (passablement compliquée par ailleurs, rendant la production difficile) qui interdit entre autres de creuser les sols pour avoir accès à l'eau… que Nestlé de son côté pompe allègrement à hauteur de 750 millions de litres par an, pour fournir ses diverses marques (Hépar, Contrex, Vittel) et « Vittel Bonne Source » pour l'exportation. Fournisseur d'emplois, propriétaire terrien, impliquée dans la politique locale, l'entreprise est aujourd'hui perçue comme une véritable mafia par les habitants de la commune qui a dû importer de l'eau d'un village voisin dans une région dont la population, du coup, subit chaque année des restrictions d'eau. Un comble ! Car c'est donc la même eau qui coule au robinet de la population qui est prélevée à grande échelle, gratuitement, mise en bouteilles plastiques et revendue. Un produit brut qui ne coûte rien « à la source », il fallait y penser ! Et on peut dire que l'ex-P-DG de Nestlé, l'Autrichien Peter Brabeck, y a bien pensé quand il a affirmé en 2005 que « *l'eau est une denrée alimentaire et que, comme toute denrée, elle a une valeur marchande*[18] ». Un collectif s'est formé, soutenu par des associations françaises et internationales qui constatent les mêmes logiques prédatrices chez elles, pour exiger l'abrogation des arrêtés autorisant Nestlé à prélever un million de mètres cubes d'eau par an dans la nappe des grès du trias inférieur

(GTI) mais aussi stopper le projet fou du préfet des Vosges : faire venir l'eau depuis l'autre bout du département grâce à un pipeline pour compenser le manque d'eau et éviter de se confronter au dieu Nestlé Waters. Eh bien, après deux ans de combat, le projet de pipeline a été abandonné. Une victoire, mais qui n'a pas contraint le géant assoiffé à réduire son siphonnage de la nappe. Les intérêts financiers ont vite fait de rendre le combat difficile : combien pèse la soif de modestes citoyens face à la soif de pouvoir et d'argent des multinationales ? Cet exemple illustre la problématique de l'eau qui est pressentie pour devenir un enjeu géopolitique d'envergure dans les années à venir. L'or bleu est en effet plus nécessaire à la vie que l'or noir... N'attendons pas les épisodes de sécheresse annuels où soudain les autorités imposent des restrictions : changeons nos habitudes ! Fermons les robinets, installons des toilettes sèches et évitons l'eau minérale quand c'est possible.

« QUOI ? IL Y A DES ENFANTS QUI N'ONT PAS DE ROBINET DANS LEUR MAISON ? »

Avant d'arriver au robinet, l'eau est aspirée dans une sorte de réserve sous la terre que l'on appelle une nappe phréatique. Celle-ci se remplit avec l'eau de pluie et sert aux animaux et aux plantes. Mais si on aspire plus d'eau qu'il n'en tombe du ciel, la réserve se vide. C'est ce qui se passe quand il ne pleut pas pendant longtemps, mais aussi si des entreprises les vident pour fabriquer des boissons sucrées comme les sodas, ou l'eau en bouteilles. Ou si on consomme trop d'eau en général : en arrosant le jardin ou la pelouse, en remplissant les piscines mais aussi en tirant la chasse d'eau. L'eau alors usée, sale, sera rejetée dans la nature après un traitement chimique pour la « nettoyer » en quelque sorte, et éviter qu'elle ne pollue. Mais ces produits et ces grandes usines appelées « stations d'épuration » sont eux-mêmes polluants et consommateurs d'énergie. Alors, en économisant l'eau, c'est tout cela qu'on économise aussi !

Dans certains pays, il n'y a pas d'eau courante, c'est-à-dire que les enfants doivent parfois marcher avec leurs parents jusqu'à un puits pour chercher de l'eau, qui parfois n'est pas très propre, mais ils n'ont pas d'autre solution. Ailleurs, parfois, il n'y a pas toujours de l'eau quand ils ouvrent le robinet car les nappes phréatiques sont vides quand il ne pleut pas. Alors pense à vite refermer le robinet, évite les sodas et tu peux aussi faire pipi dans la douche, ça fait gagner une chasse d'eau qui ne sera pas versée.

15

POURQUOI FAUT-IL ÉCONOMISER L'ÉNERGIE ?

La révolution industrielle est née au XIXe siècle de la machine à vapeur et de l'extraction du charbon. On passe alors d'une société agraire et artisanale à une société moderne, commerciale et industrielle. L'essor des hydrocarbures (pétrole et gaz) au XXe siècle va amplifier cette expansion et conduire la population terrestre à augmenter exponentiellement. L'ère moderne dans laquelle nous vivons est donc due à l'exploitation de ces sources d'énergie fossile, sans lesquelles nous aurions un mode de vie comparable à l'ère préindustrielle des années 1800.

Or, l'énergie ne caractérise ni plus ni moins que la capacité à transformer l'environnement. La physique nous empêche malheureusement de faire autrement... La première loi de la thermodynamique (ou loi de la conservation de l'énergie) énonce que l'énergie d'un système ne change pas, peu importe les évolutions que subit ce système. Autrement dit, l'énergie se transforme, mais ne peut apparaître de nulle part ou disparaître dans le néant : on ne peut pas la créer, ni, comme on le dit toujours par abus de langage, « la produire » ou la « consommer ». Le deuxième principe de la thermodynamique stipule que le désordre dans tout système isolé croît inévitablement et irréversiblement avec le temps, sans pouvoir revenir en arrière. Par exemple, l'essence qui fait tourner le moteur d'une voiture se transforme et se disperse en chaleur par la suite irrécupérable, on appelle cela l'entropie.

On ne peut que transformer l'énergie. On ne peut pas la créer. Or, sachant qu'en la transformant on la disperse et qu'on ne peut plus y accéder pour la transformer à nouveau, nous sommes obligés de malmener l'environnement (en créant une nouvelle mine, un nouveau forage, un barrage, une centrale, un champ d'éoliennes), pour avoir à nouveau accès à de l'énergie à transformer... On comprend donc bien l'importance d'économiser l'énergie quand on sait que, quoi que l'on fasse, transformer l'énergie (« produire » ou « consommer ») impactera forcément la planète et sa biodiversité.

De là est né le concept de sobriété énergétique : « *L'énergie du futur est celle que nous ne consommerons pas.* » Et il pourrait bien s'agir d'une réalité prochaine plus que d'un concept, car il n'y aura malheureusement pas d'énergie magique, gratuite, infinie et sans grand impact sur la planète disponible d'ici demain, notamment pour stopper le dérèglement climatique. Certes la technologie nous permettra d'améliorer l'efficacité énergétique et d'augmenter les rendements, mais malheureusement pas de changer le monde comme on a parfois envie de le rêver.

Vous l'aurez compris, nous avons tous besoin d'énergie à notre époque mais on ne peut l'extraire à cette échelle sans altérer durablement la planète, même pour les énergies dites renouvelables. De plus elle doit être très peu chère pour être accessible à tous. Or comme le pétrole, toutes les autres ressources naturelles viendront tour à tour à manquer, certaines demain, d'autres dans quelques dizaines d'années, résultant en un prix de l'énergie qui pourrait bien finir par s'envoler.

Personne n'a envie de retourner vivre comme au Moyen Âge, la contrainte énergétique forcée serait absolument catastrophique pour nos sociétés, elle nous exposerait inévitablement à de graves conflits. Le défi de demain sera donc d'associer la sobriété énergétique à l'efficacité énergétique, peu importe la source d'énergie, pourvu qu'elle soit au maximum décarbonée.

« MAIS, HEU, C'EST PAS GRAVE DE LAISSER ALLUMER, APRÈS ON VOIT PLUS RIEN ! »

L'énergie, ce n'est pas un objet : elle est invisible, on n'en voit que ce qu'elle permet de faire : donner du mouvement, comme les voitures, les trains, les avions ou les bateaux, produire de la chaleur pour nos maisons ou éclairer nos ampoules et nos écrans. On ne peut pas la fabriquer, seulement la prendre dans la nature et la transformer, ce qui abîme la planète, quand on fore le sol pour trouver du pétrole, par exemple, ou que l'on brûle du charbon. Une fois transformée, l'énergie ne peut pas être réutilisée, il faut donc retourner à une source naturelle pour en avoir de nouveau. Chaque fois qu'on croit trouver de nouvelles énergies à transformer, on se rend compte qu'on a besoin des énergies fossiles pour les utiliser. Ce qui du coup n'économise rien du tout. La seule solution, à part transformer les machines et les objets pour qu'ils en consomment moins, c'est tout simplement de moins l'utiliser, de l'économiser. L'énergie du futur est celle que nous ne consommerons pas aujourd'hui et demain.

Ça passe donc par éteindre ce dont on ne se sert pas, utiliser le moins possible les transports polluants, mais aussi acheter des choses qui n'ont pas voyagé et sont produites près de chez nous, ou encore qui sont produites de manière dite « durable », c'est-à-dire en prenant en compte leurs aspects néfastes pour les réduire.

C'est quoi, le pic du pétrole ?

par Florent Tournier, géologue pétrolier et membre de l'ASPO (Association for the Study of Peak Oil)

Les ressources énergétiques fossiles (pétrole, gaz et charbon) sont présentes en quantité finie sur Terre. Leur extraction du sous-sol possède donc un début, un pic, et une fin. Le pic de production d'une ressource finie (ou non renouvelable) correspond ainsi au moment où son extraction aura atteint un maximum. Après ce pic, la production déclinera inexorablement...

Notre dépendance au pétrole en particulier est telle que la question du pic pétrolier (*peak oil* en anglais) alimente les débats depuis bien longtemps. C'est une question cruciale aujourd'hui car la demande en pétrole est devenue tellement importante qu'une baisse inexorable de la production aurait des effets potentiellement dévastateurs sur l'économie mondiale. Alors, pour quand ce pic ? Il y a deux écoles au sein des spécialistes que sont notamment les géologues pétroliers : ceux qui pensent que nous n'atteindrons pas le pic avant 2050, et ceux qui pensent qu'il aura lieu autour de 2025, voire qu'il est déjà derrière nous depuis 2018 ou 2019.

Pour mieux comprendre l'écart important entre ces prédictions, il faut distinguer les deux types de pétrole qu'on appelle « conventionnel » et « non conventionnel ». Le pétrole conventionnel correspond au pétrole facile à extraire, à l'inverse du pétrole non conventionnel qui demande des techniques beaucoup plus complexes et coûteuses pour être extrait du sous-sol. Ce dernier correspond au pétrole/gaz de schiste, aux sables bitumineux, ou au pétrole « deep-offshore » qu'on trouve en mer très profonde.

L'Agence internationale de l'énergie a admis en 2010 que le pic de production du pétrole dit conventionnel avait eu lieu en 2006. Mais si nous n'avons toujours pas atteint le pic « tous pétroles » (= conventionnel + non conventionnel) aujourd'hui, c'est uniquement grâce au développement exceptionnel et inattendu du pétrole de schiste, non conventionnel, aux USA depuis 2010.

Il nous reste donc à savoir quand aura lieu le pic du pétrole non conventionnel... Étant donné qu'il repose aujourd'hui essentiellement sur l'essor du pétrole de schiste américain, on pourrait presque dire actuellement que la partie est déjà jouée... En effet, la production de pétrole de schiste US n'augmente plus depuis novembre 2018, et s'est retrouvée littéralement assommée par la crise de la Covid-19. Sans compter que l'exploitation de cette ressource n'a absolument pas été rentable depuis son avènement en 2010. Les banques ont prêté généreusement aux compagnies exploitantes et souhaitent maintenant récupérer leur pécule, malheureusement parti en fumée. Pour beaucoup de spécialistes, il n'y aura pas de rebond et le pétrole de schiste US est condamné à s'écrouler. Nous aurions ainsi atteint le pic tous pétroles ? Un doute subsiste encore, car d'autres ressources de pétrole de schiste conséquentes existent dans bien d'autres endroits sur Terre. Cependant, l'exemple américain est difficilement reproductible, de par sa complexité technique et sa non-rentabilité financière, et ce malgré l'amélioration continue des technologies et la baisse des coûts d'extraction. Ce doute permet tout de même aux plus optimistes de penser que, rentable ou pas, nous extrairons coûte que coûte des pétroles non conventionnels jusqu'à la seconde moitié du siècle au moins.

Ce qui est certain, c'est que les découvertes d'or noir se font de plus en plus rares, elles ont atteint leur niveau le plus bas depuis la fin de la Seconde Guerre mondiale. Nous exploitons une ressource toujours plus difficile à trouver, à extraire et donc toujours plus chère. Le rendement est ainsi de plus en plus mauvais : dans les premiers puits de pétrole américains, on investissait 1 baril de pétrole pour en extraire plus de 100, alors que dans le cas du pétrole de schiste actuel, c'est 1 baril investi pour en extraire environ 5, et seulement 3 pour les sables bitumineux...

La bonne nouvelle serait de se dire que si nous produisons de moins en moins de pétrole à l'avenir, nous émettrons beaucoup moins de CO_2, ce qui arrangerait la problématique climat. Mais n'étant pas prêts et n'ayant aucune alternative équivalente pour substituer cette source d'énergie hors du commun, les États risquent de se tourner vers la solution de remplacement la plus simple et efficace qu'est le gaz, voire (au pire) le retour au charbon, et le climat continuera de s'emballer.

En conclusion, nous sommes probablement en train de passer le pic de production de pétrole, et il est encore plus probable que nous ayons passé le pic de la demande à la suite des conséquences de la crise sanitaire de la Covid-19.

Nous devons urgemment nous sevrer des énergies carbonées pour tenter d'atténuer le dérèglement climatique. Mais sortir du pétrole, du gaz et du charbon prendra du temps. Les émissions de CO_2 ne vont ainsi pas décroître demain, et resteront encore de longues années bien trop élevées pour espérer atténuer le dérèglement climatique.

16

POURQUOI LES ÉNERGIES RENOUVELABLES NE SUFFISENT PAS ?

Les énergies renouvelables sont des sources d'énergie considérées comme inépuisables à l'échelle humaine telles que les énergies solaire, éolienne, hydraulique, géothermique, et la biomasse (combustion des déchets). Toutes ces énergies dites renouvelables, ainsi que l'énergie nucléaire, sont considérées comme décarbonées, c'est-à-dire qu'elles ne génèrent que très peu de CO_2.

Le débat public tourne aujourd'hui principalement autour du déploiement des « énergies renouvelables intermittentes » (ENRi) que sont l'éolien et le solaire. Alors, maintenant que nous disposons de technologies avancées pour exploiter ces deux sources d'énergie à un coût relativement compétitif, pourquoi a-t-on encore du mal à remplacer les énergies carbonées (pétrole, gaz, charbon), par ces ENRi décarbonées ?

D'abord, la plupart des énergies renouvelables, que ce soit le solaire, l'éolien ou l'hydraulique, produisent uniquement de l'électricité. Or l'électricité n'est pas la seule forme d'énergie que nos sociétés utilisent. En France, par exemple, l'électricité ne représente que 25 % de l'énergie finale consommée, nous avons besoin, pour d'autres usages (transports, résidentiel, industrie, agriculture), de beaucoup de pétrole (42 %), mais aussi de gaz (23 %) et même encore de charbon (3 %). Une électricité propre, c'est bien (et nous l'avons déjà en France avec le nucléaire et l'hydroélectricité), mais cela ne résout pas tout le problème : il reste ainsi ces 68 % d'énergies fossiles directement consommées à remplacer autant que possible par de l'électricité, à condition qu'elle soit décarbonée, donc issue du nucléaire ou renouvelable.

Ensuite, les parcs solaires et éoliens nécessitent d'être construits en masse, impliquant de nombreux autres processus polluants. La ressource renouvelable (soleil et vent) doit être transformée en électricité, et pour cela, il faut construire des installations (panneaux solaires et éoliens) nécessitant des milliers de tonnes de matériaux : béton, ciment, acier, verre, métaux rares, etc. Au final, 10 à 15 fois plus de matériaux que pour le nucléaire à même puissance produite. Or, ces matériaux sont des ressources non renouvelables, ils consomment de l'énergie et polluent l'environnement pour être extraits puis transformés.

Enfin, de par leur caractère « intermittent » et leur faible rendement, ces deux sources ne permettent pas de produire suffisamment d'énergie, n'importe où et à n'importe quel moment, pour couvrir à elles seules la demande croissante en électricité. Elles dépendent du soleil (disponible uniquement le jour, selon la météo...) et du vent (aléatoire), leur production est donc très variable et relativement imprévisible. C'est pourquoi les ENRi ont encore largement besoin de systèmes de production « pilotables » en soutien pour assurer la sécurité du réseau électrique, comme des centrales thermiques (gaz / charbon), nucléaires et hydrauliques, pouvant produire et fournir rapidement de l'électricité dès que l'on en a besoin. Par exemple, en France, pour lutter contre les émissions de CO_2 et remplacer les énergies fossiles, il est aberrant de se priver des centrales nucléaires qui produisent environ 70 % de notre électricité sans CO_2, car nous devrons forcément les remplacer par d'autres systèmes pilotables, non intermittents, autrement dit du gaz (le charbon étant quasi proscrit)... L'Allemagne a fait cette expérience il y a une dizaine d'années en choisissant de sortir du nucléaire et de le remplacer par des ENRi ; elle se retrouve aujourd'hui championne d'Europe des émissions de CO_2 car elle n'a pas eu d'autre choix que de s'en remettre au charbon et au gaz pour remédier à l'intermittence de ses éoliennes, et répondre en même temps à une demande croissante en électricité de sa population. Alors, les ENRi, écolo ? Pas autant que les hommes politiques (ou Greenpeace !) voudraient nous le faire croire. C'est surtout un business qui promet d'être très lucratif ces prochaines années...

Au vu de la stratégie énergétique poursuivie par l'Union européenne à l'heure actuelle, qui consiste à promouvoir les énergies renouvelables intermittentes pour remplacer le charbon d'abord, ensuite le gaz, mais aussi le nucléaire en parallèle (selon les pays), nous risquons donc de faire face à des problèmes d'approvisionnement majeurs en énergie et en ressources dans les prochaines décennies. Le système de production électrique principal sera intermittent, susceptible de provoquer des black-outs d'électricité de plus en plus fréquents. C'est ce qui nous attend si la France poursuit sa politique de fermeture d'une partie de ses centrales nucléaires, afin de les remplacer par des ENRi alors que la demande en électricité va continuer de croître du fait de l'électrification massive, notamment des transports.

Dans ce scénario du « tout renouvelable » et « tout électrique » préconisé par l'UE, le défi numéro un sera de pouvoir stocker son électricité pour régler le problème de l'intermittence de ces sources. Mettons de côté les hypothétiques batteries XXL, les piles à hydrogène encore trop polluantes et coûteuses, ou les technologies miracles qui ne verront pas le jour de sitôt, la seule solution de stockage non énergivore faisable à grande échelle se trouve dans nos montagnes (et n'a rien de nouveau) : ce sont les centrales de pompage-turbinage ou « STEP » (barrages hydroélectriques spécifiques), sous-estimées à l'heure actuelle mais qui pourraient bien devenir une filière d'avenir. Elles sont en effet techniquement capables de stocker les surplus et combler les déficits des énergies renouvelables intermittentes de demain.

« REGARDE, MAMAN, LES ÉOLIENNES, C'EST MAGIQUE ! »

Tu as compris qu'il y a des ressources que l'on appelle fossiles ou « carbonées » (charbon, pétrole et gaz) que l'on extrait de la terre pour les transformer, mais dont les réserves s'épuisent. Or les énergies solaire (du soleil), éolienne (du vent), biomasse (énergie produite par la combustion des déchets), hydraulique (l'eau) et géothermique (la chaleur de la Terre) sont, elles, considérées comme infinies ou renouvelables. Ces deux dernières ne peuvent cependant pas être utilisées partout sur Terre : pour l'hydraulique il faut des montagnes pour créer des barrages, et pour la géothermie il faut généralement des points chauds ou des volcans. La biomasse a un autre problème, elle produit des gaz à effet de serre car on doit brûler les déchets pour les transformer en énergie. Il nous reste les panneaux solaires et les éoliennes, qu'on peut installer à peu près partout dans le monde. Le problème, c'est que ces technologies fournissent peu d'énergie, et pas en continu (quand il n'y a pas de vent, ou pas de soleil, pas d'énergie)... Ces deux sources d'énergie sont pourtant toujours présentées comme « la » solution écologique, mais il faut bien comprendre que, même si l'on en construit énormément, elles ne suffiront pas : elles ont encore besoin des énergies fossiles, ou des centrales nucléaires, pour compléter leur production insuffisante, car quand il fait nuit ou quand il n'y a pas assez de vent, on doit bien fournir de l'énergie à ceux qui en ont besoin à ce moment-là. En fait, toutes les sources d'énergie doivent être complémentaires, il faut juste privilégier les moins polluantes.

17

POURQUOI DOIT-ON CONSOMMER MOINS MAIS MIEUX, ET ACHETER D'OCCASION ?

L'empreinte écologique de l'humanité, c'est-à-dire son impact sur l'environnement, a triplé depuis 40 ans. Et si, comme prévu, la population mondiale atteint plus de 9 milliards d'humains d'ici à 2050, il faudrait l'équivalent d'environ trois planètes Terre pour fournir les ressources nécessaires au maintien de notre mode de vie actuel. Nous n'avons donc pas vraiment d'autre choix que de ralentir et transformer notre manière de consommer, sinon c'est la nature qui nous y forcera...

Si vous avez déjà parcouru une partie de ce livre, vous avez certainement déjà compris que la consommation est à l'origine – directement ou indirectement – d'une part majeure des causes de pollutions, réchauffement du climat, déclin de la biodiversité et injustices sociales. Vous avez aussi pu comprendre qu'il n'y a pas d'alternatives réellement durables. La seule solution réside ainsi dans les modes de vie dits décroissants, sobres ou minimalistes. Consommer moins mais mieux[19], ça implique de se détacher des injonctions induites par la société de consommation. Cela demande de devenir maître de ses choix en consommant en conscience, selon ses valeurs. Cela passe par une plus grande réflexion et bien sûr par le boycott des produits fabriqués par des entreprises qui vont à l'encontre de nos convictions. Si l'on regarde les émissions de gaz à effet de serre des ménages français, on peut constater que la consommation de biens représente le secteur le plus important de leur empreinte carbone avec 5 tonnes d'équivalent CO_2 par an (devant l'alimentation (4,6 T) et la consommation de services (2,3 T)).

C'est donc là qu'il faut agir en priorité, moins et mieux consommer et cela n'a que des avantages : moins de déchets, moins de transports des biens, moins de matières premières utilisées pour la fabrication, moins de pollution émise à tous les niveaux, moins d'argent dépensé qui peut être investi ailleurs. C'est ça, le vrai « pouvoir d'achat » : le pouvoir d'acheter ou de ne pas acheter, et de choisir ce que l'on achète. On devient réellement « consom'acteur ».

On peut fabriquer soi-même certains produits comme les cosmétiques ou les détergents afin d'en choisir les ingrédients, naturels et écologiques. Sans viser la perfection, en étant plus en phase avec ses valeurs, la cohérence vient d'elle-même, à mesure de la prise de connaissance sur l'éthique des processus industriels de production. On peut boycotter des marques, des ingrédients (l'huile de palme, par exemple), ou encore des familles de produits (viande industrielle, bonbons à la gélatine de porc pour les enfants #miam). Les nouvelles habitudes sont alors faciles à prendre : on regarde ce qui est disponible la première fois, on choisit le produit alternatif et on le choisit ensuite toujours.

L'alternative passe aussi (et surtout) par la case « seconde main » : les produits d'occasion peuvent permettre, notamment en ce qui concerne l'habillement et l'électronique ou les jouets, de s'offrir à moindre coût des produits ou des marques de meilleure qualité, ou au contraire s'offrir celles qu'on voudrait éviter mais dont on a du mal à se passer malgré l'impact de leur production sur l'environnement. Acheter d'occasion permet, pour le dire autrement, d'optimiser et de rentabiliser, le coût écologique de la fabrication des objets. Utiliser un produit une seconde fois évite ainsi toute la pollution et la dépense d'énergie liée à sa conception, sa production, son transport (voire son importation), et sa mise en vente (emballages, etc.). Avant d'acheter, il faut se demander : puis-je m'en passer ? Me le faire prêter ? Existe-t-il une alternative ? Il faut sortir du chemin tracé par la société de consommation et déprogrammer quelques réflexes. Ne plus réfléchir en termes de « meilleur prix », mais valoriser la production locale, nationale, la qualité et la traçabilité. Se détourner de la surconsommation, c'est aussi se tourner vers les autres et soi. Ou comme disait le politologue Paul Ariès : « *Nous voulons seulement passer d'une jouissance d'avoir à une jouissance d'être*[20]. »

« MAIS MOI, JE VOUDRAIS AVOIR TOUS LES JOUETS DE LA TERRE ! »

Chaque jouet, chaque appareil demande beaucoup d'énergie pour être fabriqué. Une manière d'économiser cette énergie, et de l'argent, est d'acheter les objets d'occasion à des gens qui les ont achetés neufs avant nous. Souvent en bon, voire très bon état, on évite ainsi la fabrication d'un nouvel objet qui aurait pollué, ainsi que son transport et son emballage. Moins de déchets, moins de ressources utilisées, cela permet aux familles qui vendent de gagner un peu d'argent et à celles qui achètent d'en économiser. Si le système est très répandu pour les très gros achats comme les voitures, aujourd'hui tout peut se trouver d'occasion : appareils électroniques, jouets, habits… et si tu achètes le produit d'une marque polluante parce qu'on ne peut pas résister, au moins évite de donner à nouveau des sous à cette entreprise. C'est un mode de consommation qui se développe de plus en plus et peut être très amusant, comme de chiner sur les brocantes ou dans les vide-greniers.

18

POURQUOI FAUT-IL ACHETER MOINS DE VÊTEMENTS EN PARTICULIER ?

On imagine souvent que les transports, les produits technologiques ou l'agriculture intensive sont ce qui impacte le plus l'environnement. Or, toutes étapes confondues, l'industrie textile émet 1,2 milliard de tonnes de gaz à effet de serre par an, soit plus que le trafic aérien et maritime mondial ! L'habillement est la 5e source d'émissions de CO_2 liée à la consommation privée. Autre problème, la fabrication des vêtements, principalement ceux des grandes enseignes fabriqués à grande échelle et aux coûts les plus bas, pollue l'air mais aussi l'eau et les sols en rejetant des substances toxiques issues des traitements des tissus, notamment pour les laver, les blanchir et les teindre. L'industrie de la mode est ainsi responsable d'environ 20 % des eaux usées dans le monde, et selon le rapport de la fondation Ellen MacArthur, la teinture des textiles est le deuxième pollueur d'eau dans le monde.

Il existe bien des colorants naturels, provenant de matières minérales ou organiques, mais les colorants dits « azoïques », issus de la synthèse chimique et utilisés à plus de 70 %, ont une meilleure tenue et permettent plus d'effets... Dans les pays de production, leur usage est peu réglementé, ils finissent dans les cours d'eau, où ils libèrent du phosphate et du nitrate. En prime, ces substances ont une incidence sur la santé des travailleurs et travailleuses qui y sont exposés directement. Des informations dont le public commence à prendre conscience grâce à des actions comme la campagne de sensibilisation « Les dessous toxiques de la mode » organisée par Greenpeace[21].

Autre exemple, la technique du « sablage » utilisée pour donner aux jeans neufs un aspect usé. On pulvérise du sable à haute pression sur la toile teinte en bleue à l'aide d'un canon à eau. Dangereuse pour les travailleurs, cette pratique est aujourd'hui interdite par la charte de l'écolabel. Entre le coton d'origine (dont la culture est très gourmande en eau et abreuvée de pesticides toxiques), la teinture et le sablage, le tissu d'un jean peut avoir fait le tour de la Terre avant que vous l'achetiez...

Et s'habiller avec du plastique ? Oui, polyester, nylon, acrylique, cellulose, polyamide, élasthanne, que l'on appelle « fibres synthétiques », ne sont autres que des fils de plastique ayant subi de très nombreux traitements. Elles composent de très très nombreux vêtements car elles ne coûtent pas cher. Malheureusement, en plus d'être issues du pétrole et de polluer à chaque stade de leur cycle de vie, elles continuent de polluer une fois dans la machine à laver : à chaque lavage, ces fibres relâchent des microparticules de plastique dans l'eau usée. Trop petites pour être filtrées, elles finissent ainsi dans les océans ingérées par les poissons... que nous mangerons ensuite. À l'heure où nous ingérerions l'équivalent d'une carte de crédit en plastiques[22] par semaine, avec des effets délétères sur la santé humaine, l'entretien de nos vêtements en synthétique, est à l'origine de 500 000 tonnes de plastiques largués dans la mer. En plus des déchets plastiques produits par cette industrie : sachets, emballages, étiquettes, etc.

En prime, l'industrie textile, et en particulier la « fast fashion », repose sur des conditions de travail douteuses, peu réglementées et sur la misère sociale dont elle profite pour produire à prix toujours plus bas. Rythmes insoutenables, conditions de travail dangereuses et violentes, ou travail d'enfants se cachent derrière beaucoup de grands noms, en particulier via des sous-traitants peu scrupuleux que les grandes enseignes ne prennent ni le temps ni la peine de contrôler. La confection de vêtements est devenue, derrière la fabrication d'ordinateurs et de smartphones, le deuxième secteur où l'esclavagisme moderne est le plus important. C'est notamment le cas avec le scandale des produits issus du travail forcé des Ouïghours en Chine, retenus prisonniers dans des camps par le gouvernement chinois : 83 marques internationales ont été mises en cause et interpellées en France sur les réseaux sociaux avec le #franceforUyghurs, leur demandant de cesser toute relation avec les fournisseurs incriminés. Tandis que Zara, marque du groupe Inditex (Zara, Bershka, Pull&Bear, Massimo Dutti, Stradivarius, Oysho...), a préféré prétendre qu'ils n'avaient pas de liens avec les usines esclavagistes malgré les preuves du contraire, des marques comme Adidas, Lacoste, H&M ou encore Calvin Klein ont pris des engagements fermes à la suite de cette mobilisation. La preuve que la pression des consommateurs peut peser lourd dans la balance et avoir des conséquences sur les vies d'hommes et de femmes en proie à un régime totalitaire à l'autre bout du monde.

Ces écueils sont les symptômes de la dérive productiviste des marques de fast fashion (Primark, Forever 21, Topshop, Zara, H&M, Mango, Stradivarius,...), cette manière de surproduire au prix le plus bas pour proposer des nouveautés en continu et inciter les consommateurs à acheter. Contre les 4 collections traditionnelles par an, la fast fashion en produit jusqu'à 40 afin qu'il y ait des nouveautés chaque semaine, ce qui fait drastiquement baisser la durée de vie d'un vêtement. C'est le syndrome « mode jetable » : on n'hésite ni à l'acheter ni à le jeter. Ça tombe bien, de toute façon, sa qualité médiocre n'est pas faite pour durer... Pourtant, devant le boycott et les prises de position des consommateurs, les marques sont de plus en plus obligées de s'engager. Malheureusement, il n'existe aucun consensus sur les méthodes de fabrication ou les traitements des tissus. Pareil pour les marques de luxe qui, même françaises, se distinguent par leur manque de transparence et de considérations écologiques, et sont souvent pointées du doigt pour la cruauté animale (comme Hermès et les fermes de crocodiles...). Seule solution : privilégier les matières naturelles, les marques éthiques et écoresponsables. Plein de jeunes créateurs français se lancent, soutenons-les !

Sources : ACVTex, Ademe et Greenpeace

« MAIS, MAMAN, MON T-SHIRT, JE NE VAIS PAS LE JETER DANS LA NATURE QUAND IL SERA USÉ. »

Sais-tu que, pour fabriquer un vêtement, il faut transformer le tissu plusieurs fois avec des produits chimiques, surtout pour lui apporter des couleurs ? Et que nos habits sont fabriqués dans de lointains pays où les gens travaillent dur, sans gagner beaucoup d'argent ? Et qu'ils prennent le risque d'être en contact avec ces substances qui sont ensuite déversées dans la nature chez eux, ce qui peut même empoisonner leur eau ? Parfois les habits sont fabriqués chez nous, où les lois protègent mieux les travailleurs et la nature, mais alors ils coûtent plus cher.

Or, souvent, les adultes choisissent les premiers habits par économie, sans réaliser qu'ils sont aussi de mauvaise qualité et qu'ils ont beaucoup pollué pour arriver jusqu'à nous. Pire, ils sont tentés d'en acheter plus qu'ils n'en ont besoin, de peu les utiliser et de les remplacer trop vite, ce qui fait beaucoup de gâchis. C'est difficile de résister, mais souviens-toi que fabriquer des habits est une des choses qui pollue le plus, et de plein de manières, notamment car certains tissus sont en fait réalisés à partir de microfils de plastique qui, en s'usant, font plein de miettes si petites qu'on ne les voit pas, notamment quand on les lave. Elles partent alors dans l'eau, où on ne peut plus les rattraper, la polluent et finissent avalées par les poissons. Pour ces raisons, de nombreuses personnes n'aiment pas cette manière de fabriquer les habits et en fabriquent près de chez nous, avec des matières naturelles, de bonne qualité, ce qui fait des vêtements un peu plus chers mais plus solides et moins polluants.

19

EXISTE-T-IL DES PRODUITS VRAIMENT ÉCOLOGIQUES ?

Le seul produit écologique à 100 %, sans aucun impact sur l'environnement… c'est celui que l'on ne consomme pas ! C'est comme les déchets, le seul qui n'aura aucun impact, c'est celui que l'on ne produit pas. Mais il faut bien vivre… Alors on a tous (enfin au moins vous qui avez ce livre entre les mains) envie de consommer des produits « responsables », « green », « écolo », « équitables » ou encore « éthiques ». Des produits qui auraient été fabriqués dans le respect des hommes et de la planète, avec des ingrédients ou des composants sourcés de manière réfléchie, qui soient naturels, peu polluants à l'usage, et bien sûr, durables. Malheureusement, derrière ces appellations, la promesse est assez rarement tenue. Car des produits plus simples, peu transformés, non chimiques, non toxiques et locaux, pensés pour être écologiquement responsables de la fabrication à la consommation, qui respectent la main-d'œuvre et les fournisseurs… ça coûte forcément plus cher. Pour savoir si un produit est « vraiment » écologique, il faut prendre en compte l'ensemble de ces aspects, un seul ne suffit pas : c'est la notion de cycle de vie des produits qui est à la base l'éco-conception. Le cycle de vie comprend toutes les étapes, depuis l'extraction ou la récolte des matières premières nécessaires pour le fabriquer, en passant par le mode de fabrication, les choix d'emballage, le mode de transport jusqu'au point de vente, son utilisation par le consommateur jusqu'à sa disparition par élimination ou valorisation (recyclage). Ce sont autant de leviers à activer pour rendre le produit le plus vertueux possible, à la fois pour la santé, pour l'environnement et pour les gens qui le produisent.

C'est l'analyse du cycle de vie qui permet de réaliser les écobilans et de déterminer quels produits sont les plus écologiques. Une notion qui promet des débats sans fin sur les réseaux sociaux, par exemple autour des gobelets de machine à café. Ceux en plastique ont été diabolisés jusqu'à ce que des voix s'élèvent pour expliquer que les nouveaux gobelets en carton étaient doublés d'un film plastique pour contenir la boisson, et qu'à ce titre, étant impossibles à recycler, ils étaient pires que des gobelets plastiques correctement recyclés. Mais encore faut-il être sûr qu'ils le soient, répondirent les contradicteurs. Furent ensuite discutées les conditions de production dudit plastique *versus* ledit carton et son film, et leur mode de transport. Bref, s'il existe une véritable attente des consommateurs pour faire le bon choix, nombreux réalisent qu'il est parfois bien difficile de s'y retrouver.

L'idéal est un produit qui a été éco-conçu de A à Z, dont la chaîne de production est transparente. Or la mise en concurrence des travailleurs à travers le monde et la multiplication des fournisseurs ont largement complexifié la traçabilité de la chaîne. Le produit véritablement écologique sera donc plutôt issu d'une petite structure possédant un savoir-faire spécifique, éco-conçu avec des matériaux non polluants, transparent sur sa fabrication, avec des fournisseurs garantissant eux-mêmes l'origine des matériaux, et des employés justement rémunérés… il sera aussi plus cher… C'est donc un véritable geste citoyen que de faire la démarche de chercher les marques engagées que l'on ne trouve pas dans les hypermarchés. C'est à la fois essentiel et même politique de faire la démarche pour que ces producteurs-là continuent à exister, et pour que l'on ait toujours le choix. Et aujourd'hui, à part pour certains produits technologiques, qu'il s'agisse de cosmétiques, de nourriture, d'équipement, de vêtements, de déco et même de téléphone portable, on trouve presque toujours sur le marché un équivalent éthique ou qui fait mieux que le premier choix qui s'offre à nous : il faut juste faire l'effort de chercher !

« ALORS TOUT CE QU'ON FAIT, C'EST MAUVAIS POUR LA PLANÈTE ? »

Pour savoir si ce que l'on achète a fait ou va faire du mal à la planète ou aux gens qui l'ont fabriqué, il faut mener une petite enquête et regarder la vie de cet objet (son « cycle de vie ») à la loupe. De quoi est-il fait ? Où a-t-il été fabriqué, par qui et comment ? Est-ce qu'il a fallu utiliser beaucoup d'énergie pour le fabriquer ? Ou de produits chimiques ? Où sont-ils allés ensuite ? Bon, en fait, c'est une grande enquête qu'il faut mener ! Et c'est difficile car peu de gens veulent bien tout nous dire, ou dire la vérité sur comment le produit a été fabriqué. Souvent, plus les marques sont importantes, plus elles vendent de produits, dans plein de pays, plus elles cherchent à gagner de l'argent, avec des méthodes douteuses, et moins elles veulent vraiment offrir des produits sains. Si l'on achète directement à la personne qui fabrique, ou que le processus est expliqué par la marque, que l'on sait qu'il ne vient pas de loin, qu'il est bio ou naturel, on a la garantie que ce produit est plus écologique qu'un autre dont on ne sait rien...

Qu'est-ce que le greenwashing ?

Le greenwashing, qui se traduit par « écoblanchiment » en français, est une stratégie qui consiste pour une entreprise à mettre en avant des arguments écologiques et à prétendre à un positionnement écologique de ses produits, qui ne correspond pas, ou pas assez à la réalité. Créé au début des années 1990 par des ONG soucieuses de dénoncer certaines pratiques des grands groupes industriels, le terme désigne le fait d'orienter la communication et les opérations marketing afin d'obtenir une image écoresponsable dans l'esprit du grand public, ou de « blanchir » (ou plutôt verdir) une image d'entreprise polluante. Parfois faite pour délibérément tromper le consommateur, cette pratique peut aller jusqu'à être considérée comme de la publicité abusive ou mensongère.

Le greenwashing peut donc aller de la simple mise en avant d'un aspect écolo qui viendrait dédouaner le produit du reste de son incidence sur la planète (une marque de gel douche qui propose des éco-recharges utilisant moins de plastique que le flacon habituel : la formule ne devient pas soudain moins polluante pour autant) à une volonté délibérée de brouiller les pistes avec des actions green pour « laver » l'image d'une entreprise destructrice, quitte à mentir.

Les multinationales maîtrisent cet art en s'engageant dans de réels projets de développement durable afin de détourner l'attention de leurs activités néfastes du point de vue environnemental. Comme la plupart des grandes compagnies énergétiques qui déploient massivement leurs campagnes de marketing « vert » pour montrer qu'elles investissent dans les énergies renouvelables, tout en développant en parallèle des projets pétroliers dans des zones jusque-là préservées, ou des mines de charbon ayant un impact environnemental catastrophique. C'est ce qui est terrible : le greenwashing peut être à l'origine de projets véritablement bénéfiques même s'ils sont lancés pour leur effet « écran de fumée »...

L'association Les Amis de la Terre organise chaque année le « prix Pinocchio du Climat » pour dénoncer les actions de greenwashing des multinationales qui masquent ainsi leurs exactions envers le climat, la biodiversité et la société. Car le greenwashing peut générer une confusion pour les consommateurs qui, rassurés par l'argument écologique, vont malgré tout acheter un produit auto-estampillé « vert » plutôt qu'un autre, et cela peut représenter un désavantage concurrentiel pour les petites structures réellement engagées dans un développement durable et une éthique de bout en bout.

20

À QUOI SERVENT LES LOW TECHS (ET QU'EST-CE QUE C'EST ?)

On l'a compris, on utilise les ressources plus et plus vite qu'elles ne peuvent se régénérer, en les affaiblissant, en les polluant... Nous sommes ici face à la notion de « criticalité », c'est-à-dire la disponibilité ou non (stade critique) de la ressource, quand on prend en compte sa répartition sur Terre, son utilisation (par qui, où et comment), les aspects géopolitiques, économiques, les possibilités de substitution et la demande du marché, on se rend compte qu'il faut changer de modèle. C'est là que les low techs (« basses technologies ») interviennent, en réponse à ces problématiques. Durable, réparable, recyclable, peu onéreuse, accessible à tous et faisant appel à des matériaux courants, facilement et localement disponibles, la low tech qui s'appuie sur le principe du « do it yourself » (« fais-le toi-même ») pourrait s'inscrire comme l'ennemi numéro un du système capitaliste, ou disons, un remède contre lui.

Explicitement opposées aux high techs, les low techs sont des alternatives au système, des technologies, services et savoir-faire qui savent répondre localement à des besoins tels que l'énergie, l'alimentation, l'eau, l'habitat, les transports, l'hygiène... mais sans impact écologique ni social, et avec une durée de vie optimale et un faible coût. Le rêve, quoi !

À ceci près que cela ressemble pour plein de gens à une perte de confort moderne, une régression sociale ou un sacrifice. En effet, quand on parle de fours solaires, de réchaud à bois, de toilettes sèches, de réfrigérateur en terre cuite, de désalinisateur solaire ou de cultures d'insectes, on entend surtout une démarche fonctionnelle de la débrouille ou de la survie, et non une opportunité désirable. Pourtant, en ayant une vision à long terme, et dans l'optique de changements qui s'imposeront à nous dans le futur, au fur et à mesure de l'épuisement des ressources, on peut au contraire envisager les low techs comme des solutions vertueuses qui rendent heureux et permettent de ne pas faire de concession sur le confort.

En se tournant vers les basses technologies dès aujourd'hui, l'idée n'est pas de revenir à la bougie ni au modèle amish, inutilement raillé par le président Macron en septembre 2020, mais de s'en inspirer pour garder un niveau de confort dans le futur en anticipant les possibles pénuries à venir (électricité...). Le développement des low techs peut sembler fataliste, mais en mettant un terme à nos dernières illusions, il permet surtout d'explorer les ultimes voies possibles d'un système économique et industriel soutenable, dans une planète finie.

Ainsi, dans un contexte économique difficile, et devant la montée des inégalités et la crise environnementale actuelle, les low techs semblent renaître et s'offrir comme LA possibilité de vivre autrement, par opposition à ce qui nécessite des matériaux polluants et rares mais sans faire de concessions sur le niveau du service rendu par l'objet.

Ces concepts que l'on pourrait qualifier d'« innovations frugales » impliquent les communautés, qui peuvent résoudre leurs problématiques locales en toute indépendance, avec les moyens du bord, en respectant les principes de résilience et d'économie circulaire. On peut aussi imaginer que des entreprises locales fournissent des produits low techs et assoient une rentabilité pérenne sur une exploitation raisonnée des ressources, une prise en compte des aspects écologiques à tous les stades, tout en intégrant le bien-être des travailleurs dans les aspects économiques.

« TU SAVAIS QU'ON POUVAIT FAIRE MARCHER UNE MACHINE À LAVER EN PÉDALANT À VÉLO ? »

On parle de « low techs » pour « basses technologies » en français, des technologies simples qui marchent très bien et ont besoin de peu pour exister et fonctionner. Par exemple, un crayon à papier pourrait être considéré comme une low tech, surtout comparé à un stylo-bille en plastique qui est plus long, plus compliqué et plus polluant à fabriquer, mais aussi plus polluant quand on le jette. Les low techs sont en fait des équivalents à ce qu'on connaît, une autre manière de faire la même chose, avec moins et sans dépendre d'un magasin : on peut en effet presque tout fabriquer soi-même ! Par exemple, avec quelques planches et des clous, une vitre (pour l'effet de serre) et du papier d'aluminium, on peut créer un four solaire qui peut chauffer jusqu'à 170 degrés (s'il fait beau, hein). Ce type d'équipement rudimentaire permet également de générer de l'eau potable par pasteurisation. On peut aussi fabriquer de mini-éoliennes avec les moteurs qui font avancer les feuilles dans les photocopieurs et les imprimantes : elles permettront de recharger un téléphone portable ou d'allumer une lampe. Il suffit de récupérer ces moteurs quand les appareils sont jetés et d'y fixer de petites pales pour obtenir son éolienne maison !

Tu trouveras de nombreux tutoriels sur Internet si tu veux essayer de fabriquer des outils pour économiser l'eau ou l'énergie.

21

QU'EST-CE QUE LE DÉVELOPPEMENT DURABLE ?

Le concept est né dans les années 1970. Car le développement durable, c'est aussi une manière de penser la société et l'économie pour continuer à répondre aux besoins des citoyens sans compromettre la possibilité pour les générations futures de répondre aux leurs. Il s'agit pour les entreprises de concevoir des produits en intégrant les dimensions écologique et sociale afin d'augmenter leur développement sans nuire à la nature.

C'est une façon d'aborder l'économie et l'entreprise qui prend en compte les dysfonctionnements environnementaux et les ressources naturelles limitées pour en faire une exploitation raisonnée.

De ce point de vue, veiller à limiter les impacts environnementaux avec des produits durablement développés (économes en eau et/ou en énergie type ampoules basse consommation, produits issus de recyclage, etc.) est très positif. Bien qu'il puisse y avoir un effet rebond, c'est-à-dire l'annulation des économies réalisées par une plus grande utilisation (laisser les lumières allumées puisqu'elles consomment moins, par exemple), ce sont des innovations qui vont dans le bon sens, tout comme les incitations économiques des politiques récompensant le développement d'écofonctionnalités.

En revanche, le développement durable peut aussi concerner une vision plus large, économique et sociétale. Il repose alors sur trois axes indissociables : l'environnement auquel les activités humaines ne doivent pas nuire, l'économique qui doit pouvoir se développer et donner du travail au plus grand nombre, et le social qui garantit l'accès aux ressources et aux services tels que l'éducation et la santé.

Et on arrive à un modèle où le développement ne peut être économiquement profitable que s'il repose sur la justice sociale et environnementale et la solidarité (entre pays, peuples, citoyens).

Malheureusement, la « croissante verte » qui nous est proposée comme planche de salut pour ménager la chèvre (l'économie) et le chou (la planète) oublie un peu trop vite qu'elle implique nécessairement de « décarboner » la société en se passant des énergies fossiles. Or, la transition énergétique et le passage aux renouvelables dépendent eux-mêmes... des énergies fossiles. Ici encore, un développement (vraiment) durable exige de décorréler croissance économique et impact sur l'environnement. Ainsi, à l'heure où l'on sait que seule une décroissance radicale et des mesures drastiques permettront de limiter le réchauffement climatique et de préserver ce qui peut encore l'être en termes de biodiversité et de ressources, le principe de développement durable fait office de pansement insuffisant pour arrêter l'hémorragie. En outre, cela peut donner l'impression qu'une transformation vertueuse du capitalisme techno-industriel est possible, ce qui est, nous le savons aujourd'hui, inexact.

« TU VEUX DIRE QU'ON SAIT DÉJÀ FABRIQUER DES CHOSES MEILLEURES POUR TOUT LE MONDE ? »

Développer un produit, c'est l'imaginer et réfléchir à tout ce que l'on doit prévoir pour le faire exister et ce qu'on utilise pour le fabriquer. Quand on dit « durable », ça veut dire qu'on va tenir compte des effets sur la nature, de manière à ne pas piller les ressources pour qu'il en reste dans le futur, mais aussi à ce que l'objet soit de bonne qualité, et fabriqué dans de bonnes conditions. Par exemple, en utilisant du plastique recyclé pour fabriquer l'objet, le rendre plus léger pour que son transport soit moins polluant et imaginer un emballage en carton et non en plastique. Plein de produits et d'entreprises sont ainsi devenus « moins pires » mais, aujourd'hui, la destruction de la planète va trop vite pour que les productions durables arrivent à compenser les effets des produits très polluants.

Qu'appelle-t-on l'effondrement ?

L'effondrement renvoie à la situation dans laquelle des services encadrés par la loi ne peuvent plus répondre aux besoins de base de la population (eau, alimentation, logement, énergie, sécurité...) en conséquence d'un enchaînement de problèmes qui ont eu des répercussions irréversibles sur le fonctionnement de la société. On dit toujours qu'on ne parle pas de « la fin du monde » comme certains le disent pour décrédibiliser le propos, mais plutôt de la fin « d'un monde » : celui de la civilisation thermo-industrielle née il y a environ deux siècles.

Pour désigner l'analyse de ce phénomène, on parle de « collapsologie ». C'est l'étude de ce qui pourrait arriver et succéder à la civilisation industrielle, partant du principe que son effondrement est inévitable. L'expression, de l'anglais *to collapse* (s'effondrer), est née en France en 2015 avec le livre à succès *Comment tout peut s'effondrer*, en écho à l'ouvrage *Collapse*, du géographe et biologiste Jared Diamond sorti en 2005[23]. Une référence que l'ancien Premier ministre Édouard Philippe ne s'est d'ailleurs pas privé de mentionner quand il parlait d'effondrement dans les discours officiels, et qu'il mentionnait déjà dans son livre, en 2017[24].

On ne peut pas savoir ce qui accélérera le processus, ce qui est la cause ou la conséquence (un krach boursier, la crise énergétique...) et ce qui arrivera par effet domino. Le risque, c'est que toutes les crises soient interdépendantes, pouvant influer ou se déclencher les unes les autres. Car l'effondrement est systémique : c'est l'ensemble du système qui s'effondre.

En effet, cela n'inclut pas seulement les événements liés à la nature et à l'écologie, mais aussi (et surtout) les fractures politiques, économiques et sociales. L'effondrement n'est pas non plus un événement unique, brutal et qui arrive comme un cataclysme dans un film d'action avec Bruce Willis. C'est au contraire le fruit d'un processus qui a déjà commencé de manière hétérogène, avec des effondrements locaux notamment dus aux problèmes d'accès aux ressources (l'eau en premier lieu). Certains pays entiers sont aujourd'hui déjà considérés comme effondrés, c'est le cas du Soudan, de la Somalie, du Yémen, d'une bonne partie des pays d'Afrique centrale ou du Proche-Orient : ces États en déliquescence où le pouvoir central ne peut plus assurer la sécurité de sa population, où règne parfois le chaos sur une bonne partie du territoire, où les ressources manquent...

Dans l'histoire de l'humanité, de nombreuses civilisations se sont déjà effondrées à cause de modifications climatiques, du manque de ressources, ou de l'augmentation des inégalités : les Mayas, l'Empire romain, les Vikings du Groenland... mais cela restait la disparition d'une seule civilisation, sur une zone délimitée, n'empêchant pas d'autres civilisations, ailleurs, de se développer. Alors qu'aujourd'hui, la mondialisation a créé une civilisation unique aux maillons interdépendants. Imaginez, si l'énergie ou l'essence venait à manquer demain : en ville, il ne faudrait que quelques jours pour que les magasins soient vidés sans être réapprovisionnés et que les citoyens se trouvent bloqués, ne pouvant se déplacer pour aller chercher eux-mêmes de la nourriture ailleurs. Le monde moderne nous a rendus extrêmement dépendants de services externes : très peu de personnes savent se passer des supermarchés ou de voiture...

Considérer que les ressources planétaires sont « finies », c'est-à-dire limitées en quantité, est une évidence, même pour le grand public... Et pourtant, aussi fou que cela puisse paraître, les modèles économiques n'ont jamais inclus cet élément dans leurs calculs.

La première étude à alerter sur les risques d'une croissance démographique et économique limitée par les ressources fut le rapport Meadows intitulé « Les Limites à la croissance », en 1972, réalisé par des chercheurs du prestigieux MIT (Massachusetts Institute of Technology) pour le Club de Rome. Leur modèle informatique simulant interactions entre populations, production industrielle, production de biens et services, pollutions et limites des écosystèmes terrestres, envisageait plusieurs hypothèses pour l'avenir : ce qui se passerait si on changeait ceci, si on arrêtait cela, et aussi si on ne changeait rien. Ce dernier cas de figure, dit celui du « *business as usual* » (« si on continue comme d'habitude »), nous menait à un effondrement global en 2030, les autres scénarios menant tous, quoi qu'on fasse, à un effondrement avant 2100, faute de ressources disponibles. Or, depuis 1972, rien n'a été fait : le monde a suivi très précisément le pire scénario du modèle, nous conduisant, selon l'étude, à un effondrement autour des années 2030, c'est-à-dire demain. Un scénario qui ne prenait même pas en compte le réchauffement climatique... Certains esprits fantasques préfèrent encore à l'heure actuelle imaginer qu'on ira chercher les ressources manquantes sur les planètes voisines plutôt que de changer de paradigme… Une croyance dangereuse plus largement répandue qu'on ne le croit.

Or le problème majeur est que notre « croissance économique » repose entièrement sur la consommation d'énergie : produire les biens et services qui créent de la richesse exige d'extraire des ressources et d'utiliser de l'énergie. Le PIB, qui représente la production de richesse d'un pays (c'est-à-dire ce qui est produit et vendu), est ainsi systématiquement corrélé à la quantité d'énergie utilisée pour cela. Celle-ci provenant encore à 85 % de combustibles fossiles, la croissance du PIB est proportionnelle à la croissance de nos émissions de CO_2… En d'autres termes, l'enjeu est de découpler la croissance de l'économie et les émissions de CO_2, ce qu'on arrive à faire dans certains pays (Suède, Canada…) mais qu'on est loin d'atteindre au niveau mondial. La raréfaction de ces ressources fossiles entraînerait inexorablement une faillite sans issue. C'est la raison pour laquelle de très nombreux économistes pensent que le PIB est un très mauvais indicateur de croissance et qu'il faut en changer en mesurant la « croissance » autrement, comme au Bhoutan par exemple, où le PIB est indexé sur le bonheur (« Bonheur Intérieur Brut »). Ainsi la construction d'une économie sans carbone devrait être l'objectif unique de toutes les politiques actuelles et à venir.

22

EN QUOI LE SYSTÈME EST-IL RESPONSABLE DE NOTRE INCAPACITÉ À CHANGER ?

À l'heure actuelle, l'écologie est unanimement reconnue comme une priorité. Pourtant, les émissions de CO_2 continuent d'augmenter, les déchets aussi et la biodiversité s'étiole. Les entreprises adoptent des politiques de RSE (responsabilité sociétale des entreprises), mais celles-ci sont insuffisantes, les hommes politiques promettent tous la mise en place de mesures pour limiter les dégâts mais sans le faire, les consommateurs veulent plus d'écologie dans leur consommation mais ont du mal à bannir l'hyper et le supermarché, et à renoncer à leurs habitudes. Bref, tout le monde semble le vouloir mais personne n'y arrive : pourquoi ?

Ce paradoxe semble être tout simplement le résultat de notre système économique et social, et de l'économie de marché. Ce modèle économique dominant est un système dans lequel la confrontation de l'offre et de la demande induit les actes de vendre, acheter, produire, consommer et la manière de le faire sachant que les valeurs qui y sont associées (prix, salaires, coûts...) suivent les fluctuations selon un précepte assimilé par tout le monde : plus un bien est rare ou recherché, plus il est cher. Ce postulat repose sur le principe que tout le monde souhaite travailler, produire ou acheter et ce de manière fluide, ce qui n'est possible qu'en s'adaptant. C'est dans cette optique du « toujours plus » que les économies du monde entier se sont libéralisées, abaissant leurs barrières douanières, et que s'est imposé le libre-échange, et avec lui la libre circulation et la libre concurrence. La généralisation de l'économie de marché a bien sûr eu des conséquences extrêmement positives en contribuant au développement de pays, en produisant de la richesse, en poussant les industries et l'agriculture à se moderniser, permettant de mieux répondre aux besoins de plus d'individus de par le monde, de les nourrir et de leur apporter des innovations. MAIS... ce système a en parallèle généré les conséquences terrifiantes sur l'environnement dont nous parlons dans ce livre. Et bien que ces conséquences nous menacent aujourd'hui, l'économie de marché ne semble pouvoir ni y faire face ni se transformer de manière rationnelle, incapable d'intégrer la contrainte écologique à son modèle.

Ce système est donc en grande partie le « responsable » qu'on ne voit pas et qu'on ne nomme pas, mais à l'intérieur duquel nous sommes, finalement, tous responsables, même si c'est par sa faute car il rend nos changements plus difficiles à faire. Dans une économie de marché, on l'a vu, tout repose sur les prix et les coûts qui dictent leurs choix aux acteurs du marché (entreprises, consommateurs). Tant que les problèmes écologiques n'affectent pas ce critère de choix, ils ne sont pas pris en compte. L'intérêt collectif à long terme étant alors contradictoire avec l'intérêt financier à court terme, le système ne nous aide pas à devenir vertueux... Dans une économie dirigée par cette logique de concurrence, les acteurs devant rester compétitifs ne s'engagent dans des pratiques écologiques que si elles sont rentables.

Au milieu de notre économie de marché, l'écologie plonge tous les acteurs dans le « dilemme du prisonnier ». C'est un concept de la théorie des jeux qui caractérise une situation où des joueurs, selon des règles données, auraient intérêt à coopérer, mais où, en l'absence de communication et de concertation possible entre eux, par peur d'être trahi ou par prudence, chacun finira par trahir l'autre (un peu comme quand la police interroge deux suspects séparément en proposant à chacun la liberté s'il dénonce l'autre). On retrouve ce concept en économie, stratégie commerciale (avantages et risques d'une guerre des prix), psychologie et politique, en lien avec l'équilibre de Nash[25], une situation où chaque joueur prévoit correctement le choix des autres et maximise son gain, compte tenu de cette prévision.

Le dilemme du prisonnier s'applique malheureusement très bien aux enjeux écologiques dans notre système : chaque acteur aurait intérêt à coopérer en adoptant une attitude écologique afin d'éviter une crise globale, mais sachant que cet engagement aura un coût, sans certitude que les autres acteurs feront de même, personne ne fait rien pour éviter de s'imposer une contrainte qui offrirait un avantage concurrentiel aux autres. Un peu comme les citoyens qui revendiquent l'écologie mais qui ne passent pas à l'acte quand il s'agit de perdre en confort si les autres ne le font pas aussi…

Et les gouvernements sont dans une position quasi identique : ils ne peuvent pas prendre le risque de se retrouver à agir seuls et ainsi compromettre leur compétitivité sur le marché mondial. D'où la nécessité d'un consensus international sur une politique économique globale qui intégrerait les enjeux environnementaux dans les coûts. Mais encore faudrait-il que la majorité des pays se mettent d'accord, ce qui – si on est réaliste – est quasi impossible dans la mesure où les intérêts de chacun sont différents. Et nous revoici dans l'impasse intérêt général/intérêt particulier, à une autre échelle.

L'écologie étant par ailleurs d'une certaine manière « en compétition » avec d'autres problèmes à plus court terme et plus faciles à chiffrer, compte tenu de la complexité à se mettre d'accord, les enjeux écologiques sont souvent relégués au dernier plan. L'État pourrait bien sûr imposer les changements, mais son rôle étant de maintenir une économie nationale forte, qui crée de l'emploi et de la richesse, difficile de faire les deux : mettre en place des taxes écologiques, des régulations, des interdictions, tout en préservant les emplois, le pouvoir d'achat des uns et la compétitivité des autres.

« MAIS QUI A DÉCIDÉ DE QUI DÉCIDAIT POUR LES AUTRES !? »

Les gens qui ont organisé le monde l'ont fait autour du fait de vendre des choses pour gagner de l'argent et acheter d'autres choses. Malheureusement, comme tu l'as compris, on achète et on fabrique aujourd'hui beaucoup trop de choses, et ça casse la planète, petit bout par petit bout. On le sait et on continue. Pire, on sait aujourd'hui qu'il vaut mieux moins consommer, et différemment, car sinon, un jour, on ne pourra plus vivre comme aujourd'hui… pourtant on ne le fait pas. Mais pourquoi ? Ça n'a aucun sens, tu ne trouves pas ? En fait, la vie, le monde, la manière de gagner de l'argent, tout cela fonctionne comme un jeu, avec une règle du jeu. Comme si, pendant une partie de jeu de l'oie, quelqu'un s'arrêtait de jouer pour aller faire pipi et que les autres ne voulaient pas l'attendre. Ici, on voudrait bien s'arrêter un petit peu pour prendre le temps de changer les règles et faire que plus de gens puissent jouer avec nous. Mais les autres joueurs continuent d'avancer car ils veulent absolument gagner la partie. C'est dommage car si on s'arrêtait tous, on pourrait jouer plus longtemps, tous ensemble.

Si les gens qui font les lois, dirigent des usines qui polluent, possèdent des entreprises très très grandes s'arrêtaient avec nous pour changer des choses, ils nous aideraient à faire un monde où l'on pourrait vivre pendant plus longtemps. Mais malheureusement, ils veulent gagner cette partie-là, et ne pensent pas à la suivante. Alors, du coup, tout le monde continue à jouer, ou presque : certaines personnes arrêtent de jouer, sortent du jeu, changent les règles de leur propre vie dans l'espoir que d'autres les suivront, et se rapprochent entre elles. Car si on est nombreux à faire ça, à arrêter de jouer face à des joueurs qui ne s'arrêtent pas, à ne plus acheter leurs produits, alors ces joueurs-là, un jour, devront bien s'arrêter aussi. Car on ne peut pas jouer tout seul...

« Le levier, c'est l'expérience, le fait d'essayer et de réaliser soi-même un système. »

Clément Chabot, ex-ingénieur dans l'aéronautique, cofondateur du Low-tech Lab, porteur du projet sur l'habitat low tech.

AT : Qu'est-ce que le Low-tech Lab ? Quelle est son ambition ?

CC : C'est une association d'intérêt général qui œuvre à démocratiser et promouvoir les systèmes low techs au quotidien. Une philosophie de faire mieux avec moins, une idée de la sobriété à travers une approche technique pour rendre la vie simple et heureuse. Notre ambition est de donner aux citoyens l'envie et les moyens de tester ces systèmes, et de leur expliquer que « vivre low tech » n'est pas faire machine arrière et revenir au Moyen Âge, mais au contraire qu'on peut conserver le confort en réinventant les usages actuels avec moins d'énergie et de matériel, et surtout avec un moindre impact écologique et un meilleur impact social. On a commencé par une approche DIY (*do it yourself*) en s'inspirant de systèmes déjà connus pour les reproduire dans un esprit collaboratif : un bricolage qui joue sur l'intelligence collective pour adapter et customiser les techniques que l'on découvre en sollicitant les savoirs de chacun. La mise en commun des idées, des savoirs et savoir-faire est notre socle de recherche et de test. Sur ce principe, le Low-tech Lab part à la rencontre des « sachants » autour du monde pour développer des systèmes à faible impact sur la planète.

AT : Comment intéresser le grand public aux low techs ?

CC : Pour donner envie, on témoigne et on partage. Nous avons dans ce but lancé l'expédition Nomade des mers : un petit équipage navigue sur le bateau de par le monde pour rencontrer des ingénieuses et ingénieux (pas des ingénieurs) qui vont partager leurs trouvailles et leur travail afin de les diffuser. Depuis 4 ans, il a fait escale dans 16 pays et permis l'étude de plus de 40 low techs. Beaucoup de gens sont déjà passés à ces systèmes. Les rencontrer et partager leur vie, c'est proposer un nouvel imaginaire pour montrer aux citoyens un futur plus vertueux que celui qui est proposé par la société. On va où on regarde, c'est comme quand on conduit, alors on veut faire regarder dans cette direction. Dans les pays développés, les low techs sont d'autant plus importantes que le développement durable est globalement cher. En intéressant les citoyens à la dimension économique des low techs, il est possible de rendre l'écologie accessible à tous car ces systèmes sont viables et très rentables à long terme. Le levier, c'est l'expérience, le fait d'essayer et de réaliser soi-même un système. L'idéal serait de le montrer à l'école car l'aspect ludique de la fabrication crée immédiatement l'adhésion des enfants, et c'est un déclencheur pour le reste de la famille. On s'aperçoit vite que vivre plus simplement rend plus heureux et c'est aussi en réalisant ça que des familles entament leur transition.

AT : Peut-on démocratiser l'utilisation des low techs en dehors d'un contexte de nécessité absolue ?

CC : « Le » low tech en tant que courant de pensée compare deux systèmes qui répondent à un même usage. La démarche est un cumul d'actions (manger local, consommer moins mais mieux, prendre son vélo au lieu de sa voiture…). Le vélo n'est pas « une » low tech à proprement parler mais le vélo est bien plus low tech qu'une voiture. J'ai choisi d'installer des toilettes sèches car ça me rendait fou d'utiliser de l'eau potable pour ça, mais ces systèmes peuvent être une alternative sans nécessairement se couper de la technologie de base, pour être prêt quand un équipement classique rendra l'âme, par exemple : un grand réfrigérateur peut être remplacé par un plus petit, complété par un garde-manger. Il ne faut pas forcément être exclusif, l'alternance permet des économies. Le low tech, c'est un esprit global, des petites choses mises bout à bout et, comme l'écologie en général, c'est la cohérence qui compte. Un système que j'adore, c'est le chauffe-eau solaire. C'est tout de même complètement fou d'utiliser du fioul ou du gaz pour chauffer l'eau, en période de canicule notamment, alors qu'il suffit d'un tuyau noir qui passe sur le toit et d'un ballon d'eau chaude pour conserver la chaleur, pour avoir de l'eau chaude presque gratuite ! Et ça marche aussi pour le chauffage avec le système des ardoises foncées placées derrière une vitre qui attirent la chaleur du soleil et la renvoient dans la pièce… le jour où il n'y a pas de soleil, on utilise le poêle. Tout ça est très facile à mettre en place, et immédiatement efficace !

AT : Les low techs peuvent-elles être commercialisées ?

CC : Nous travaillons à documenter des entreprises comme AEZEO à Lorient qui vend des poêles de masse et des chauffe-eau solaires, réalisés avec des matériaux locaux. L'entreprise assure le suivi mais surtout fait comprendre au client comment marche le système pour ne pas être dépendant d'eux par la suite. C'est comme les oyas (dispositifs en terre cuite pour arroser les plantes avec un minimum d'eau) ou le four en pierre. Le DIY est un outil de recherche qui peut avoir pour finalité une diffusion professionnelle. Le low tech ne s'oppose pas à une démarche économique… au contraire ! C'est un super levier de diffusion, tant qu'on reste dans les grands canons du low tech : penser utile, accessible et durable. On peut combiner les équipements achetés et ceux que l'on fabrique, c'est pour cela que des tutos sont disponibles sur le site du Low-tech Lab. Pour installer des toilettes sèches, il suffit de dévisser les toilettes classiques, de boucher le trou, puis d'installer une assise, un récipient et de se fournir en sciure, souvent donnée gratuitement par des scieries… C'est tout de même une énorme économie d'eau (environ 40 litres par personne par jour), malgré les tabous sur le sujet en France. Il faut essayer, c'est comme un jeu. Plus simple à installer, le garde-manger est un meuble avec différentes atmosphères pour conserver au mieux les aliments (humide et sombre pour les salades, sec et lumineux pour les agrumes). En l'installant, on se rend compte que beaucoup d'aliments frais se conservent très bien en dehors du réfrigérateur, mais pas les produits transformés, ce qui a pour effet rebond une meilleure conscience de ce que l'on mange. Four et chauffe-eau solaire, éolienne, compost, filtre à eau et même ordinateur low tech, tous nos tutos sont à disposition sur https://wiki.lowtechlab.org pour les réaliser en famille. Et pour remplacer Netflix, vous pouvez toujours prendre un livre !

« Tant qu'un soulèvement massif et violent, susceptible de lui faire face physiquement, n'aura pas lieu, on a tout lieu de penser que la trajectoire ne variera pas. »

Jean-Marc Gancille, cofondateur de Darwin, à Bordeaux, tiers lieu emblématique du développement urbain alternatif (https ://darwin.camp), vice-président de l'ONG Wildlife Angel qui lutte contre le braconnage en Afrique, il se consacre aujourd'hui à la préservation de la faune sauvage sur l'île de La Réunion, auteur de *Ne plus se mentir, petit exercice de lucidité par temps d'effondrement écologique*.

AT : Que nous apprend la relation de domination et d'exploitation des animaux par l'homme sur notre société ?

JMG : Elle nous apprend tristement que l'homme n'éprouve aucun scrupule à soumettre d'autres êtres vivants sensibles pour son intérêt exclusif, quand bien même cette domination s'exerce *in fine* à ses dépens. Notre espèce a ravagé la planète dans des proportions telles qu'aucune autre ne saurait rivaliser. Les vertébrés sauvages ne représentent plus que 4 % de la biomasse totale des mammifères terrestres, le reste, soit 96 %, ce sont les humains et leurs animaux domestiqués. Les espaces sauvages ne représentent plus que 23 % de la surface terrestre (hors Antarctique), c'était 85 % il y a un siècle. En cause : l'étalement urbain, la déforestation, l'exploitation agricole et les premiers effets du réchauffement climatique.

L'arrogance anthropocentrique qui voudrait que l'homme soit le centre de l'univers, le mètre-étalon de toute chose, a contribué à dévaster un monde perçu comme un simple stock de ressources et un garde-manger dans lequel puiser sans fin et sans considération aucune pour ses autres habitants. Ce faisant nous signons notre propre suicide.

AT : Quelles sont les conséquences de l'élevage et de la (sur)pêche (moins connue) pour la planète et comment en sortir ?

JMG : Le cas de l'élevage est symptomatique de notre folie collective. Éthiquement parlant, rien ne justifie plus de faire souffrir et de massacrer des dizaines de milliards d'animaux pour l'ingestion d'une chair qui n'est plus une nécessité vitale. Et pourtant cette consommation ne faiblit pas (ceux qui renoncent à la viande rouge se rabattent souvent sur le poulet et le poisson, totalisant davantage de morts), peu renoncent à ce plaisir gustatif égoïste. Pourtant la plupart n'en ignorent nullement la conséquence terrible pour les animaux. Et pour la planète. C'est la deuxième incohérence et une absurdité : l'élevage contribue plus que tout autre activité au réchauffement climatique et à la dévastation des écosystèmes terrestres (déforestation pour la monoculture de soja qui nourrit principalement le bétail et pollutions massives par les effluents des élevages concentrationnaires). On pourrait parler des océans également, où la vie s'effondre en raison d'une surpêche que rien ne semble pouvoir arrêter. Les pêcheries exploitent aujourd'hui 55 % des surfaces marines du globe, soit plus de quatre fois les superficies occupées par l'agriculture sur Terre. Nous avons déjà fait disparaître 90 % des gros poissons de la planète bleue. Plus de 33 % des « stocks » restants sont exploités au-delà de la limite de durabilité biologique, soit trois fois plus qu'en 1974. Certains scientifiques estiment que les océans pourraient se vider totalement en 2050, signant notre arrêt de mort.

AT : Qu'appelez-vous le fondamentalisme marchand ? Quels sont les ravages qu'il provoque ?

JMG : Je cite cette expression pour désigner la propension quasi religieuse des principaux dirigeants publics et privés de cette planète à n'avoir pour quête que celle sans limites de la croissance matérielle, censée nous apporter le bonheur. C'est évidemment un leurre entretenu à dessein pour servir les intérêts d'une minorité. Mais c'est la culture dominante qui prévaut aujourd'hui avec des effets terribles en termes de pollutions et d'intoxication globales. Perturbateurs endocriniens, invasions plastiques, gaz à effet de serre, montagnes de déchets, débris spatiaux, extermination du vivant... sont quelques-unes des conséquences calamiteuses de nos modes de vie dont nous devenons massivement malades. La civilisation techno-industrielle poursuit pourtant son projet de marchandisation du monde et de soumission globale, sans obstruction majeure, avec la complicité de peuples formatés et serviles et d'une police dévouée. Au profit de quelques-uns.

AT : Pourquoi ni le militantisme ni la politique ne peuvent offrir de réponse ?

JMG : Le militantisme s'est perdu dans un dogme pacifiste et la croyance dans la conscientisation d'une élite qu'il croit réceptive à ses arguments moraux. C'est mal analyser les racines d'une domination qui s'exerce indépendamment de toute considération de justice ou de responsabilité. Tant qu'un soulèvement massif et violent, susceptible de lui faire face physiquement, n'aura pas lieu, on a tout lieu de penser que la trajectoire ne variera pas.

Certains croient encore dans le pouvoir de la démocratie et de la politique pour y parvenir. L'avènement de dirigeants indignes et dangereux dans de très nombreuses nations prétendues démocratiques, la poursuite, voire l'accélération de politiques destructrices et inégalitaires, illustrent on ne peut mieux un système à bout de souffle, où la bêtise règne en maître et totalement incapable de faire émerger des dynamiques collectives à la hauteur des défis contemporains.

AT : Comment être lucide sur notre sort sans désespérer sachant qu'agir à titre individuel ne sera jamais suffisant ?

JMG : C'est une question très intime à laquelle il n'existe pas de réponse universelle, voire de réponse tout court. Chacun puise en lui-même les ressources qu'il parvient à mobiliser face à une issue probablement fatale à plus ou moins court terme. Pour ma part, agir pour préserver ce qui peut encore l'être et atténuer les risques dans le scénario qui s'amorce constitue une source de motivation et de dignité suffisante pour mon bonheur présent. Quand bien même mes initiatives n'auront qu'un effet dérisoire, j'aurais le sentiment d'avoir fait ce que j'aurais pu, ce qui me semblait juste, à hauteur d'homme. Ne serait-ce que pour sauver l'honneur.

AT : Comment exercer sa légitime défense contre le système dans ces conditions ?

JMG : En faisant preuve de courage, mais je crains que ce soit une vertu en voie d'extinction. J'entends par là le courage de s'opposer physiquement, de se mettre réellement en danger, de s'attaquer à la racine des maux qui nous affligent, sans concessions. Pas d'un courage de pacotille fait d'indignation sur les réseaux sociaux, de marches pacifiques ou d'actions symboliques. Généralement, nous nous arrêtons là. Nous nous donnons bonne conscience avec des réponses sans commune mesure avec la gravité des périls, en faisant semblant de croire à l'efficacité de nos actions. Et je m'inclus évidemment dans ce constat. La désobéissance civile qui a la faveur de la communauté écolo a-t-elle changé quoi que ce soit au cours des choses ? Malheureusement non. Je vais être franc : je suis intimement convaincu qu'on ne peut rien faire qui change la trajectoire. Le seul truc serait un « éco-terrorisme » déterminé et puissant, mais je ne vois absolument rien advenir de la sorte pour la raison que je donne : nous n'en avons pas le courage, du moins tant qu'on a trop à perdre, et chacun préserve son petit pré carré, sa famille, sa réputation, ses revenus… Et quand bien même ce mouvement émergerait, les moyens de contrôle et de répression sont tels qu'il serait rapidement anéanti. Le système ira imperturbablement au bout de sa logique et à un moment ça va craquer, et ce sera le chacun pour soi.

INTERVIEW

POLITIQUE ET ÉCONOMIE DES SATISFACTIONS

« Le jeu capitalistique est truqué. Le petit épargnant qui veut investir dans l'économie et à la Bourse joue désormais contre des algorithmes ! »

Jean Haëntjens, économiste et urbaniste, spécialiste de la prospective appliquée aux stratégies politiques, auteur de *Comment les géants du numérique veulent gouverner nos villes* et *Comment l'écologie réinvente la politique*.

AT : En quoi le modèle de l'économie des richesses est incompatible avec l'écologie ?

JH : L'économie marchande, qui induit la production et l'échange de richesses, n'est pas en soi incompatible avec l'écologie. Ce qui est incompatible, c'est la prépondérance prise par les logiques financières dans le monde économique, la prépondérance prise par l'économie sur le politique, et le pilotage des choix de consommation par une publicité algorithmique de plus en plus intrusive.

AT : Que sont les « systèmes de satisfaction » et « l'économie des satisfactions » dont vous parlez dans votre livre ?

JH : Toute société, en temps de paix, est un système de satisfactions. Elle a pour objet de produire et distribuer des satisfactions, qui peuvent être marchandes ou non marchandes, et qui ne se réduisent pas à la consommation. Les satisfactions professionnelles, la reconnaissance sociale, la qualité de l'environnement, la transmission d'un bien (familial ou commun) et le sentiment plus général de cohérence et de sens constituent les attentes les plus importantes.

Un système de satisfaction peut être caractérisé par cinq grandes familles de choix : des modes de vie, des activités de production, un système d'autorités, un système de propriété-transmission et un système de médiation. Pour qu'une société fonctionne de façon satisfaisante, ces choix doivent trouver une relative cohérence. La société de consommation, qui a fait de la capacité à consommer le premier critère de la satisfaction sociale, a été, après la Seconde Guerre mondiale, un système de satisfaction formidablement cohérent. Mais cette cohérence est aujourd'hui remise en cause. Il y a bien sûr la question écologique (la consommation et la production ne sont plus compatibles avec la conservation de notre capital terrestre), mais il y a aussi un rejet des autorités et le sentiment plus général de perte de sens.

Il y a eu, avant la société de consommation, d'autres systèmes qui fonctionnaient sur des logiques différentes (la société industrielle du XIXe siècle priorisait ainsi la production et la puissance technique au service d'ambitions impériales et non la consommation). Il y aura, après elle, d'autres modèles, qui seront plus compatibles avec la limite des ressources. Ces modèles « résilients » marqueront soit une régression vers des formes archaïques, fondées sur la pénurie, la peur ou le retour à des idéologies totalitaires, soit un dépassement positif vers des « sociétés de satisfaction ». L'expérience du confinement a donné une illustration de ces deux scénarios. Certains l'ont vécu comme une régression et une punition. D'autres ont réalisé qu'ils pouvaient accéder à des satisfactions nouvelles et à une vie plus riche en consommant moins et en travaillant différemment. C'est cette deuxième voie que j'ai voulu explorer dans ce livre.

AT : Quelle est la part de la politique dans l'inertie de nos sociétés face à l'urgence écologique ?

JH : Il faut faire une distinction entre les politiques locales et celles des États, qui sont dominées et tenues par la priorité économique. Elles ont aujourd'hui beaucoup de mal à se penser hors des concepts de l'économie, même lorsqu'il s'agit de pensées critiques. Ainsi, le concept de décroissance reste finalement un concept économique. Il a en outre le défaut d'être un concept négatif. Pour ces deux raisons, il a, à mon avis, peu de chances de rassembler des majorités politiques. Avant de prétendre réduire la consommation, il faut pouvoir proposer des sources de satisfactions alternatives. C'est ce qu'ont fait les politiques locales citées plus haut et c'est une des raisons pour lesquelles elles sont en avance sur les États en matière de transition écologique.

AT : En quoi est-ce lié à l'implosion de la démocratie ?

JH : Le discrédit des responsables politiques nationaux repose sur le sentiment qu'ils sont dépassés par l'accumulation des crises écologiques, économiques, sociales et sanitaires. Certains de ces responsables disent eux-mêmes qu'ils doivent « changer de logiciel ». C'est reconnaître que les concepts qu'ils utilisent ne sont plus les bons. Ce que j'ai essayé de faire dans mon livre, c'est de proposer des concepts susceptibles d'aider les pensées politiques à se renouveler.

AT : Qu'entendez-vous par cyber-capitalisme et quel est le danger qu'il représente ?

JH : Le cyber-capitalisme, c'est l'alliance des mondes de la finance et du numérique pour gouverner la planète. Les places financières investissent dans les géants du Net. Les acteurs du numérique inventent les algorithmes qui permettent aux institutions financières de prospérer. Je cite l'exemple de Blackrock, première société mondiale de gestion d'actifs, et dont le succès repose sur un « logiciel miracle », nommé Aladin. Qui travaille avec l'argent des ménages. Quand vous souscrivez une assurance vie dans une banque, vous ne savez pas que votre argent pourra être confié à d'autres fonds qui, grâce à la puissance de leurs algorithmes (mais en investissant éventuellement dans le charbon) offriront une meilleure rentabilité. Le jeu capitalistique est truqué. Le petit épargnant qui veut investir dans l'économie et à la Bourse joue désormais contre des algorithmes ! Le cyber-capitalisme propose un système de satisfaction cohérent, qui pourrait remplacer la société de consommation à l'ancienne, celle des supermarchés, de la télévision et de la ménagère de 40 ans. Le paradigme qu'elle propose, c'est une cyber-consommation pilotée par des algorithmes prédictifs et dominé par quelques plateformes, le remplacement de la vente de produits par la vente des services en ligne, un capitalisme virtuel qui fonctionne comme un jeu vidéo avec des monnaies virtuelles comme le Bitcoin et le Libra, et la prise de contrôle du politique par les réseaux sociaux.

AT : Comment s'en protéger ?

JH : Les deux parades que je propose dans mon livre sont le capitalisme en circuit court et le principe de « différenciation des capitaux ».

Le capitalisme en circuit court part du constat que les institutions financières qui portent aujourd'hui le cyber-capitalisme ne travaillent pas avec leur argent mais avec celui que les petits épargnants leur ont confié, via les banques ou les fonds de pension. Ces petits épargnants pourraient court-circuiter les institutions financières s'ils trouvaient localement des opportunités pour investir leur argent dans des secteurs socialement utiles. Un bon exemple de ces circuits courts est offert au Danemark, par les sociétés d'économie mixte locales qui produisent et distribuent les énergies renouvelables. Ces sociétés ont l'obligation d'ouvrir une partie de leur capital aux résidents de la commune et ceux-ci sont alors triplement responsabilisés puisqu'ils sont à la fois citoyens, consommateurs, actionnaires et éventuellement administrateurs. Voilà un modèle passionnant qui pourrait s'appliquer à d'autres secteurs stratégiques pour la transition écologique, tels que le logement, les transports locaux, l'agriculture ou la culture. Dans plusieurs communes de Bretagne, des habitants se sont ainsi groupés pour racheter des terres en friches et ensuite les louer à un agriculteur bio. Des journaux – comme *Alternatives économiques* – sont possédés par leurs journalistes ou leurs lecteurs alors que d'autres sont rachetés par de grands groupes financiers qui visent à en faire des outils d'influence politique.

Le principe de différenciation des capitaux, c'est l'idée qu'il faut cesser de considérer qu'avec de l'argent, on peut tout acheter : des terres, des morceaux de villes, ou même, comme le proposait en 2019 Donald Trump, le Groenland ! Un certain nombre de pays, dont la très libérale Singapour, ou la libérale Nouvelle-Zélande, ont exclu du champ de la « libre circulation des capitaux » des actifs comme les terres ou les logements. Il faut aller plus loin et opérer une distinction plus nette entre les différentes catégories d'actifs. Certains, comme la nature, le sol, les terres agricoles, l'immobilier locatif, mais aussi les réseaux de transports et la culture me semblent devoir être protégés de la sphère financière.

Ils ne sont et ne doivent pas être considérés comme des biens comme les autres. C'est le cas en particulier du logement. À Berlin, en 2019, l'institution financière Blackrock a ainsi racheté un très grand parc de logements et aussitôt essayé d'augmenter significativement les loyers. La municipalité, poussée par l'opinion, a pu contraindre Blackrock à reculer, mais elle manquait de bases juridiques pour le faire. Il y a donc urgence à revisiter le principe de « libre circulation des capitaux » qui est un des fondements de l'économie libérale. Cela ne veut pas dire qu'il faille collectiviser ces actifs sensibles (ce qui aurait d'autres inconvénients). Il faut seulement réfléchir à la contribution de ces actifs au bien commun et revoir, à partir de cette notion, les règles administratives et fiscales qui concernent leur possession et leur transmission. Les circuits courts capitalistiques et de la différenciation des capitaux sont deux approches complémentaires qui pourraient contribuer à une réinvention du capitalisme. Cette réinvention est aujourd'hui souhaitée par les acteurs de l'économie eux-mêmes. Les forces qui se réclament de l'écologie doivent donc, à mon avis, être proposantes dans ce domaine. Si elles ne le font pas, le terrain sera occupé par des « produits financiers verts » qui conforteront le cyber-capitalisme.

« L'argent est le nerf de la guerre et si son flux peut être réorienté sur les actifs verts et durables, alors son impact sera tout aussi considérable. »

Maud Caillaux, cofondatrice de la néobanque écologique Green-Got, contributrice à *Finance Mag* dans le domaine de la finance écologique et créatrice du site d'information CombienEmetMonArgent.info.

AT : D'où est venue votre idée de lancer une banque écologique ?

MC : L'idée est venue de la schizophrénie de notre système : aujourd'hui nous sommes toute une génération à faire des efforts au quotidien pour réduire notre empreinte carbone, tandis que notre argent, ce pour quoi nous travaillons toute notre vie, finance exactement tout le contraire : pétrole, charbon et gaz, annulant tous ces efforts et bien plus encore.

AT : Quel est le problème des banques classiques par rapport à l'écologie ?

MC : Par nos dépôts à la banque nous participons, à notre insu, à ces financements. Et pour bien comprendre les différentes échelles de grandeur entre les efforts de son quotidien et l'impact de son argent, nous avons développé cet outil accessible à tous (CombienEmetMonArgent.info). Les financements par prêts, ou la détention d'actions, sous toutes leurs formes, accordés par les quatre plus grandes banques françaises (CA,

SG, BNP, BPCE) aux acteurs des énergies fossiles ont été à l'origine de l'émission de plus de 2 milliards de tonnes de CO_2 en 2018. Soit 4,5 fois plus que l'ensemble des émissions de CO_2 territoriales françaises (sans compter les importations donc).

AT : Que propose concrètement une (néo)banque écolo comme la vôtre ?

MC : Une banque écologique est une banque qui fait travailler les dépôts de ses utilisateurs uniquement sur des placements verts et durables, et non plus sur des actifs fossiles. Une néobanque est, dans les grandes lignes, une banque accessible uniquement par application mobile (pas d'agences physiques) et qui propose un compte courant, et aussi pour certaines de l'épargne, mais pas de crédit. Green-Got permettra à ses utilisateurs de choisir où leur épargne est investie : agriculture durable, rénovation thermique, énergie renouvelable, préservation de l'eau, préservation des forêts. Les utilisateurs reprennent le pouvoir sur leur argent, qu'ils peuvent aligner sur leurs valeurs. Tous les projets financés sont labélisés ISR (Investissement Socialement Responsable) et Greenfin. Pour chaque pré-inscription avant l'ouverture de Green-Got, nous avons soutenu financièrement le projet de replantation en agroforesterie de PUR Projet, ou celui de replantation de coraux de Coralive. Avec plus de 10 000 pré-inscriptions en quatre mois seulement et sans aucune pub, c'est un engagement extrêmement fort pour un produit qui n'existait pas encore, surtout dans le milieu bancaire où les freins psychologiques sont forts. Preuve qu'une entreprise peut rassembler et déclencher le changement avec peu de moyens, sur la seule base de ses valeurs.

AT : Les banques peuvent-elles apporter LA solution, ou du moins une solution forte aux problèmes climatiques ?

MC : Aujourd'hui, l'impact des quatre plus grandes banques françaises est immense. Si les émissions territoriales françaises ne représentent que 1 % des émissions à effet de serre mondiales, celles émises à cause des investissements de nos banques représentent près de… 5 % des émissions mondiales ! L'impact de notre argent est donc considérable. Comme pour tout, l'argent est le nerf de la guerre et si son flux peut être réorienté sur les actifs verts et durables, alors son impact sera tout aussi considérable, mais positif cette fois-ci. C'est pour cela que, comme le dit François Gemenne, notre parrain, le premier geste écolo, c'est de changer de banque.

3

POLLUTIONS

23

POURQUOI L'AIR EST-IL POLLUÉ ?

La pollution de l'air (dite « pollution atmosphérique ») est due à plusieurs types de polluants. Il y a d'abord les polluants primaires, c'est-à-dire qui sont émis directement dans l'air et s'y répandent, comme le monoxyde d'azote, le monoxyde de carbone, les poussières de métaux lourds, etc. Ils peuvent être d'origine naturelle comme dans le cas d'une éruption volcanique ou d'incendies de forêts, mais bien sûr, ce sont les activités humaines (agricoles, transports...) et les industries qui en sont majoritairement responsables. Viennent ensuite les polluants secondaires (ozone, dioxyde d'azote), qui résultent de réactions entre polluants primaires, modulées par certaines conditions météorologiques. Ces polluants stagnent dans l'air sous forme de particules, plus ou moins fines, que nous respirons.

Ces particules, classées selon leur taille, sont particulièrement nocives pour la santé. Celles dont le diamètre est inférieur à 10 micromètres (PM10) restent dans les voies aériennes supérieures tandis que celles au diamètre inférieur à 2,5 micromètres (PM2.5) pénètrent dans le système respiratoire jusqu'aux alvéoles pulmonaires et peuvent passer dans la circulation sanguine. L'exposition régulière à des pics de pollution, combinée à l'exposition quotidienne sur le long terme, provoque des irritations chroniques, et participe à l'augmentation de la mortalité par affections respiratoires, maladies cardio-vasculaires et cancers. Dans son rapport annuel d'octobre 2018, l'Agence européenne de l'environnement (AEE) estimait que la pollution de l'air était responsable, en 2015, de 518 000 décès prématurés dans 41 pays d'Europe. Une étude publiée en mars 2019 dans la revue *European Heart Journal* les estimait à 790 000[26]. Appliqués à l'ensemble du monde, leurs calculs arrivent au chiffre de 8,8 millions de morts causés par la pollution de l'air en 2015 sur l'ensemble de la planète. Bien plus que le tabac ou l'alcool dans la plupart des pays… On peut toujours arrêter de fumer, mais de respirer, non. En France, la pollution de l'air est ainsi la deuxième cause de mortalité évitable, derrière le tabac.

Or la qualité de l'air est étroitement liée à la météo et aux températures. Les pics de pollution apparaissent par exemple quand il n'y a aucun vent pour disperser les particules, mais aussi si le vent en apporte au contraire (par exemple, quand les polluants dépendent d'une activité saisonnière type chauffage en hiver, activités agricoles en été), ou encore lors des vagues de froid à cause du phénomène d'« inversion thermique ». Normalement, l'air chaud se disperse en montant, comme une montgolfière, dans l'air plus froid au-dessus de lui. Quand il gèle en hiver, la température près du sol devient plus élevée que celle de l'air à quelques mètres au-dessus : l'air pollué est maintenu à hauteur d'homme par la masse chaude et les particules qui continuent d'être émises (à hauteur de voiture, par exemple) s'accumulent sans être dispersées… Et malheureusement, celle qui nous affecte le plus, c'est celle qui se trouve à côté de nous : la proximité d'une autoroute, d'un aéroport, d'un port crée des zones particulièrement polluées. Et la pollution a des effets néfastes sur absolument tout : les particules ont des actions corrosives sur les bâtiments et leurs façades qu'elles dégradent et salissent, et contaminent les écosystèmes en s'infiltrant dans les sols via l'eau de pluie. En modifiant alors l'équilibre chimique des végétaux, elles impactent les espèces et la biodiversité.

« POUAH, ELLE SENT MAUVAIS LA POLLUTION ! »

Quand il y a un incendie, tout comme quand des machines ou des voitures brûlent de l'essence pour fonctionner, de minuscules poussières sont lâchées dans l'air : on les appelle des particules. Elles sont si petites, si « fines », qu'on les respire, que le vent et la pluie les déplacent, mais aussi qu'elles réagissent entre elles en fonction de l'humidité ou de la chaleur, et en forment de nouvelles ! Pas facile de s'en débarrasser ! Pour cela, il faut qu'elles se dispersent, grâce au vent, mais il en reste toujours trop, ce qui affecte notre santé et favorise surtout les maladies en rapport avec l'appareil respiratoire comme l'asthme. Les personnes fragiles peuvent avoir du mal à respirer, par exemple, ou être essoufflées car les particules fragilisent les poumons, entre autres, et peuvent même en mourir. C'est le cas de beaucoup de personnes partout dans le monde. Dans certains endroits en particulier, si les citoyens habitent près d'une source de particules comme une usine, une activité agricole, une autoroute, un aéroport, une grande ville, la pollution est permanente, et peut même être entraînée dans le sol quand il pleut et contaminer les plantes et les insectes.

24

QU'EST-CE QUI POLLUE VRAIMENT L'AIR ?

Le trafic routier représente les trois quarts des émissions de CO_2 liées au transport dans le monde, l'avion et le bateau arrivant chacun à 12 %. Concernant le transport maritime, il achemine plus de 90 % des marchandises mondiales et transporte aussi plusieurs millions de personnes chaque année. Un seul de ces cargos, appelés supertankers, qui importent les objets de consommation courants du quotidien, génère autant de pollution aux particules ultrafines que des millions de voitures. Ces particules (qui mesurent 0,01 micron, soit l'épaisseur d'un cheveu découpé en mille) sont si petites qu'elles s'infiltrent très profondément dans notre organisme et s'y accumulent, générant d'importants troubles de la santé, notamment pour les habitants des villes portuaires où cette pollution est bien pire que celle des voitures… Si elle est si terrible, c'est surtout car le carburant de ces cargos est un résidu du pétrole, sorte de sous-produit épais qui reste une fois que l'essence et le diesel ont été raffinés. Ce fuel a été utilisé par le passé pour alimenter des centrales électriques mais il provoquait des pluies acides… cet usage a alors été quasi abandonné, sauf pour les navires. Appelé « pétrole bunker », ce magma particulièrement difficile à brûler contient des résidus de métal, de la cendre et du soufre et est ainsi un des carburants les plus sales au monde. En 2016, malgré les résistances des pétroliers, l'Organisation maritime internationale (OMI) a réussi à faire passer sa teneur maximale en soufre de 3,5 % à

0,5 % (à partir de 2020). Imaginez, à 3 %, cette pollution pour un seul tanker équivaut à celle d'environ 50 millions de voitures...

Une autre source majeure de la pollution de l'air, mais moins présente dans les esprits, est les centrales à charbon qui produisent de l'électricité. Si, en France, l'électricité provient essentiellement du nucléaire (environ 72 %), qui produit des déchets mais n'émet que peu de CO_2, dans d'autres pays, l'électricité est produite en majeure partie grâce au charbon. Ainsi, en France, une part importante de la pollution de l'air provient des centrales à charbon de nos voisins allemands ou polonais. Ce qu'on appelle le « mix énergétique » c'est-à-dire la part de chaque source d'énergie dans la production d'électricité d'un pays, y est très différent du nôtre. En Allemagne, c'est environ 30 % de leur électricité qui est encore produite à partir de charbon, et pas moins de 75 % en Pologne !

Or, si les centrales à charbon sont responsables d'une énorme part des émissions de CO_2, une étude menée par des chercheurs rattachés à l'université Flinders (Australie) montre qu'elles sont les sources de particules ultrafines les plus puissantes au monde[27]. Elles en génèrent ainsi plus que le trafic routier, considéré jusqu'alors comme la principale source de cette pollution... mais pas toujours comme on croit !

En effet, la grande amélioration des filtres a permis de réduire les émissions d'« échappement » : les moteurs émettront bientôt moins de particules fines que celles diffusées par les frottements répétés des plaquettes de freins et l'usure des pneus sur la route. Concrètement, même quand la voiture est électrique, quand le disque de frein se pose sur le pneu, il crée une fine poussière de particules principalement constituée de noir de carbone et de métaux lourds type cuivre, baryum, nickel, chrome, plomb, zinc, hautement toxiques. Leur nano taille leur permet de pénétrer le système respiratoire, occasionnant inflammations, crises d'asthme, bronchites et dommages sur les cellules pulmonaires. Une émission aggravée par la rugosité des revêtements des sols, la qualité des pneus et les régulations routières type ralentisseurs qui imposent de freiner puis d'accélérer, au détriment d'une allure régulière. Un problème auquel tous les acteurs cherchent une solution, avec un revêtement de pneu biodégradable (recherche Michelin) ou un aspirateur à particules à installer directement sur les plaquettes de freins qui pourrait bien intéresser la SNCF dont les trains sont également concernés.

« MOI, QUAND JE SERAIS GRANDE, JE N'AURAI PAS DE VOITURE. »

Il y a des machines et des moteurs qui créent une pollution qui se voit, comme les fumées noires qui sortent des usines, des énormes cargos qui transportent des marchandises qui viennent de loin, ou des pots d'échappement des voitures. Mais parfois, la pollution la plus toxique ne se voit pas. Pour les voitures, en plus de ce qui sort du pot d'échappement qui est mauvais pour notre corps, les pneus relâchent des micropoussières hautement toxiques quand ils s'usent en roulant ou quand on freine, à cause du frottement. Ces particules fines-là sont si petites qu'elles rentrent dans notre système respiratoire et provoquent des maladies. Ce qu'il faudrait, c'est diminuer les transports, mais pas seulement ceux que l'on voit au quotidien, tous les transports. C'est pour cela qu'il vaut mieux limiter nos déplacements, mais aussi acheter des choses fabriquées près de chez nous pour qu'elles n'aient pas besoin de venir de loin en avion ou en cargo.

Et la voiture électrique, alors ?

Fonctionnant à l'électricité, elle ne rejette pas de particules d'échappement. Mais elle est très polluante en amont, à sa fabrication, même si elle l'est moins en roulant ensuite, du moins chez nous. Car l'électricité en question, produite de différentes façons dans le monde, peut être plus ou moins propre. En France, ce sont les centrales nucléaires qui permettent d'avoir de l'électricité, et elles produisent peu de CO_2. Avec une batterie produite en Europe, les voitures électriques sont « rentabilisées » en compensation CO_2 au bout de 150 000 à 250 000 kilomètres parcourus selon les études. Or, parfois, la batterie ne tiendra même pas assez longtemps pour les parcourir… Mais dans d'autres pays, comme en Chine, l'électricité qui sera donc utilisée pour rouler provient de centrales à charbon, épouvantablement polluantes et émettrices de gaz à effet de serre. Tout comme l'assemblage des batteries dans des fours à 400 °C, hyper énergivores, et leur fabrication en Asie dans des usines tournant au charbon, est une catastrophe écologique. Elles nécessitent en plus d'énormes quantités d'eau et l'utilisation de produits chimiques en cascade, l'extraction et le raffinage de métaux parfois rares (cobalt, graphite, lithium) en Chine, RDC et Amérique du Sud, dans des conditions de travail épouvantables et au mépris de la nature. Le lithium nécessaire (comme pour les batteries de téléphones, d'ordinateurs…) provoque par exemple une destruction des terres et lacs de sel asséchés du nord de l'Argentine et un assèchement des rares ressources en eau de cette région aride où les habitants en manquent. Ces opérations minières produisent aussi des déchets chimiques, du chlore et des solvants polluant cet environnement jusqu'ici préservé. Côté cuivre et cobalt, ils sont extraits en grande partie par des enfants, entre autres au Congo-Kinshasa. Devant la pression des ONG, les constructeurs tentent de compenser avec du nickel et du manganèse, malheureusement au moins aussi épouvantables en termes de pollution environnementale. Au Gabon, des millions de tonnes de résidus chimiques sont charriées par les eaux de pluie et contaminent les sols et les rivières, tuant toute vie sur leur passage et engendrant une situation sanitaire alarmante. Alors, si on vous demande si la voiture électrique est écologique, à présent vous le savez : la réponse est NON.

25

POURQUOI FAUT-IL ARRÊTER DE PRENDRE L'AVION ?

Même si nous ne sommes pas (encore) touchés par un sentiment de honte de prendre l'avion comme en Suède où les habitants sont frappés de ce « flight shaming », tout le monde sait bien (ou confusément) que l'avion pose un gros problème écologique.

Si, en termes d'émissions de CO_2 par voyageur et par kilomètre, l'avion équivaut à peu près à la voiture, sa vitesse étant bien plus rapide et les distances parcourues bien plus longues qu'en voiture, une heure en avion devient plus de 10 fois plus émettrice de CO_2 qu'une heure en voiture. Et le trajet sera ainsi environ 1 500 fois plus émetteur qu'un trajet moyen dans un train, question de vitesse. Ses émissions sont de l'ordre de 45 fois supérieures au TGV, ou 15 fois supérieures pour la moyenne des trains à longue distance.

Mais pour mesurer leur véritable impact, global, et leur responsabilité sur le réchauffement, il faut prendre en compte leurs autres émissions et leurs conséquences : en plus de rejeter du CO_2, les avions émettent des oxydes d'azote (NOx) induisant une production d'ozone (gaz à effet de serre). Ils créent aussi des « traînées de condensation » et des cirrus (nuages hauts), tous deux réchauffants.

Ces derniers sont en effet transparents : ils laissent passer les rayons solaires (chauds) vers la Terre, mais retiennent la chaleur des infrarouges qui repartiraient dans le ciel… Un rapport récent de la Commission européenne admet que le pouvoir de réchauffement de l'aviation est ainsi totalement sous-estimé si on ne prend en compte que le CO_2, et qu'il faudrait alors multiplier les émissions de l'aviation par trois pour pouvoir comparer son impact aux autres modes de transport[28].

Problème : selon l'Agence de la transition écologique (ADEME), l'activité du transport aérien a progressé de 62 % en termes de nombre de passagers par équivalent-kilomètres entre 2000 et 2018 en France. Prendre l'avion est devenu très (trop) accessible dans les sociétés modernes : voyages low cost, billets low cost, compagnies low cost… C'est même souvent moins cher que de prendre le train ! Difficile pour le consommateur de résister… Mais, au fait, comment est-ce possible ? Ces prix sont réalisables grâce aux énormes subventions et exemptions de taxes reçues par les aéroports et les producteurs d'avions, l'absence généralisée de taxes sur le kérosène et de TVA. Pour éviter d'arriver à une régulation de nos voyages en avion, il faudrait commencer par ne plus avantager ce secteur afin que les prix remontent, que prendre l'avion redevienne exceptionnel, et que l'on envisage à nouveau de voyager moins loin.

D'autant qu'il n'existe pour le moment aucune technologie qui puisse rendre les avions moins polluants. Car même avec l'avion commercial à hydrogène promis par Airbus pour 2035 (pour les moyen-courriers seulement…), nous n'aurons pas la solution miracle et zéro-émission tant attendue : non seulement on ne règle pas le problème des traînées de condensation (qui représentent deux tiers du réchauffement induit par l'aviation), mais surtout, les technologies à hydrogène étant extrêmement énergivores (actuellement on produit l'hydrogène avec des énergies fossiles), cet avion n'aura rien d'écologique, même si on le peint en vert... Imaginez, des chercheurs ont calculé qu'il faudrait entre 10 000 et 18 000 éoliennes, soit l'équivalent d'un département français, 1 000 kilomètres carrés de panneaux photovoltaïques, ou 16 réacteurs nucléaires pour alimenter les avions d'un seul aéroport comme celui de Paris-Charles-de-Gaulle[29] ! Il est peut-être temps d'en parler aux influenceuses et influenceurs voyage qui font rêver, certes, mais offrent un modèle qui incite à prendre l'avion parfois plusieurs fois par mois...

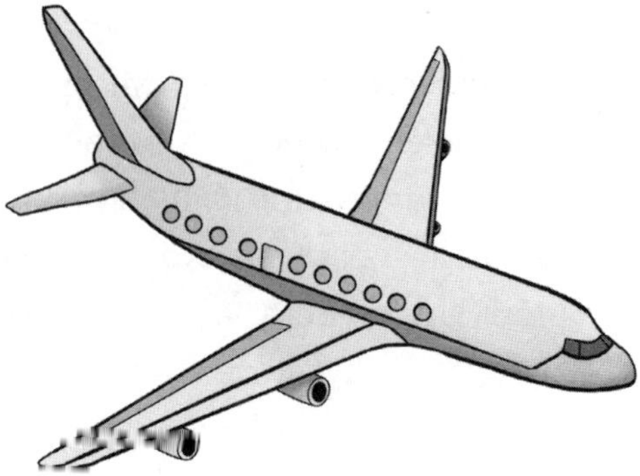

« ON NE PARTIRA PLUS EN VACANCES, ALORS ? »

L'avion est un très très gros producteur de CO_2. Vu qu'il est très rapide et nous emmène souvent loin, chaque trajet représente une énorme pollution et aggrave l'effet de serre. Certaines personnes ont pris l'habitude d'utiliser l'avion même pour des trajets que l'on peut faire en train, et d'autres partent en vacances loin plusieurs fois par an. Il faut changer ces habitudes et, même si aujourd'hui l'avion n'est plus très cher, le garder pour faire des voyages lointains, et que cela reste exceptionnel. Peut-être qu'un jour, on n'aura plus le droit de prendre l'avion autant qu'on le souhaite, alors autant commencer à réfléchir à tout ce que l'on peut faire sans avion dès aujourd'hui, et la liste est longue. On peut aller dans plein d'endroits, et pourquoi pas, prendre l'avion une seule fois pour aller à un endroit, puis sur place voyagerons-nous en train, en bus ou à pied pour visiter les pays d'à côté, comme quand on fait un tour du monde. En tout cas, il y a souvent de très belles choses et de belles découvertes à faire près de chez nous !

26

QUELLES SONT LES ÉNERGIES LES MOINS POLLUANTES ?

Ce qu'on appelle « transition énergétique » serait le passage des énergies polluantes vers des énergies moins néfastes. Plus précisément, les objectifs principaux de cette transition sont d'électrifier au maximum nos technologies (faire que tout fonctionne à l'électricité), de produire cette électricité sans carbone (décarbonation, moins de CO_2 émis), et d'améliorer l'efficacité de nos technologies (faire en sorte que nos machines consomment beaucoup moins d'énergie et minimiser les pertes). Nous devons utiliser pour cela différentes sources d'énergie ayant chacune des avantages et des inconvénients pouvant varier selon l'endroit où on les utilise. L'enjeu étant de trouver le meilleur « mix énergétique » pour chaque pays du monde.

Face au réchauffement climatique, l'ennemi numéro un de la pollution est devenu le carbone contenu dans les principaux gaz à effet de serre (CO_2, méthane). Si l'on compare l'intensité carbone de l'électricité (combien de CO_2 émis pour une même quantité d'électricité produite) sur le cycle de vie des centrales pour chaque source d'énergie cela donne :

- charbon : 1 000 g CO_2/KWh
- gaz naturel : 400 g CO_2/KWh

Puis, bien en dessous :

- les barrages hydroélectriques : 6 à 140 g CO_2/KWh
- solaire : 55 g CO_2/KWh
- géothermie : 45 g CO_2/KWh
- éolien : 14 g CO_2/KWh

Et enfin le champion anti-CO_2 :

- le nucléaire : 6 g CO_2/KWh[30].

Venons-en maintenant à l'empreinte au sol de ces sources d'énergie par unité d'énergie produite, autrement dit quelle surface de terrain moyenne doit être occupée (= terrain naturel détruit) pour la même quantité d'énergie produite : hydro 180 km²/TWh, solaire 170 km², charbon 80 km², géothermie 50 km², et en dessous de 5 km² : éolien, gaz, et enfin le nucléaire qui figure encore en meilleure position[31].

Le nucléaire est donc le meilleur élève. Cela paraît contre-intuitif, mais le nucléaire a effectivement relativement peu tué au cours de son histoire. À cause des catastrophes de Tchernobyl et Fukushima, le monde entier est effrayé par la perspective d'un nouvel accident nucléaire, et à raison, mais cette peur n'est pas rationnelle statistiquement, car les accidents nucléaires sont finalement extrêmement rares et la sûreté des centrales s'est significativement améliorée. Comme pour l'avion qui peut faire peur dans les transports, le nucléaire est un des moyens les plus sûrs que nous ayons pour produire de l'énergie, mais l'idée de mourir irradié ou dans un crash d'avion est tellement terrifiante qu'elle reste ancrée dans les esprits. À propos de radiations, les données révèlent là encore des surprises : l'énergie émettant le plus de rayonnement ionisant est le charbon, loin devant le nucléaire, la géothermie et le gaz[32]. Bien sûr, dans le cas du nucléaire, il reste le problème des déchets radioactifs à régler, sujet très complexe et largement polémique, mais en voie d'être maîtrisé avec les projets de stockage géologique, voire bientôt minimisé avec les centrales de quatrième génération en phase de développement.

Conclusion, le charbon est sans trop de surprises la source d'énergie la plus néfaste pour l'homme et l'environnement et la source d'énergie qui a le meilleur bilan pollution, en plus d'avoir le meilleur facteur de charge (rapport entre puissance moyenne effectivement produite et puissance maximale de la centrale), est de loin le nucléaire. Combiné aux énergies renouvelables, il est notre meilleur allié pour amortir cette transition énergétique et pourtant encore souvent le grand ennemi des militants et partis écologistes pour des raisons qui deviennent de moins en moins défendables.

Afin de trouver mieux que ce duo, il faudra attendre la nouvelle source d'énergie ITER, le réacteur à fusion nucléaire, projet le plus ambitieux au monde dans le domaine de l'énergie et développé depuis 2001 en France, à Cadarache, en associant 35 pays dans son projet de recherche. Rien à voir avec nos actuels réacteurs nucléaires qui exploitent la « fission » nucléaire : ITER vise à reproduire la réaction de « fusion » de l'hydrogène qui est naturellement présente au cœur du soleil et des étoiles. Son potentiel est gigantesque par rapport à tout ce que l'on connaît, il promet une énergie décarbonée, quasiment inépuisable, sûre, sans matières fossiles comme l'uranium ou le plutonium, et sans déchets radioactifs de haute activité à vie longue. Une belle promesse d'avenir, qui malheureusement arrivera un peu tard... Il faudra en effet attendre encore quelques décennies avant que ce genre de réacteurs soient opérationnels dans le monde, *a priori* pas avant 2070, ce qui ne résoudra donc pas la problématique climat actuelle sur sa lancée, qui ne peut pas attendre 50 ans et qui aura d'ici là déjà changé la face du monde.

« C'EST QUOI, UNE CENTRALE NUCLÉAIRE ET LA TRANSITION ÉNERGÉTIQUE, MAMAN ? »

Pour savoir quelle énergie est la pire pour la planète, il y a plusieurs choses à calculer, mais la principale est combien de CO_2 une source d'énergie émet pour la même quantité d'électricité produite. Les pires sont les énergies fossiles (charbon, pétrole et gaz) qui émettent énormément de CO_2. Les énergies renouvelables (barrages, éoliennes, panneaux solaires) et les centrales nucléaires émettent, elles, beaucoup moins de CO_2, mais quand même un peu, notamment pour leur fabrication et leur entretien.

On regarde aussi les matériaux dont on a eu besoin pour construire les installations et aussi l'étendue de nature que l'on a sacrifiée. La meilleure énergie, quand on a tout regardé, c'est le nucléaire. Le problème de l'énergie nucléaire, c'est que quand une centrale nucléaire explose, la catastrophe est si grave qu'elle fait très peur, même si ça n'arrive presque jamais... Pourtant les autres sources d'énergie connaissent aussi des accidents, mais ils sont moins impressionnants, donc on en parle moins. Pour bien faire, il est intelligent de mélanger différentes sources d'énergie parmi les moins polluantes pour arriver à un mélange équilibré.

Ce qu'il faut retenir, c'est qu'il est urgent d'abandonner le charbon en premier, puis le pétrole et le gaz sinon la température va continuer de monter, et dans le futur nous connaîtrons de gros problèmes. Mais aujourd'hui presque tout fonctionne avec ces énergies fossiles. Il faut donc remplacer et changer nos appareils : c'est ce qu'on appelle la transition énergétique. Or nous sommes très en retard, il faut se dépêcher.

27

QU'EST-CE QUE LA POLLUTION DES SOLS ?

Alors que même les déchets de la nature sont utiles et vertueux car ils améliorent la fertilité du sol, les déchets issus de nos productions ou de notre consommation n'engendrent que des effets négatifs. Et on ne parle pas seulement du sac plastique qui mettra des années à disparaître à l'œil nu car il se sera décomposé en fragments devenus invisibles mais qui seront toujours là, on parle de la pollution invisible dès le départ. Invisible déjà car nous n'avons pas tous accès au sol naturel, souvent recouvert par des routes, des bâtiments ou des revêtements. Mais surtout parce que ce que l'on appelle pollution des sols provient principalement des produits chimiques, déversés sans vergogne ou insidieusement, mais toujours loin des yeux. Un sol est défini comme la première couche à la surface de la Terre, composé de roche mère, de minéraux et d'êtres vivants, végétaux et animaux, dont l'activité et les interactions le rendent vivant. C'est ce qu'on appelle la « biocénose », écosystème ou milieu de vie.

Un sol est considéré comme pollué quand il contient des produits polluants pouvant nuire à cette vie en causant des altérations biologiques, physiques et/ou chimiques sur la biocénose mais aussi le « biotope », c'est-à-dire l'environnement géologique.

Les composés qui les altèrent peuvent être de nature toxique mais aussi radioactive ou pathogène, pouvant être des perturbateurs pour les espèces (produits mutagènes, cancérigènes ou reprotoxiques). Le problème est qu'un sol pollué devient un vecteur de pollution lui-même car il diffuse les polluants qu'il contient dans l'environnement. Tout d'abord via l'eau, mais aussi par les poussières déplacées par le vent, ses émanations gazeuses ou leur transfert par des organismes vivants. L'eau polluée, par son voyage à travers la terre, peut aussi contaminer les eaux souterraines qui deviennent impropres à la consommation et les sols alors impropres à la culture.

Bien évidemment, ce sont les activités humaines qui en sont à l'origine, via les installations industrielles type usines à l'abandon : les polluants et déchets directement en contact avec les sols y restent sans être éliminés. Il peut s'agir aussi de fuites d'hydrocarbures pendant leur transport et dans les stations essence (huile, carburant…) ou lors de marées noires, mais aussi de pluies acides qui arrivent quand la pluie entraîne au sol des polluants de l'air ou, plus rare mais désastreux, de type retombées radioactives à la suite d'un essai nucléaire. Ou bien, comme aux USA, de la fracturation hydraulique qui consiste à créer des fissures dans le sous-sol et à y injecter un gel polluant (qu'on peut ensuite retrouver dans les nappes phréatiques) pour en extraire les pétroles et gaz de schiste…

L'agriculture pollue les sols de son côté, soit par l'épandage des produits phytosanitaires, pesticides, herbicides et autres engrais qui réduisent la fertilité du sol, nuisent à sa composition et le rendent vulnérable à l'érosion. Les élevages sont aussi responsables par les rejets animaliers, comme le lisier des porcs en Bretagne qui contient des métaux lourds, principalement du cuivre et du zinc, dont l'accumulation est problématique. Lorsqu'on apporte trop de fertilisants et que les animaux sont nourris avec de la nourriture douteuse, on trouve un surplus d'azote, de phosphore et de nitrates dans les sols de l'exploitation. Ces éléments en excès rejoignent les rivières et *in fine* la mer, déclenchant la prolifération d'algues vertes envahissantes. Ce phénomène dit d'eutrophisation est tel qu'il crée de véritables « marées vertes » depuis plusieurs décennies en Bretagne qui arrivent aujourd'hui sur les côtes normandes. Or, en plus d'émettre de l'hydrogène sulfuré au moment de leur décomposition, ces algues, combinées au sel marin, forment des solutions d'acide chlorhydrique, voire d'acide sulfurique dans les mares où leur concentration est la plus forte, pouvant créer des irritations pour les baigneurs. Six plages de la baie de Saint-Brieuc ont ainsi été fermées en juillet 2019 car l'air d'un village voisin devenait irrespirable à cause des émanations de sulfure d'hydrogène. Si les élevages de porcs sont pointés du doigt, ceux de volailles contribuent également à ce désastre avec le maraîchage intensif pratiqué dans la région. On voit à quel point la pollution des sols devient alors un enjeu de santé publique dont l'État, malgré des plaintes, ne s'est pas encore emparé efficacement, la seule solution pour contrer ce fléau étant de réduire le nombre et la densité des élevages (ce à quoi l'industrie de la viande se refuse, sans surprise, car cela ferait monter les prix pour le consommateur). Pourtant, en 2012 déjà, la Commission européenne poursuivait la France devant la cour de justice de l'Union européenne pour sa lutte insuffisante contre la pollution des eaux aux nitrates...

Une autre source de pollution peut enfin venir des collectivités elles-mêmes, responsables des stations d'épuration (qui rejettent les microplastiques qu'elles ne savent pas filtrer), de produits toxiques utilisés dans l'entretien des espaces verts ou encore une mauvaise gestion des égouts ou des décharges rendant la question des déchets d'autant plus cruciale.

« LE SOL EST VIVANT, TU ES SÛRE ? MAIS ALORS IL A BESOIN DE RESPIRER ! »

Le sol, c'est-à-dire la terre dans laquelle poussent les plantes, est comme une éponge habitée de micro-organismes vivants. Quand une usine rejette des déchets dans la nature et qu'ils contiennent des produits chimiques, ils vont polluer le sol et tuer ce qu'il contient, dont les plantes qui les absorberont. Quand des engrais ou des produits pour tuer les mauvaises herbes et les insectes sont répandus sur les champs et les cultures de céréales, fruits ou légumes, la pluie les emmène ensuite vers le sol, où ils vont pénétrer, tout comme elle le fait avec la pollution contenue dans l'air. Ensuite, l'eau ruisselle, passe à travers le sol et ressort plus loin, dans une rivière, chargée de ces particules toxiques qui vont polluer à son tour la rivière, parfois la mer. Et c'est pareil quand des animaux sont trop nombreux dans un élevage en même temps : leurs excréments sont chargés de particules qui, quand elles sont trop concentrées, peuvent nuire à l'environnement proche, mais peuvent aussi, une fois arrivées dans la mer, au contraire stimuler la croissance de certaines algues. Celles-ci peuvent alors devenir si nombreuses qu'elles vont étouffer toute la vie marine à cet endroit, en plus de générer à leur tour une pollution, dans l'eau cette fois.

Médicaments et pollution

On n'associe pas forcément l'image d'un labo à celui d'une usine avec une fumée noire qui en sort. Pourtant, c'est une industrie comme une autre. Une étude récente a enfin permis de prouver que l'industrie pharmaceutique mondiale est un contributeur important au réchauffement climatique : elle émet plus de gaz à effet de serre que le secteur mondial de la fabrication automobile[33] ! L'étude montre aussi de manière surprenante que 3 des 15 plus grandes firmes pharmaceutiques (Amgen Inc, Johnson & Johnson et Roche Holding AG) ont réussi à réduire l'intensité de leurs émissions d'environ 59 % par rapport aux niveaux de 2015 comme cela est recommandé par l'Accord de Paris, d'ici 2025. Comme quoi les profits n'empêchent pas l'amélioration environnementale, au contraire peut-être... Mais l'industrie pharmaceutique est responsable d'autres types de pollution via ses eaux usées, parfois saturées de particules toxiques et/ou médicamenteuses pouvant mener à des catastrophes sanitaires et écologiques.

En Inde, depuis les années 1980, la région de Patancheru est devenue une zone industrielle d'intenses productions de produits chimiques et de médicaments, souvent sans le moindre respect pour l'environnement ou les populations avoisinantes. Or les eaux usées d'une unité d'épuration (supposées décontaminées, rejetées dans le cours d'eau Isakavagu, où 90 entreprises de médicaments envoient leurs eaux résiduelles) contiennent une vingtaine de principes actifs différents utilisés dans le traitement de l'hypertension artérielle, des maladies cardio-vasculaires, des affections du foie, de la dépression, ou encore des ulcères. Les chercheurs ont estimé que la quantité de ciprofloxacine présente dans le fleuve en question est suffisante pour traiter 90 000 personnes[34] ! Les habitants de Patancheru sont pourtant contraints de consommer cette eau polluée, la seule à leur disposition.

L'autre question qui se pose est celle des traces de médicaments ingérés par l'homme, retrouvés dans les excréments et les urines. En effet, après les égouts, les eaux usées vont dans des stations d'épuration qui, même en Europe, ne peuvent pas éliminer tous les résidus de médicaments. Des germes résistants peuvent d'ailleurs se développer et résister par la suite à ces mêmes médicaments, comme c'est le cas en Inde où les populations concernées ont souvent du mal à guérir. Côté biodiversité, même à concentrations très faibles, le système reproducteur des poissons, des batraciens et d'autres êtres aquatiques sauvages est affecté.

Dans un rapport, l'Académie nationale de pharmacie indique que la France est le deuxième pays plus gros consommateur de médicaments en Europe, derrière l'Allemagne, et que les trois premiers au niveau mondial sont les États-Unis, la Chine et le Japon[35]. Un autre rapport, de l'OCDE cette fois, sur les résidus pharmaceutiques dans l'eau, constate que les actions menées pour prévenir les risques de retrouver des résidus médicamenteux dans les sols, les réserves d'eau, les écosystèmes ou la chaîne alimentaire sont insuffisantes, et que les taux les plus élevés en concentration ont été retrouvés aux États-Unis[36]. Or, d'après ce rapport, les risques environnementaux n'ont jamais été évalués pour la majorité des 2 000 substances actives utilisées dans les médicaments humains. C'est pourquoi les médicaments doivent impérativement être rapportés en pharmacie pour être recyclés via le système Cyclamed en France, car jetés dans les toilettes (c'est pire que la poubelle dans ce cas), ils finiront d'une manière ou d'une autre dans le réseau d'eau douce. L'OCDE préconise d'intégrer le cycle de vie entier des produits, de leur fabrication à leur usage, comme cela existe déjà aux Pays-Bas, mais aussi la création de labels indiquant le degré de toxicité pour les médicaments et de ne permettre la délivrance des médicaments les plus toxiques pour l'environnement uniquement sur ordonnance, pour en réduire la consommation. En Suède, un outil permet depuis 2005 aux médecins de choisir les médicaments les moins nocifs et persistants pour l'environnement. Enfin, la vente au détail et à l'unité des médicaments permettrait à la fois de limiter les déchets et l'impact écologique, mais cette promesse de campagne d'Emmanuel Macron n'a à ce jour pas été tenue.

28

LA FORÊT TROPICALE D'AMAZONIE EST-ELLE VRAIMENT LE POUMON DE LA TERRE ?

Peut-être avez-vous comme moi entendu toute votre vie que les arbres produisent l'oxygène, et la photosynthèse est ainsi un souvenir actif de vos cours de SVT (sciences et vie de la terre, à mon époque). Rassurez-vous, je ne vais pas vous dire le contraire ! Oui, les végétaux verts captent le CO_2 (dioxyde de carbone ou gaz carbonique) avec leurs feuilles et utilisent l'énergie solaire pour se développer en produisant de la matière organique et le précieux oxygène (ou O_2, ou de son vrai nom dioxygène). MAIS... cette réaction ayant besoin de lumière, la production d'O_2 s'arrête la nuit alors que les plantes continent à respirer. Ainsi, leur production d'oxygène sert surtout à leur propre respiration et pas tellement à la nôtre... Pour continuer dans la désillusion, les quantités d'oxygène émises dépendent de la vigueur des arbres. Or la forêt amazonienne, souvent qualifiée de « poumon de la Terre », n'est plus toute jeune : elle produit selon les scientifiques environ 10 % seulement de l'oxygène consommé par les humains et les animaux.

En fait, le véritable « poumon de la Terre », c'est l'océan. C'est lui le premier producteur d'O_2 et recycleur de CO_2 grâce au phytoplancton, ou plancton végétal, constitué de micro-organismes végétaux et de minuscules algues en suspension dans l'eau, qui composent une biomasse bien plus importante que celle des forêts. L'océan est ainsi considéré comme un « puits de carbone » naturel car il l'absorbe, de deux manières. D'abord par la dissolution des gaz, dont le CO_2, juste à la surface, entre l'air et l'eau, de manière plus intense là où il fait froid. Une réaction aux températures qui conditionne aussi la répartition du CO_2 de manière verticale dans les eaux plus profondes : comme le CO_2 se dissout plus facilement dans les eaux froides, celles-ci étant plus denses, elles convergent vers le fond de l'océan et entraînent le CO_2 avec elles.

Ensuite, le phytoplancton présent dans les eaux de surface absorbe du CO_2 et rejette du dioxygène grâce à la photosynthèse. Certaines espèces de ces organismes microscopiques stockent le carbone dans leurs squelettes qui, en se déposant au fond des océans à leur mort, piégera le CO_2 dans les sédiments marins, l'empêchant alors définitivement de participer à l'effet de serre.

Pour en revenir à notre question, le poumon de la Terre est donc bleu. Protégeons donc bien les océans, mais luttons aussi contre la déforestation de la forêt amazonienne qui est primordiale pour plein d'autres raisons. D'abord pour préserver sa biodiversité sans égale et éviter qu'elle ne soit un jour détruite à jamais (environ 160 kilomètres carrés sont détruits chaque jour, soit un terrain de football toutes les 4 secondes !). Mais aussi car la forêt amazonienne régule tout le climat de l'Amérique du Sud et maintient l'humidité en produisant de la vapeur d'eau. À cause de la déforestation, la région risque de graves problèmes de sécheresse… Ainsi, elle n'est peut-être pas le poumon mais bien un organe vital jouant un rôle sur le carbone, le climat, l'eau, la biodiversité et… les hommes !

« C'EST VRAI QUE C'EST GRÂCE AUX ARBRES QU'ON RESPIRE ? ET SI ON LES COUPE TOUS ? »

Tu as peut-être entendu dire que les arbres produisent l'oxygène qui nous permet de respirer. Et c'est vrai ! Nous, les humains, comme les animaux, inspirons de l'oxygène et expirons du dioxyde de carbone (le CO_2) en respirant. Et il se trouve que la nature a bien prévu les choses puisqu'en effet, les arbres, eux, font l'inverse : ils produisent de l'oxygène et absorbent du CO_2 (cela s'appelle la photosynthèse). Sauf que les arbres aussi respirent (par leurs racines et leurs feuilles) : ils consomment eux-mêmes une grande partie de l'oxygène qu'ils produisent, pour leur propre respiration ! Alors, qu'est-ce qui produit encore plus d'oxygène et permet aux humains et aux animaux de respirer ? Eh bien, c'est l'océan. On dit souvent que la forêt amazonienne est le poumon de la Terre, mais en fait ce sont les océans. Plus précisément, ce sont des micro-organismes végétaux et de minuscules algues appelés « phytoplancton », qui vivent dans l'océan qui produisent la majorité de l'oxygène que nous respirons. Comme les arbres et les plantes, le phytoplancton fabrique de l'oxygène et absorbe du CO_2, mais il fabrique beaucoup plus d'oxygène qu'il n'en consomme : c'est lui qui nous fournit l'oxygène dont on a besoin ! Voilà pourquoi il faut vraiment protéger tous les espaces naturels, les forêts, les organismes vivants, et en particulier la mer, car sans eux, même si on ne s'en rend pas compte, on ne pourrait pas vivre.

29

QU'EST-CE QUI POLLUE LA MER ?

TOUT ! Ou presque... La mer peut recevoir des déchets et des substances polluantes de manière directe (le mégot laissé sur la plage) ou indirecte (déchets apportés par les vents et la pluie), mais aussi et surtout par la pollution des fleuves et des cours d'eau qui s'y déversent, conséquences de traitements (ou non-traitement) des eaux usées selon les pays. Dans tous les cas, il y a ce qui se voit ensuite (le morceau de plastique qui flotte) et ce qui ne se voit pas mais qui détruit la faune et la flore sous-marines. L'ensemble de ces produits peuvent décimer et rendre non comestibles des populations entières de coquillages, de crustacés et de poissons.

En Amérique du Sud et aux Caraïbes, plus de 90 % des eaux usées domestiques finiront dans la mer... sans traitement, tout comme certains égouts au Japon, au Canada, en Corée du Sud et aux Philippines. Et avec elles les nettoyants ménagers, lessive, etc. Avec les eaux usées viennent les bactéries et virus qu'elles contiennent et qui peuvent subsister pendant des mois et se propager à ceux qui se baignent... On parle de millions de cas par an dus à la baignade dans des mers polluées de par le monde... et pas si loin de nous : la Méditerranée, la mer Noire et la Baltique sont particulièrement touchées. L'OMS a noté que, même dans des eaux dites « acceptables» » selon les normes européennes, il existe un risque d'être atteint d'une maladie après une seule baignade.

Les produits chimiques peuvent aussi être issus de l'agriculture industrielle à cause des pesticides charriés par les rivières, comme en Caroline du Sud où ils sont responsables de la moitié des disparitions de poissons. L'excès de fertilisants provenant des rejets agricoles a entraîné une multiplication des « zones mortes » dites « hypoxiques » c'est-à-dire à faible teneur en oxygène, où les écosystèmes ont été entièrement détruits, et où toutes les formes de vie supérieure ont disparu : seules restent des bactéries primitives. On en dénombre aujourd'hui près de 500, pour une surface d'environ la taille du Royaume-Uni. Dans la zone du golfe du Mexique, les produits déversés par le Mississippi y ont fait disparaître toute vie marine sur environ 25 000 kilomètres, créant la plus grande zone morte du globe.

Comme on l'a vu dans la question sur la pollution des sols, l'excès d'azote et de nitrates issus des élevages animaliers peut amplifier la prolifération d'algues envahissantes (phénomène d'eutrophisation) au point de transformer l'écosystème, décimer la flore et la faune marines sur lesquelles les algues prennent le dessus.

Autre forme de bio-invasion : celle qui vient du « déballastage » des cargos. Quand les navires de marchandises voyagent (malheureusement) à vide, ils connaissent un risque de se faire retourner par les vagues. Pour éviter cela, on les équipe de réservoirs remplis d'eau : les ballasts. Arrivés à destination pour charger la marchandise, ils les vidangent, rejetant et mélangeant ainsi les eaux de leur point de départ dans de nouvelles eaux avec ce qu'elles contiennent : particules, micro-organismes, œufs, spores, animaux... Ce phénomène participe au déplacement et à la dissémination d'espèces inopportunes qui menacent alors rapidement leur nouvel habitat et ses espèces. Au point qu'une Convention internationale pour la gestion des eaux de ballast a été proposée en 2004 par l'Organisation maritime internationale, concernant des procédures de renouvellement et de standardisation de ballast, dans le but de limiter la contamination d'espèces marines dans des écosystèmes qui leur sont étrangers.

Bien évidemment, on ne saurait parler de pollution marine dans un livre comme celui-ci sans blâmer les marées noires. Ou plutôt ceux qui en sont responsables, car derrière ce qu'on nomme une « catastrophe » se trouve quasi toujours une négligence humaine due à des armateurs sans scrupule. Ces derniers profitent des pavillons de complaisance, ou pavillons de libre immatriculation, c'est-à-dire un navire dont la propriété réelle et le contrôle se situent dans un pays autre que celui du pavillon sous lequel il est immatriculé (comme les célèbres *Liberia* et *Panama*). Peu contraint en matière de fiscalité, de sécurité ou de droit du travail, le navire peut donc naviguer sur des flots européens avec les lois d'un pays lointain... C'est la délocalisation et ses dérives ramenées jusqu'à nous ! Mal entretenus, vieillissants, ces navires qui, chez nous, partiraient à la casse continuent d'être en service et d'être utilisés de manière scandaleuse. Ils déversent ainsi discrètement dans l'eau le goudron qui tapisse le fond de leurs cuves pour s'en économiser le nettoyage (des centaines de milliers de tonnes), dont en Méditerranée. Les océans sont donc, à plus ou moins grande échelle, aujourd'hui contaminés de manière chronique par les hydrocarbures qui, selon les courants et les profondeurs, peuvent présenter les stigmates d'une marée noire pendant des dizaines, voire des centaines d'années...

Malheureusement, à ces catastrophes épouvantables s'ajoutent les « petits gestes polluants » qui, commis par un grand nombre d'habitants sur la planète, deviennent néfastes. C'est le cas de la crème solaire dont les filtres se répandent dans l'eau à chaque baignade, forment un film à la surface et, selon leur nature, tuent le corail en contaminant les algues avec lesquelles il vit ou sont absorbés par les organismes marins. Les filtres naturels utilisés dans les formules bio (dits « minéraux » car composés de poudres de dioxyde de zinc ou de titane qui agissent comme des miroirs), ne sont pas chimiques mais coulent et se déposent sur le fond des mers comme un tapis recouvrant et étouffant tout ce qui s'y trouve.

Ceci dit, ce n'est sans doute rien comparé aux rejets de déchets nucléaires radioactifs à haute activité qui ont pu avoir lieu jusque dans les années 1970. Stockés dans des fûts métalliques qui rouillaient rapidement à cause de la corrosion, cela a heureusement été interdit depuis. La nocivité des déchets nucléaires est telle que seul le stockage des déchets à moyenne et faible activité est autorisé et que la gestion de ces déchets est aujourd'hui extrêmement encadrée. Notons que la radioactivité est un mot qui fait peur mais qu'elle est un phénomène physique naturel : la banane est un des aliments les plus radioactifs (avec les pommes de terre ou les noix) et pourtant parfaitement inoffensive.

Les ordures en tous genres s'échouent sur les plages, s'agglomèrent ou s'accumulent en plaques de déchets flottants dont les plastiques sont les premiers composants. Le plastique au sens large (dont le polystyrène, ces petites billes blanches qui flottent et que les animaux prennent pour de la nourriture) est l'ennemi numéro un de la mer et représente la majorité des objets polluants que l'on y retrouve : le mégot de cigarette, les emballages, les bouteilles en plastique, les sacs plastiques. Arrivent en cinquième position les capsules de boissons type bière, puis les couverts en plastique, les pailles en plastique, les bouteilles en verre, les canettes et les sacs en papier (vous savez ce qu'il vous reste à faire – à part nettoyer les mers, je veux dire).

« MAIS QUI A JETÉ CE SAC SUR LA PLAGE ? ILS SONT MAL ÉLEVÉS, LES GENS ! »

Tout ce que l'on verse, dépose, jette dans la mer peut nuire aux poissons, aux algues et à l'équilibre tout entier des océans. Il peut s'agir d'un adulte qui écrase sa cigarette dans le sable : celui-ci polluera des centaines de litres d'eau et mettra des dizaines d'années à disparaître, pouvant en cours de route être mangé par un animal marin. Mais cela peut aussi être que ce l'on met dans nos eaux usées quand on prend sa douche, quand on fait la vaisselle ou les produits que l'on jette parfois dans les toilettes. Bien sûr, les entreprises et leurs usines peuvent faire pareil dans des quantités bien plus grandes, ainsi que les agriculteurs avec leurs produits qui passent dans le sol via la pluie et finissent dans les rivières puis dans la mer. Il y a aussi les déchets qui s'envolent, ceux qui s'échappent de nos poubelles ou que des gens tous jettent dans l'eau comme si la mer était une poubelle. Ça fait beaucoup beaucoup d'objets qui flottent dans la mer, et beaucoup de plastique... Il y a enfin et surtout le pétrole, qui peut tout tuer sur son passage, quand il s'échappe d'un des énormes bateaux qui le transportent. C'est ce qu'on appelle une marée noire. Enfin, ce n'est pas vraiment de la pollution, mais la pêche cause le plus gros problème : elle enlève tellement de poissons de la mer qu'il y en a de moins en moins. Et surtout, quand les pêcheurs sur d'immenses bateaux grands comme plusieurs immeubles flottants veulent attraper des sardines, s'ils pêchent aussi un dauphin, celui-ci ne pourra pas être sauvé. Du coup, pour chaque pêche, ce sont des millions d'animaux que l'on tue pour rien.

30

POURQUOI RÉDUIRE SA CONSOMMATION ET SON UTILISATION DE PLASTIQUE EN PRIORITÉ ?

Le plastique est suffisamment résistant (autant que l'aluminium) pour pouvoir répondre à de nombreux besoins, mais à la fois trop fragile pour durer sans se dégrader. Le problème du plastique est sans réelle issue car… il ne disparaît JA-MAIS. On le transforme, on le recycle, il se disperse en fragments de plus en plus petits, jusqu'à devenir de microplastiques invisibles mais il est toujours là. Or la majeure partie du plastique fabriqué dans le monde devient un déchet en… moins d'un an ! Et malheureusement, 40 % du plastique fabriqué sert à produire des emballages qui n'auront donc aucune utilité pérenne. C'est complètement incroyable, quand on y pense, qu'une matière qu'on a mis des semaines à produire, ne serve que quelques heures mais continuera à polluer pendant des centaines d'années !

D'autant qu'il n'existe pas qu'un plastique mais des centaines ! On le transforme grâce à des molécules chimiques appelées « polymères », ainsi que des additifs et des « adjuvants » qui permettent de le colorer, de le déformer, de le durcir ou de l'assouplir. Sa fabrication exige donc des composants extrêmement nocifs pour la planète et toxiques pour l'homme (comme les phtalates ou le bisphénol A et le pétrole) et en plus il finit sa vie en micropaillettes qui s'infiltrent partout et polluent insidieusement. Pourtant la production mondiale de plastique n'a jamais cessé d'augmenter. Pire, les pétroliers arrivent à vendre les sous-produits et les dérivés du pétrole qui n'intéressent pas l'industrie automobile à l'industrie pétrochimique pour en faire des plastiques de piteuse qualité mais au prix toujours plus bas[37].

In fine, les microplastiques sont ingérés par les poissons qui seront ensuite pêchés et que nous ingérerons à notre tour, plastique compris. Le problème est donc écologique mais aussi sanitaire : quand on achète un plat industriel en barquette, le plastique peut migrer dedans, notamment quand on le réchauffe dedans. Quand on utilise une boîte alimentaire, une assiette ou une planche à découper en plastique, ce sont les miettes issues des coupures que l'on disperse dans les aliments. Selon une enquête du WWF, nous en ingérons ainsi près de 5 grammes par semaine. Et contre cela, le recyclage ne peut rien... il est juste « moins pire », et encore quand le plastique entre dans une filière car tous ne peuvent pas être transformés (pot de yaourt, emballage de jambon ou charcuterie industrielle, packaging de cosmétiques, tubes type dentifrice faits de plusieurs couches indissociables...). Dommage, car le plastique utilisé revêt une réelle valeur et peut générer de l'argent : il ne devrait jamais être jeté mais être valorisé, surtout dans les pays les plus pauvres où il n'est paradoxalement pas du tout pris en charge. La collecte du plastique par les populations les plus démunies s'y organise de manière sauvage et spontanée (ou proposée par des projets éco et sociaux responsables comme la Plastic Bank). Seule solution pour éviter ce cycle de vie absurde, c'est de ne pas avoir de plastiques à jeter, et donc de ne plus en acheter.

« IL FAUT QUE LES GENS ARRÊTENT DE FABRIQUER DU PLASTIQUE, ÇA TUE LES POISSONS, IL FAUT LEUR DIRE ! »

Le plastique permet de faire des choses incroyables, malheureusement, il est tellement pratique qu'on l'utilise beaucoup trop, surtout pour des choses qui vont être jetées ensuite. Il est fabriqué à partir de pétrole, ce qui est polluant, mais surtout, afin de faire des plastiques différents, on lui ajoute des ingrédients pour le colorer, le rendre mou ou dur. Et ces ingrédients-là sont très très nocifs pour notre corps, pour la nature et pour les animaux.

Et le vrai problème du plastique, c'est qu'il est presque immortel : impossible de s'en débarrasser ! Il peut se casser en tout petits bouts, des miettes minuscules, mais il deviendra juste invisible, il n'aura pas disparu pour de vrai.

Alors, ces microplastiques vont voyager depuis les poubelles, depuis les usines, depuis le sac plastique qui se décompose dans la nature ou dans la mer jusque dans les moindres recoins du monde. En haut des montagnes portés par le vent, ou au fond des mers emportés par les rivières, ils polluent tout, partout, tout le temps. Ensuite, les animaux les absorbent sans s'en rendre compte et si on mange ces animaux, les poissons surtout, alors on en mange aussi. Le recyclage le transforme en d'autres objets mais n'empêche pas les industriels d'en fabriquer encore pour faire de nouveaux emballages ou des produits neufs. Donc, pour que l'on arrête de fabriquer du plastique, il faut arrêter d'en acheter. On a de la chance, aujourd'hui, il existe plein de magasins qui proposent des produits sans emballages, de la nourriture que l'on paie au poids dans un sachet papier et plein d'alternatives sans plastique. Tu savais que le dentifrice, ça peut se présenter comme un caillou sec sur lequel on frotte la brosse à dents ou comme une pastille dure qui fond dans la bouche, sans tube plastique polluant ? Essaie, c'est rigolo.

Le 7e continent

Il y a aujourd'hui dans l'eau des mers du globe tant de microplastiques qu'au gré des courants mondiaux, ils se sont réunis dans des amas flottants si étendus qu'on les appelle les « continents de plastique ». Le premier, appelé le 7e continent, possède une densité où la masse de plastique est 6 fois plus élevée que celle du plancton, et sa superficie (qui s'étend de jour en jour) est égale à 6 fois celle de la France. À côté de cette première « décharge marine » découverte en 1997 au nord-est de l'océan Pacifique, entre l'archipel d'Hawaï et le Japon, s'en sont formées quatre autres, une par océan. Le temps qu'ils y soient entraînés, les déchets plastiques type bouteilles d'eau et autres sacs et objets divers ont été érodés par les rayons ultraviolets, la chaleur du soleil, le sel de l'eau, ses mouvements et les micro-organismes. Ces « soupes de plastique » mêlent ainsi fragments de plastiques durs, d'emballages, de fibres textiles synthétiques qui font, pour 90 % d'entre eux, moins de 5 mm de long. Or le plastique attire de nombreuses substances, ce qui favorise la colonisation et l'accrochage d'organismes qui créent un nouvel écosystème ! On y trouve des algues unicellulaires, mais aussi des virus et des bactéries de toutes sortes, dont le Vibrio, de petites bactéries mobiles. Ce phénomène de « plastisphère[38] » devient inquiétant quand on sait que le Vibrio peut servir de support à des algues toxiques et qu'il s'agit d'un agent pathogène pour les organismes vivants.

Dur de se rendre compte de l'ampleur du phénomène, trop loin pour réaliser ? Eh bien, cela se produit tout près de nous, en Méditerranée. Cette mer qui représente une incroyable réserve de biodiversité, étant malheureusement refermée sur elle-même, connaît aujourd'hui une concentration de plastiques mettant en danger toutes les espèces marines, en particulier dans le Sanctuaire Pelagos, un espace maritime pourtant classé « aire spécialement protégée d'importance méditerranéenne » (ASPIM) pour le protéger des mammifères marins qui le fréquentent (dauphin, rorqual commun, cachalot, phoque moine...). Mais les microplastiques n'ont pas besoin de passeport et se fichent des zones protégées...

Les 5 principaux continents de plastique

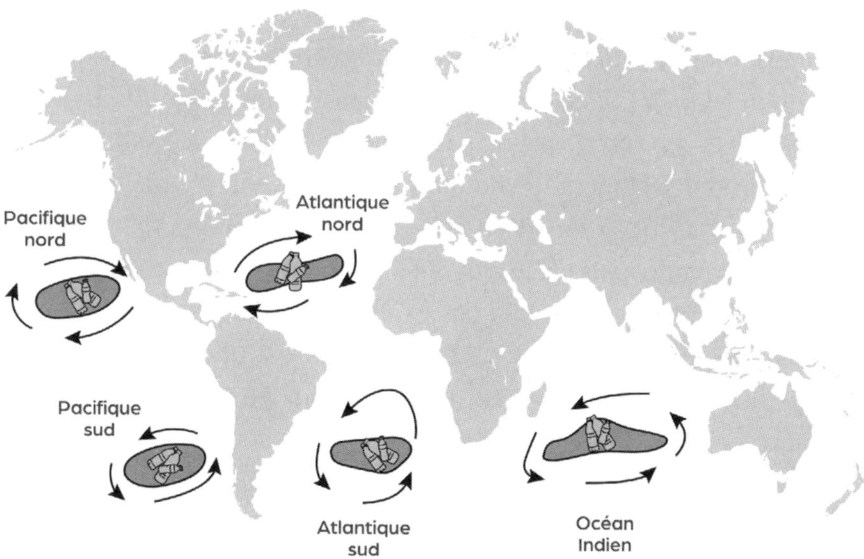

31

POURQUOI FAUT-IL RÉDUIRE SES DÉCHETS ?

D'après le rapport de l'Eurostat 2014, la production de déchets ménagers en France, avec 511 kilos de déchets par an et par habitant, est malheureusement bien au-dessus de la moyenne européenne. Or réduire ses déchets implique d'abord soit de moins consommer, ce qui contribue à limiter l'épuisement de ressources renouvelables et non renouvelables qui auraient été utilisées pour les objets que l'on n'a pas achetés, soit de consommer en choisissant des produits (alimentaire notamment) dépourvus d'emballages, les fameux produits « zéro déchets ». Ensuite, la diminution de la durée de vie des appareils électriques et électroniques et le rachat d'équipements plus récents sont des exemples de surconsommation de matières premières faciles à corriger. Et c'est urgent ! En France, les déchets sont traités en décharge pour 38 % de nos déchets non recyclés, ou en incinérateur. Dans une décharge, lors de leur décomposition, les ordures ménagères rejettent du méthane, ce puissant gaz à effet de serre, ainsi que d'immondes « jus » (appelés « lixiviats ») pendant des dizaines d'années. Ces derniers, très toxiques pour les sols, présentent un risque d'écocide en cas de rupture des protections de la décharge. En incinérateur, alors qu'ils sont brûlés, les déchets émettent des fumées très toxiques qu'il est nécessaire de filtrer. Ce processus a un revers : il produit des résidus, véritables concentrés de cette toxicité qui retournent à la décharge avec tous les « restes », c'est-à-dire ce que l'incinération n'a pas réussi à brûler. Pour finir, les déchets organiques (restes alimentaires, épluchures, etc.) étant très humides, ils sont plus durs à brûler, ce qui demande un surplus d'énergie.

Bref, réduire ses déchets diminue la pollution de l'air, de l'eau mais aussi des sols et représente également un enjeu fort en termes de santé et d'économie. Car la gestion des déchets, entre la collecte, le transport, les centres de tri, les centres d'enfouissement, leur recyclage ou leur valorisation énergétique et leur traitement, tout cela présente un coût économique faramineux pour les collectivités et la société en général.

« LES POUBELLES, ELLES VONT QUELQUE PART AVEC LE CAMION VERT ? »

Quand on achète un produit, on achète avec lui une partie dont on sait qu'elle sera jetée, parfois très vite : soit l'emballage extérieur, soit le contenant (une bouteille plastique de gel douche par exemple, quand elle sera vide), soit le produit lui-même tout de suite après l'avoir acheté ou utilisé. C'est ce qu'on appelle des produits à usage unique : les cotons-tiges, les bouteilles, le sachet de biscuits... Pourtant ils auront demandé beaucoup d'efforts et d'énergie pour exister... Tout ça pour finir à la poubelle ! Ensuite les poubelles partent dans le camion vert, qui consomme de l'essence, pour être triées et emportées à des centres qui vont soit les brûler, soit les entasser dans une décharge, soit... les enterrer dans le sol ! Non seulement ça coûte cher, mais surtout c'est terrible pour l'environnement ! En brûlant, le mélange d'objets, de plastiques et de nourriture qu'il y a dans les poubelles forme une fumée très toxique, et les décharges émettent du méthane qui est un gaz à effet de serre. Quant à enfouir des déchets sous terre, je te laisse imaginer si c'est bon ou pas pour les plantes et les animaux. Bref, il vaut mieux acheter des produits sans emballages, en vrac, ou juste dans une boîte en carton comme le savon ou le shampoing solide, et s'initier au zéro déchet. Comme un jeu, on peut peser ses déchets chaque semaine pour voir si on progresse !

32

QU'EST-CE QUE LA POLLUTION NUMÉRIQUE ?

On appelle « pollution numérique » la pollution générée par la fabrication de nos équipements numériques (smartphones, ordinateurs, tablettes, TV, box Internet, disques durs, etc.) jusqu'à leur fin de vie mais aussi par les différents usages que nous en faisons. Le secteur du numérique mondial est aujourd'hui responsable de près de 4 % des émissions de gaz à effet de serre mondiales. Un chiffre qui devrait doubler d'ici à 2025 si aucun changement n'a lieu.

Trois choses sont principalement responsables dans cette pollution : tout d'abord la fabrication des terminaux, tant pour les particuliers que pour les entreprises, que pour fabriquer les data centers, ces ordinateurs XXL qui stockent les données d'Internet. Ensuite, bien sûr, les déchets issus de ces appareils : en 2018, 55 millions de tonnes de « e-déchets » ont été produits, majoritairement non recyclés, et brûlés ou enterrés dans les décharges. Enfin, en troisième lieu, ce que l'on sait moins, c'est que les pratiques des utilisateurs liées à Internet génèrent aussi du CO_2 : visionner un film en streaming, utiliser un objet connecté, utiliser les réseaux sociaux avec leurs photos et vidéos, faire une recherche sur Google ou consulter un site Web, envoyer un mail avec une pièce jointe… Toutes ces actions nécessitent une activité numérique qui demande beaucoup d'énergie et émet des gaz à effet de serre. Une recherche Internet sur Google = 7 g de CO_2 émis, un mail = 10 g de CO_2... Multiplié par tous les utilisateurs... ça pèse lourd dans la balance climat ! Tous ces usages sont en effet dépendants des fameux centres de données (data centers) qui hébergent les contenus que l'on consulte, que l'on reçoit ou que l'on envoie. Pour éviter la surchauffe de ces monstres digitaux qui tournent à plein régime sept jours sur sept, il faut les refroidir en permanence grâce à une climatisation surpuissante à la consommation électrique proportionnelle. Un data center de taille moyenne consomme autant qu'une ville de 40 000 habitants ! Or le volume d'informations traitées et collectées ne fait qu'augmenter... Ces géants technologiques, parfois bien cachés dans des immeubles ordinaires, sont aujourd'hui les piliers de l'économie : pas de data centers, pas d'Internet. Leur destruction ferait s'effondrer les indices boursiers et paralyserait les systèmes d'information des plus grandes entreprises qui en sont donc dépendantes. Leurs infos sont d'ailleurs dupliquées dans plusieurs centres en cas de panne, sans quoi les transactions financières seraient perdues, menant à leur perte les banques, les places de marché mais aussi toutes les entreprises qui ont externalisé leurs services de gestion.

Parmi les usages les plus responsables qui eux aussi dépendent des centres de données, j'attire votre attention sur le streaming (Netflix, vidéos en ligne...). Selon un rapport de « The Shift Project », les vidéos en ligne représenteraient près de 1 % des émissions de gaz à effet de serre à l'échelle mondiale, avec notamment les vidéos à la demande de films et de séries (31 %), la pornographie (27 %), les vidéos type YouTube (21 %) et les vidéos hébergées sur les réseaux sociaux (18 %)[39]. Ajoutées à d'autres usages de la vidéo plus particuliers, comme Skype, elles représentent 80 % du trafic de données en ligne selon le rapport, confirmant les chiffres de l'Ademe, qui recommande de préférer au streaming le téléchargement, moins énergivore.

Mais, bien sûr, il n'y a pas que la consommation d'énergie (= les émissions de CO_2) qui pose problème, il y a aussi la voracité en ressources : au total, plus de 50 métaux différents sont par exemple nécessaires à la production de nos smartphones ! Cuivre, lithium, or, cobalt... Des matières dont l'extraction frénétique pollue terriblement l'environnement, épuise les ressources, fragilise les écosystèmes en plus d'exploiter les habitants de ces régions. Cette guerre des métaux rares est d'ailleurs source de tensions géopolitiques entre les grandes puissances. Or, en 2019, le monde comptait environ 8 appareils par personne (faites le calcul pour vous, pour voir, en comptant écrans, objets connectés dont les enceintes et les montres que vous possédez). Un chiffre qui pourrait tripler d'ici à 2025 avec un impact environnemental proportionnel.

À ce sujet, que font les géants du numérique, fabricants de matériel ou empires des données, comme Google, Microsoft, Apple, Facebook ou Amazon avec Prime Video ? Ils tentent tous de mettre en avant leurs bonnes pratiques pour compenser leur responsabilité majeure. Mais l'obsolescence programmée évidente des produits va clairement à contre-courant de ce qu'il faudrait : que les appareils soient conçus pour durer... Tous visent d'avoir un bilan carbone négatif d'ici à 2030, comme l'ont annoncé récemment Microsoft et Apple. De nobles et louables ambitions malheureusement entachées de greenwashing. Microsoft, par exemple, a conclu en 2019 des partenariats avec la plus grande compagnie pétrolière mondiale Exxon Mobil afin que le géant pétrolier puisse utiliser la technologie de Microsoft pour augmenter sa production de pétrole de 50 000 barils par jour au cours des prochaines années !!! Une quantité supplémentaire de CO_2 libérée dans l'atmosphère qui ne sera évidemment pas prise en compte dans le bilan carbone de Microsoft[40].

Le rapport « Pour une sobriété numérique » du think tank « The Shift Project » constitue une excellente base de réflexion pour les décideurs, les entreprises et les particuliers, afin de prendre en compte l'impact environnemental de leur transition numérique dans leurs choix[41]. Le but étant de maximiser l'impact positif du numérique sur l'environnement, et de minimiser ses impacts négatifs. De notre côté, tentons d'abord de réduire le temps passé devant nos écrans (lire de bons vieux livres est formidable...) et de diminuer notre consommation d'équipements numériques, rien de plus simple !

« MAIS IL N'Y A PAS DE FUMÉE QUI SORT DE LA TABLETTE, ÇA NE POLLUE PAS ! »

Parfois, quand on regarde un dessin animé sur un ordinateur, les images ne sont pas dans l'ordinateur, mais dans un endroit lointain qui les envoie jusqu'à nous. Ce procédé fait fonctionner beaucoup de machines, qui chauffent fort, demandent de l'électricité pour les faire marcher et les refroidir. Il vaut mieux que le dessin animé soit sur un DVD si tu en as, ou stockés sur l'ordinateur : pas besoin de le faire venir en utilisant Internet. Et puis, les appareils eux-mêmes sont très polluants à fabriquer, les petits éléments qu'ils contiennent viennent de très loin, des hommes (et parfois des enfants) doivent aller dans les mines les chercher : ils sont très très précieux. Il faut donc les garder le plus longtemps possible, ne pas en racheter toujours de nouveaux et limiter leur utilisation. Plus tard, tu auras une adresse mail, comme une boîte aux lettres sur l'ordinateur, avec laquelle tu pourras envoyer des messages, des photos... Il faudra bien les effacer au fur et à mesure car eux aussi sont conservés dans les grosses machines qui chauffent.

« On est donc loin d'une économie circulaire et plutôt dans une économie de type "tire-bouchon" où on continue d'extraire des ressources et d'accumuler des déchets plastiques persistants. »

Nathalie Gontard, directrice de recherche scientifique spécialiste des emballages alimentaires, autrice de *Plastique, le grand emballement*.

AT : Comment expliquer la problématique du plastique aujourd'hui ?

NG : Le coût très faible du plastique, sa versatilité et sa disponibilité en grande quantité lui ont permis de s'imposer dans TOUS les secteurs, de l'agroalimentaire aux industries du vêtement, du sport, de l'informatique ou encore du médical. Il a été utilisé sans modération car personne ne s'inquiétait de son devenir après usage. Amusez-vous à recenser tous les plastiques de la pièce ou vous vous trouvez, sans oublier les invisibles type revêtements et vernis : vous prendrez conscience de notre niveau incroyablement élevé de dépendance au plastique, quels que soient notre âge et notre profession. Nous consommons aujourd'hui au moins l'équivalent de notre poids corporel par personne et par an de plastique. La consommation de plastique est d'ailleurs parfaitement corrélée au PIB d'un pays, ce qui signifie que les pays riches sont les plus gros consommateurs de plastique, et par ricochet les plus gros générateurs de pollution plastique. Or dans les analyses d'impact environnemental le plastique s'en sort toujours plutôt bien car on ne sait pas mesurer, ou plutôt chiffrer, son impact sur l'environnement et la santé humaine à très long terme. Pourtant, son principal problème est précisément sa durée de vie quasi illimitée : dans la nature, il ne disparaît jamais. Il se dégrade en microparticules qui deviennent invisibles, il est éparpillé mais il est toujours là… et s'incruste dans nos organes.

AT : Que dire du recyclage ? Qu'est-ce qui ne fonctionne pas ?

NG : Le vrai recyclage consiste à régénérer à l'infini et à l'identique un matériau après usage, comme le verre et le métal. Or le terme recyclage a été détourné par nos spécialistes du « faire d'une pierre deux coups » : faire disparaître nos déchets plastiques tout en créant de la valeur économique. Le meilleur des « recyclages » du plastique est celui des bouteilles en PET, qui consiste à éliminer les contaminants potentiellement toxiques absorbés par les polymères, mais il ne s'applique véritablement qu'une seule fois pour le reproduire à l'identique, car le plastique se dégrade pendant le processus. C'est-à-dire que les 50 g de plastique vierge serviront à contenir deux fois votre litre de lait. Une première fois sous sa forme vierge et une seconde fois sous forme recyclée. Et il ne concerne que 2 % des plastiques que nous utilisons : ce recyclage peut donc réduire au mieux de moitié ces 2 %. C'est mieux que rien mais ça reste limité. Tous les autres recyclages débouchent sur de nouveaux usages d'un plastique « dégradé » qui remplace alors des matériaux bénins comme le bois, le métal ou la terre cuite. Nos déchets plastiques sont ainsi « stockés » sous forme de bancs, de vêtements, de cintres, de pots de fleurs ou de murs d'écoles dans les pays du Sud. Le recyclage du déchet plastique n'est qu'une transformation qui le camoufle quelque part. Ce qui non seulement ne le fait pas disparaître mais en plus lui permet de continuer à se dégrader en microparticules là où il a été « recyclé », et encourage même notre consommation car nous déculpabilisons. On est donc loin d'une économie circulaire et plutôt dans une économie de type « tire-bouchon » où on continue d'extraire des ressources et d'accumuler des plastiques persistants. Les pays les plus vertueux qui recyclent 25 à 40 % de leurs déchets plastiques comme la Norvège ou l'Allemagne n'ont d'ailleurs pas diminué leur consommation de plastique vierge. Si on savait vraiment recycler, on puiserait simplement dans nos gigantesques réserves de vieux plastiques sans plus avoir besoin de produire et consommer de plastique vierge.

AT : Pourquoi le plastique en particulier pose un problème ravageur ?

NG : Qui pouvait penser que le plastique aurait un comportement différent de toutes les matières que l'humain a utilisées jusqu'à aujourd'hui ? Car il ne se solubilise pas (comme les métaux, la pierre ou le verre le font pour reminéraliser les eaux et les terres) et il n'est pas non plus digéré par les micro-organismes (comme les matières organiques naturelles, le papier, le carton, le coton ou le cuir). Le plastique ne peut réintégrer aucun des grands cycles biogéochimiques de la nature. Au lieu de ça, il se fragmente, devient invisible et s'invite pendant des dizaines, voire des centaines d'années dans tous les compartiments de notre environnement, jusque dans les organes des êtres vivants, sous la forme de particules fines. On ne dit pas assez souvent qu'il peut se charger en polluants, qu'il transporte où bon lui semble, ce qui augmente encore le risque lié aux déchets plastiques.

Tant qu'on le voit, on sait où il est… Un morceau de polystyrène sale qui traîne dans un champ, c'est moche, mais certainement pas aussi dangereux que celui qui se sera fragmenté et qui va s'inviter dans votre assiette sans que vous le sachiez. On en retrouve partout car le mécanisme est implacable : plus il est petit, plus il voyage facilement et plus il se charge de tous les polluants qu'il rencontre sur son chemin, pour aller ensuite s'installer… absolument partout, jusque dans les zones les plus reculées de la planète : les fosses océaniques les plus profondes, les glaciers de l'Arctique ou le placenta d'animaux marins, et bien sûr très près de nous, dans nos eaux courantes, nos aliments, notre placenta. La dangerosité du plastique après utilisation n'a pas été anticipée et l'on découvre aujourd'hui sa face sombre. Et encore, les microplastiques que l'on trouve actuellement ne constituent que la minuscule partie émergée de l'iceberg à venir, la majorité des plastiques utilisés n'ayant pas encore eu le temps de se dégrader jusqu'à la taille microscopique lui permettant de voyager.

AT : Les bioplastiques sont-ils vraiment moins nocifs ?

NG : Plus l'inquiétude monte sur le devenir des déchets plastiques, plus l'inventivité croît du côté des concepteurs de plastiques « verts ». Le terme « bioplastique » a été déformé par les acteurs du commerce et aujourd'hui il est source de confusion. Il regroupe en effet des plastiques qui peuvent être : biodégradables sans être biosourcés, biosourcés sans être biodégradables ou à la fois biosourcés et biodégradables.

Le terme « bioplastique » veut le plus souvent dire biosourcé. Dans la jungle des plastiques « verts », c'est l'espèce la plus abondante. Au lieu d'être tirés d'hydrocarbures, ces matériaux recourent à des ressources renouvelables, maïs ou canne à sucre, pour calmer notre crainte du manque de pétrole. Les bouteilles végétales et les objets en plastique vert se sont multipliés dans tous nos supermarchés. Ces « bio-PE » ou « bio-PET » présentent les mêmes performances et les mêmes inconvénients que leurs homologues pétro-sourcés : les procédés chimiques appliqués au matériau biosourcé végétal en font un plastique qui se comporte exactement comme ceux issus de la pétrochimie. Un sac en polyéthylène issu de canne à sucre, par exemple, présente la même structure moléculaire que son jumeau à base de pétrole et mettra donc des siècles à se minéraliser. Non seulement, il n'est pas biodégradable, mais sa production consomme des ressources, souvent dans les pays du Sud, qui ne seront plus disponibles pour l'alimentation humaine. Est-il bien raisonnable d'utiliser des ressources alimentaires pour fabriquer des sacs-poubelle, alors qu'on s'inquiète de pouvoir nourrir 10 milliards d'êtres humains en 2050 ?

Le terme « bioplastique » peut aussi désigner un plastique biodégradable. Si un matériau est capable de réintégrer le cycle du carbone en milieu naturel, comme les PHAs ou les fibres sur lesquels je travaille, alors c'est une solution intéressante. Mais le préfixe bio- ne signifie pas exempt de produits chimiques de synthèse. L'Union européenne a réussi à déformer la définition du mot « biodégradable », pour faire entrer dans leur composition des matières qui ne le sont pas vraiment comme le PLA (acide polylactique). Obtenu à partir d'acide lactique fabriqué par des micro-organismes, ce plastique ne se dégrade que dans des composteurs industriels à plus de 60 °C, mais pas en conditions naturelles. Si vous le mettez dans un compost ménager ou s'il est abandonné dans la nature, il ne se dégradera pas mieux qu'un plastique conventionnel ! Il est possible de détruire le PLA proprement mais il faut le collecter à part, et le traiter spécifiquement dans des composteurs industriels. Or ces filières de collecte ne sont pas encore organisées, y compris en France. Dans la confusion générale, et avec le souci de bien faire, beaucoup de consommateurs jettent donc leurs emballages en PLA dans la poubelle de recyclage, déclenchant des migraines chez les recycleurs. Car dans une chaîne de recyclage classique, il fond dès que la température augmente et perturbe le processus. En plus des couverts ou gobelets jetables, le PLA s'est pourtant imposé dans des applications textiles, ou encore pour de l'impression 3D « plus verte ». La difficulté pour le consommateur est donc de faire la différence entre les deux interprétations du mot « bioplastique » et « biodégradable », en composteur ou dans la nature.

AT : Existe-t-il un plastique vertueux ?

NG : Un plastique vertueux devrait pouvoir être réutilisé et recyclé plusieurs fois, puis en fin de vie rejoindre impérativement le cycle naturel du carbone pour ne pas persister et y être régénéré par photosynthèse. Un matériau vraiment biodégradable est aussi inoffensif qu'une pelure de pomme car il est capable de se dégrader complètement dans la nature en quelques mois. Il peut finir sa vie dans le compost du fond du jardin et s'y décomposer en quelques mois pour redevenir engrais. Et même s'ils venaient à être enfouis dans une décharge, ces objets se décomposeraient et rejoindraient le cycle de la matière sans difficulté. Les plastiques biodégradables en conditions naturelles ne présentent, par définition, pas le risque de finir un jour en particules fines et offrent donc une solution incontournable au problème de la pollution plastique. Mais la presse s'est fait récemment l'écho de la biodégradabilité douteuse du PLA, jetant ainsi le discrédit sur l'ensemble des plastiques biodégradables et leur opposant à tort le « recyclable ». Pourtant, rien n'empêche un matériau biodégradable d'être recyclé, comme c'est le cas pour les papiers et cartons. Ce qui m'amène à plaider pour la transparence et le devoir d'information du citoyen par nos pouvoirs publics, comme nous l'avons fait pour les méfaits de l'alcool. L'emballage idéal n'existera pas tant que l'on n'aura pas le courage de regarder en face les conséquences de notre boulimie de biens matériels sur notre bien-être immédiat, mais aussi sur celui de nos arrière-petits-enfants. Le plastique à privilégier – si vraiment il faut du plastique – sera biodégradable en conditions naturelles. Et si possible biosourcé, mais à partir de matières premières non alimentaires.

AT : Quelles solutions ?

NG : Nous devons avoir le courage de reconnaître notre addiction pour ralentir notre consommation jusqu'au strict nécessaire. Car aujourd'hui tous les recycleurs, tous les inventeurs de « nouveaux matériaux » ne suffiront pas à éponger la marée de déchets plastiques. Le combat doit se faire à la fois en amont et en aval… mais d'abord en amont : il faut supprimer la source du danger. Ne faut-il pas fermer le robinet avant de se jeter sur les serpillières pour éponger une maison inondée ? Surtout quand les serpillières sont peu efficaces car chacune d'entre elles ne peut absorber qu'une toute petite partie des déchets que nous produisons. Toutes ces solutions mises bout à bout ne couvrent qu'une infime partie de l'étendue immense du problème plastique. Notre priorité est donc de réduire notre consommation au juste nécessaire. Le plastique offre des services indispensables qui ne sont parfois offerts par aucun autre matériau. C'est un chantier énorme que chaque individu, chaque corps de métier et secteur de l'économie, doit prendre à bras-le-corps pour réduire sa consommation de plastique vierge. C'est aussi aux pouvoirs publics de nous fixer des objectifs en termes de réduction de notre consommation de plastique vierge, peu importe le chemin à parcourir et les moyens à mettre en œuvre pour y arriver.

« On vient remplacer les technologies classiques, ou leur additionner une technologie verte qui repose sur des ressources qui ne sont pas du tout vertes. »

Guillaume Pitron, journaliste et réalisateur spécialiste Afrique et matières premières, auteur de *La Guerre des métaux rares. La face cachée de la transition énergétique et numérique*.

AT : Quel est le problème avec les technologies dites « vertes » comme la voiture électrique ?

GP : L'enjeu de la transition peut se résumer à : « Comment est produite de l'énergie ? » Car on juge le bien-fondé de ces technologies uniquement quand on les utilise, en ignorant la partie de la pollution liée à la fabrication et à l'après-utilisation. Ceci est d'ailleurs valable que l'on achète une orange, un jean ou un téléphone : on ne sait pas précisément comment ils ont été produits et comment ils seront recyclés. On incite le consommateur à regarder uniquement ce qui se passe quand il est utilisateur, or pour apprécier les qualités « vertes » d'un produit, il faut le replacer dans son cycle de vie complet. Les fabricants cultivent l'ignorance sur l'ensemble des processus industriels qui sont en général opaques et les sous-traitances poussées à l'extrême, au bout du monde. Or délocaliser les chaînes de production, c'est invisibiliser les conditions de fabrication. Les technologies vertes n'échappent pas à cela et nous devenons complices sans le savoir. C'est pourtant le discours des industriels et des politiques écologistes qui vantent de nouvelles générations de produits prétendus responsables et solidaires alors que les processus de production sont identiques à ceux des produits classiques, polluants. En résumé : les technologies dites vertes ne peuvent pas l'être.

AT : Mais alors, être écolo est une utopie impossible à réaliser ?

GP : Si on reste intégré à la société, en tout cas. Car si on pousse la logique jusqu'au bout, pour être parfaitement écolo, il faut être locavore, vivre en autonomie, etc. Là, oui, l'impact sera nul. Dans la société aujourd'hui, rien n'est écologique mais on ne peut pas arrêter de vivre, et personne n'a envie de revenir en arrière et de vivre comme au XIXe siècle ! En revanche on peut se dire : « Qu'est-ce qui a le moins d'impact possible ? » Ce qui me gêne, c'est surtout le discours sur les nouvelles technologies. Pour les légitimer il y a toujours deux axes : « on sauve la planète » et/ou « on sauve des vies ». Moi je ne veux pas pousser l'écologie à son maximum, je pense qu'on peut vivre intelligemment avec le progrès. Mais ce qui est inquiétant, c'est que ces mêmes technologies ont des corrélations ambiguës et sont utilisées pour des usages militaires, pour faire la guerre, par exemple.

AT : Et qu'en est-il des métaux rares utilisés pour fabriquer les technologies dites « vertes » ?

GP : Un jour on dira que le « vert » est trop sale. Le « vert » ne fait que déplacer le problème : pour faire une éolienne, il faut du cuivre, de l'acier ; pour 25 % d'entre elles, les plus grosses, on trouve jusqu'à 1 tonne (!) de néodyme par éolienne. *Idem* pour les panneaux solaires : il faut du silicium, le principal métal utilisé pour les fabriquer, et il est produit en Chine. À ce titre, c'est un métal « critique » : seule la Chine le produit. Si elle en stoppait l'exportation, nous n'aurions aucune solution de remplacement. Cette situation de dépendance crée des risques de pénurie, pas parce qu'il en manque en termes de matière sur la planète mais au sens géopolitique. De même les éoliennes et le solaire nécessitent beaucoup de cuivre pour être raccordés et distribuer l'électricité, qui exige, pour être stockée, des batteries et donc du lithium et des métaux rares…

En termes de coût social, prenez le cobalt. Dans les mines officielles, il y a des machines pour l'extraire. Mais pas dans les pays devenus des « États faillis* », qui ne peuvent imposer de réglementation, comme au Congo-Kinshasa qui ne peut pas imposer de règles aux industriels. À Kolwezi (une ville minière en République démocratique du Congo), ce sont des enfants qui grattent le sol et travaillent dans des mines dites « artisanales », sorte de marché noir qui n'entre pas dans les chiffres officiels. Les industriels ont sans doute les deux types d'approvisionnement mais prétendent toujours que le cobalt artisanal vient de leur mine officielle. Or 15 % de la production de cobalt serait artisanale… ça fait beaucoup pour un pays qui produit 5 % du cobalt dans le monde…

Ailleurs, sur l'île de Bangka en Indonésie, les chercheurs risquent leur vie en plongeant au fond de l'océan Indien pour remonter de l'étain, un métal incontournable dans l'électronique, pour la production des smartphones et tablettes. C'est illégal et désastreux pour l'environnement, en plus d'être extrêmement risqué pour les hommes. Mais ici, aucune machine ne peut faire le travail. En marge de processus bien encadrés, on trouve donc de manière invisible une partie bien plus sale. Et malheureusement, ces métaux rares, moins rares ou critiques, sont

* Un État failli ou État en déliquescence est un État qui ne parvient pas à assurer ses missions essentielles, particulièrement le respect de l'État de droit.

pour l'instant irremplaçables dans la production des alternatives dites « vertes », de la voiture électrique et des énergies dites « renouvelables ».

AT : Les solutions vertes et énergies renouvelables ne sont donc pas la solution ?

GP : On en parle beaucoup pour les voitures électriques, cela commence à se savoir. Le problème, c'est qu'on est dépendants de ces matières premières, exactement comme avec le pétrole : c'est toute l'ambiguïté d'en sortir. C'est comme une drogue dont l'antidote est parfois pire que le mal : on vient remplacer ou additionner aux technologies classiques des technologies « vertes » qui reposent sur des ressources qui ne le sont pas… Quand les gisements s'épuisent, on va chercher ailleurs. Pourtant, les métaux, on n'en manquera jamais, il y en a partout, même dans l'océan. Il y en aura toujours quelque part, mais plus aussi accessibles, et pas dans les lieux où il est facile de les extraire. Derrière un pic, il n'y a pas une disparition de la ressource, c'est une baisse : les conditions d'obtention des métaux sont plus complexes, donc la technologie doit être plus complexe pour continuer d'en extraire. La question, c'est de savoir où et quand on s'arrête, ou à quel coût ? C'est exactement comme pour le pétrole ! Globalement, le mouvement de diversification de l'énergie et l'amorce de réflexion sur l'« après-pétrole » sont engagés. Nos sociétés sont en train de constater que les coûts écologiques sont supérieurs aux bénéfices, et les sociétés font le choix de (tenter de) s'en affranchir. Les limites pour les métaux sont les mêmes. On passera à l'après-métal comme on passe à l'après-pétrole. « L'âge de pierre ne s'est pas arrêté par manque de pierre, et l'âge du pétrole ne prendra pas fin par manque de pétrole », disait Cheikh Yamani, le ministre saoudien du Pétrole durant les chocs pétroliers. C'est tout à fait vrai.

AT : Quelle est la solution alors si on ne peut pas s'en passer ?

GP : En effet, on ne va pas se déconnecter ni arrêter d'utiliser nos téléphones. Pour amoindrir l'impact des téléphones, il faudrait les garder le plus longtemps possible, mais pour cela il faut pouvoir les réparer. On devrait pouvoir changer juste ce qui est cassé mais les marques prétendent que c'est impossible. On n'est pas obligé d'avaler ce message, ceci dit. Il faut donc s'informer et se diriger vers des marques qui proposent de réparer juste ce qu'il faut. Par exemple, Fairphone, basé à Amsterdam, a vraiment la bonne approche. Voici leur discours : un téléphone ne peut pas être vert, il faut des ressources pour le produire, mais nous, on veut aller les chercher avec traçabilité et choix du raffineur le plus éthique. Ils ont en plus l'honnêteté de dire qu'ils ne peuvent pas tout justifier. Aujourd'hui c'est ce qu'on fait de mieux, cela limite vraiment l'impact écologique. Car qui dit « responsable » ne dit pas « green ». Eux ne sont pas green mais responsables. Et moi je préfère cette approche. Chez Fairphone en 10 ans, ils ont sorti trois modèles seulement contre un nouveau par an ailleurs. En ce sens, la responsabilité incombe aux industriels mais aussi aux consommateurs. Enfin, le non-recyclage est un scandale mais c'est aussi compliqué car les métaux rares sont difficiles à recycler. Pire : c'est moins cher d'aller en acheter de nouveaux… On récupère l'argent et l'or car, là, il y a un bénéfice. Il faudrait que ce soit rentable pour que ce soit fait. L'issue, c'est de savoir si le consommateur est prêt à payer plus et l'industriel à faire moins de marge pour une production plus éthique et vraiment propre.

4

BIODIVERSITÉ

33

QU'EST-CE QU'UN ÉCOSYSTÈME ?

On appelle écosystème un ensemble d'êtres vivants, plantes, insectes, animaux, micro-organismes, qui interagissent entre eux dans un environnement spécifique et avec celui-ci. Il peut être petit comme une plage, un champ, une mare, ou étendu comme un désert, une forêt tropicale…

Un écosystème suit une dynamique constante qui évolue selon les transformations de ce qui le compose. Chaque être vivant vit parmi d'autres organismes et doit s'adapter à son milieu pour occuper la fonction de sa niche écologique.

Dans un mouvement d'échanges et de va-et-vient, le système s'équilibre grâce aux apports et usages de chaque organisme qui se compensent entre eux pour tendre vers une certaine stabilité. Même sain, un écosystème peut muter soudainement et se transformer avec l'arrivée d'un nouvel élément, disparaître ou évoluer lentement en fonction des influences qu'il reçoit. Comme les crabes dans les mangroves qui creusent leurs galeries dans le sable assurant sa bonne oxygénation et la prolifération d'autres espèces dont se nourrissent d'autres animaux…

L'activité humaine peut ainsi déséquilibrer un écosystème, le dénaturer, le modifier ou le transformer, et ce sont alors tous ses « éléments », qui constituent ce que l'on appelle la biodiversité, qui subissent le changement mettant en péril son équilibre.

Or des transformations ont lieu absolument partout à cause de l'urbanisme et de l'aménagement du territoire qui détruisent les habitats des espèces (construction de routes, de villes, de zones industrielles...), de l'intensification des pratiques agricoles et forestières, et des différentes pollutions qui touchent aussi bien l'air que l'eau et les sols et modifient tous les milieux à cause des rejets industriels, des pesticides et des déchets toxiques. D'une manière générale, le développement économique actuel conduit à une artificialisation toujours plus grande des territoires naturels.

Ces activités humaines en général transforment la nature et détruisent ainsi la biodiversité. Le réchauffement climatique induit par ces activités ajoute une seconde menace sur les écosystèmes au niveau global en provoquant une avalanche de changements irrémédiables qui s'enchaînent comme une suite de dominos. Le simple fait de construire une maison sur un terrain a un impact, tout comme la déforestation qui l'anéantit en transformant une forêt tropicale en champ de céréales... Face à de si gros bouleversements, l'écosystème ne peut pas s'adapter et tous les êtres vivants qui le constituaient en pâtissent car chacun dépendait d'un autre. De très nombreux processus naturels sont alors contrariés car ils reposent sur des caractéristiques de leur environnement : si celles-ci changent, certains mécanismes ne peuvent plus avoir lieu et les dommages déclenchent des réactions en chaîne.

Or ce sont les écosystèmes qui nous permettent de produire l'intégralité de notre alimentation... mais aussi nos matières premières naturelles (bois, coton...) et près de la moitié de nos médicaments. Autant dire qu'il est plus qu'important de les préserver et qu'il est urgent de développer (voire d'imposer) le principe de développement durable pour protéger l'écosystème terrestre dans sa globalité.

Car il est très difficile, voire impossible, de restaurer un écosystème anéanti : le « génie écologique » n'arrive toujours pas à la cheville de la magie de mère Nature... Cette dernière peut en revanche rapidement « reprendre ses droits » de manière spontanée sur des espaces artificialisés laissés à l'abandon (s'il reste toutefois des territoires préservés à proximité...). Problème : ce ne sont pas toujours la faune et la flore d'origine qui reviennent, mais parfois des espèces envahissantes... Et ce qui précède ne vaut que pour les écosystèmes terrestres. Autant dire qu'un écosystème marin dégradé, compte tenu des difficultés d'accès et d'action, de la complexité de ses fonctionnements et des coûts élevés de toute intervention en mer, est quasi impossible à restaurer. Les écosystèmes ont certes une capacité de résilience permettant de se remettre des crises mais pas si celles-ci se répètent ou sont trop profondes... C'est donc en amont qu'il faut agir, ou plutôt envisager des restrictions et des interdictions comme dans les réserves naturelles.

« ILS HABITENT OÙ, LES INSECTES, MAMAN ? »

Un écosystème est un ensemble d'organismes qui sont organisés pour vivre tous ensemble et s'entraider. Un écosystème, c'est autant un étang qu'une forêt, un champ ou un bord de mer : dans chaque cas, ce sont des centaines de plantes, d'insectes, de micro-organismes, qui vivent là et dépendent les uns des autres. Par exemple, les ruminants (vaches) se nourrissent d'herbe sur un sol qu'ils enrichissent eux-mêmes avec leurs déjections, permettant à l'herbe de repousser pendant que des vers de terre aèrent le sol, ce qui permet à l'eau de pluie de mieux pénétrer et à l'herbe de bien pousser avant d'être à nouveau broutée.

Si l'on construit des maisons à la place d'une forêt, par exemple, on enlève tout ce qu'il y avait avant à sa place et l'écosystème est détruit car c'est tout l'habitat de chaque plante ou de chaque animal qui est détruit : la plante ou l'animal qui y vivait ne peut plus revenir. Comme les orangs-outans qui vivent dans les arbres que l'on coupe. S'il reste des arbres à côté, ils peuvent changer d'arbre. Mais si le prochain arbre est loin et qu'il n'y a plus à manger car l'homme a tout détruit, tout changé, ils ne pourront pas survivre.

Les conséquences peuvent être graves pour nous, les hommes, car c'est toujours grâce à un écosystème que nous pouvons produire de la nourriture, fabriquer les médicaments à base de plantes et même respirer !

34

QU'EST-CE QUE LA BIODIVERSITÉ ET À QUOI SERT-ELLE ?

Composé de « bio », pour « vie » en grec, et « diversité », ce mot représente la pluralité du vivant dans son ensemble : animaux, plantes, organismes, champignons... La biodiversité inclut la totalité de leurs gènes, toutes les espèces et leurs variantes, les sous-espèces, leurs différences et toutes les combinaisons possibles de leurs cohabitations dans les écosystèmes. Si on devait résumer la biodiversité en un mot, ce serait « richesse ». Et c'est cette richesse qui permet aux écosystèmes de fonctionner au mieux pour tous leurs acteurs. Les plantes transforment les minéraux en matières organiques et donc en éléments nutritifs. Ces derniers, en étant consommés par les herbivores, sont encore agrémentés de nouveaux éléments, qu'ils restituent au sol sous forme de bouses, un super engrais qui servira à faire pousser l'herbe qu'ils mangeront, etc. Plus il y a d'organismes différents qui participent, plus ils l'enrichissent. Dans notre exemple, en parallèle, les lombrics présents dans le sol décomposent et recyclent immédiatement la matière organique, ce qui fertilise la terre. De plus, en se déplaçant, ils aèrent les sols, ce qui favorise l'absorption de l'eau, évitant qu'elle ne ruisselle en surface et érode ainsi les sols. Enfin, un sol riche en êtres vivants donne une terre riche en azote, un élément bénéfique aux cultures. Or, à l'heure actuelle, nos amis lombrics et autres organismes sont très impactés par la pollution et se raréfient… ce qui appauvrit les sols, et diminue la production de céréales, par exemple. Ainsi, éliminer une espèce peut menacer par ricochet l'ensemble de l'écosystème. En résumé, plus il y a d'organismes dans un écosystème, plus la nature est contente, vertueuse et prolifique : sa capacité à transformer des ressources inertes en ressources organiques est alors à son apogée. Malheureusement, l'inverse est aussi vrai : moins il y a de biodiversité, moins les écosystèmes sont efficaces pour produire des éléments nutritifs.

C'est le cas pour la pollinisation, phénomène ô combien essentiel qui repose sur l'activité des abeilles et des insectes pollinisateurs qui meurent à cause des pesticides ou de la pollution. La disparition des abeilles, qui assurent 85 % de la pollinisation, a un impact catastrophique sur le développement des fruits, des légumes et sur la production agricole.

Par ailleurs, les écosystèmes et leur biodiversité nous rendent des services inestimables : ils purifient l'air et l'eau, par exemple. Le phytoplancton océanique produit presque tout l'oxygène que nous respirons, or quand la biodiversité marine diminue, cela affecte le plancton et sa capacité à produire de l'oxygène. Les plantes elles, agissent comme des filtres pour l'eau que nous buvons. En termes d'ampleur et d'effets, la perte de biodiversité pourrait se révéler rapidement encore plus néfaste pour l'homme que le changement climatique.

Mais la biodiversité est aussi une grande protectrice des écosystèmes : son équilibre peut atténuer les dommages des catastrophes naturelles, permettre aux écosystèmes de se régénérer plus vite en cas de dysfonctionnements, et protéger les milieux. C'est le cas des mangroves en bord de mer qui réduisent la violence et l'impact des vagues ou encore des forêts dont les arbres, grâce à leurs racines, consolident les sols et empêchent leur érosion et les éboulements. Bref, la biodiversité est essentielle et sa valeur est inestimable : en effet, personne ne peut se substituer à ces prouesses. On peut imiter la nature, tenter de la réparer, mais obtenir ses effets est impossible. Les bénéfices sont le résultat d'échanges et d'interactions complexes ; si elles existaient, les technologies pour faire la même chose de manière artificielle seraient absolument hors de prix. Et certainement moins efficaces. La nature est d'une incroyable perfection.

Or c'est (malheureusement) peut-être en regardant les choses sous cet angle que nous avons le plus de chance de convaincre les dirigeants d'agir pour la planète : s'ils comprenaient ce qu'ils économiseraient en préservant la biodiversité plutôt qu'en tentant de compenser ou d'atténuer les dommages qu'on lui cause, ou d'en réparer au prix fort les conséquences désastreuses, ils feraient sans doute tout pour la protéger. Car cela coûte une fortune de prévenir les glissements de terrain, l'érosion, les inondations… Pourtant, les décideurs/décideuses boudent les solutions qui misent sur les pouvoirs et les effets positifs d'une biodiversité préservée. Alors même que l'on constate que développer des installations pour juguler les inondations est bien plus coûteux que d'entretenir les zones humides, et parfois moins efficace, on néglige cette solution…

« IL Y A BEAUCOUP TROP D'ANIMAUX, JE NE POURRAI JAMAIS TOUS LES DESSINER ! »

La biodiversité sert… à tout ! Ce sont ses mécanismes qui permettent au plancton des océans et aux arbres des forêts de fabriquer l'air que l'on respire, de bien cultiver les céréales que nous mangeons et de faire pousser les plantes qui nous donnent des médicaments. Personne ne peut faire tout ça aussi bien que la nature. Mais surtout, la nature fait tout ça pour nous gratuitement ! La biodiversité est donc quelque chose qui ne peut pas s'acheter : la seule chose à faire pour continuer à profiter de ses bienfaits est de la préserver. Il y a des conséquences plus ou moins graves, mais aussi des écosystèmes plus fragiles que d'autres : on peut ainsi choisir de protéger la biodiversité marine, ou encore les insectes pollinisateurs comme les abeilles car on sait que, sans eux, le développement des fleurs et des fruits est compromis. Préserver la biodiversité, c'est comme entretenir un beau jardin où des papillons, des oiseaux et des abeilles vont alors venir se nourrir et habiter. Si on y jette des produits chimiques, l'endroit se transforme en un désert où rien ne vit.

Pêche et biodiversité

La pollution marine porte de plus en plus atteinte à la biodiversité marine globale et à l'équilibre des écosystèmes marins, ce qui nuit *in fine* à la capacité de l'océan à fournir de la nourriture à l'industrie de la pêche, qui ne peut plus tellement faire autrement que surexploiter les ressources, devenant fatale à la survie des océans. Cercle vicieux. En effet, la pêche est en grande partie responsable de la dégringolade du nombre de poissons dans les océans à cause de la surpêche. La pire technique est celle du chalutage, notamment dit « de fond », qui consiste à ratisser jusqu'au fond de la mer avec un gigantesque filet lesté, ne laissant à aucun être marin la possibilité de lui échapper, même si ce n'est pas l'espèce recherchée. Et une tortue, un requin ou un dauphin remonté par malchance mourra dans le filet au milieu de ses congénères avant d'être relâché dans la mer une fois mort (bien que la loi impose normalement de les rapporter à terre pour les comptabiliser). Pensez que quand on veut pêcher des crevettes, les mailles ramasseront tout ce qui est plus gros qu'une crevette, soit plus de 90 % de pertes dans ce qui sera remonté ! En d'autres termes : quand vous achetez 500 g de crevettes, ce sont environ 10 kg d'animaux qui ont été sacrifiés[42]. C'est aussi le résultat des autres techniques de pêche industrielle, qui emploient des filets toujours plus grands et des manœuvres visant à toujours plus de profit.

Ces « prises accessoires » ne représentent pas que quelques animaux ainsi sacrifiés. C'est un nombre astronomique de spécimens qui sont ainsi tués « pour rien », à cause de navires de taille monstrueuse qui tournent comme des usines en pleine mer, pêchant, triant, congelant des tonnes de poissons à la chaîne. Pour se faire une idée de leur force de frappe, ce chiffre : seul 1 % des navires pêchent 50 % du poisson dans le monde[43]. Les quotas ont permis d'empêcher la disparition totale du thon rouge, par exemple, et le concept de pêche durable émerge. Mais le serpent se mord la queue : les ressources s'effondrent, la demande est stable ou augmente, alors pour y répondre, les techniques sont de pires en pires.

Autre conséquence de la surpêche : les oiseaux friands de petits poissons manquent de nourriture. Sans compter les poissons prélevés afin d'être transformés en… farines pour nourrir les poissons d'élevage (qui seront surproduits et jetés si pas vendus), alors que des populations humaines n'ont pas à manger. Finalement, c'est ce prélèvement de la biomasse qui menace la mer et l'homme de la manière la plus inquiétante, au-delà même de la pollution plastique ou hydrocarbures, puisque la problématique du climat repose en effet en partie sur la capacité de photosynthèse du phytoplancton dans les océans. Il est ainsi (et malheureusement) aussi urgent d'arrêter de consommer du poisson que de la viande, tant que la surpêche continuera de régner sur le système.

35

COMMENT UNE ESPÈCE PEUT-ELLE DISPARAÎTRE À JAMAIS ?

Une espèce – qu'elle soit animale ou végétale – est bien sûr considérée comme éteinte quand il n'y a plus aucun membre vivant pour la représenter, mais on parle aussi d'extinction « fonctionnelle » quand il reste des individus mais qu'ils ne peuvent plus se reproduire, soit car ils sont tous du même sexe, soit car ils sont trop éloignés, ou encore trop faibles ou trop âgés. Dans les deux cas, avant d'arriver à ce résultat, l'espèce a pu subir de très nombreux dommages, de natures diverses. Chez les tortues, par exemple, le nombre de mâles et de femelles est fonction de la température, ce qui peut déséquilibrer les populations. Une espèce peut avoir été décimée par la chasse ou la pêche, comme c'est le cas pour de nombreux poissons et le célèbre dodo, chassé par l'homme jusqu'au dernier.

La mondialisation, les transports internationaux, les importations et exportations mettent en contact des populations et des écosystèmes qui ne devraient pas l'être, ce qui mène parfois à des catastrophes, notamment lors de la propagation d'espèces invasives qui peuvent soudain coloniser un territoire au détriment des espèces d'origine, les poussant à se déplacer, à s'adapter ou à disparaître.

Les êtres vivants meurent aussi quand leurs conditions de vie changent trop ou trop vite pour qu'ils s'y adaptent. Or la plupart des causes sont aujourd'hui « anthropiques », c'est-à-dire du fait des activités humaines. Celles-ci polluent, surexploitent, détruisent les écosystèmes et les habitats des animaux qui n'ont alors aucune chance de survie. En particulier dans les régions tropicales chaudes et humides près de l'Équateur, en Asie du Sud-Est, en Amérique du Sud et en Afrique. On pense tout de suite aux orangs-outans qui meurent faute de pouvoir trouver des forêts où habiter, celles-ci étant rasées au profit de l'élevage et des plantations d'huile de palme en particulier. L'image abominable d'une maman orang-outan avec son bébé sur le dos désespérément accrochée à un arbre en train d'être coupé et qui tombe avec lui, permet de comprendre très concrètement la situation, mais ne montre pas en revanche les centaines de milliers d'espèces qui disparaissent avec eux dans le bruit assourdissant des tronçonneuses. Or d'immenses zones de forêt tropicale sont défrichées et brûlées, produisant au passage de grandes quantités de gaz à effet de serre. L'Indonésie, premier producteur d'huile de palme de la planète, connaît des émissions de gaz à effet de serre record qui rendent les biocarburants à base d'huile de palme au final plus nocifs pour le climat que les carburants à base de pétrole, en plus de détruire la biodiversité d'une manière irrémédiable. En plus, ces cultures industrielles usent de produits hautement toxiques (pesticides et engrais), les feux de ces forêts dégagent des quantités astronomiques de CO_2, et les conditions de travail dans les plantations y sont souvent déplorables (travail d'enfants, pratiques abusives, manque de sécurité).

Une population peut décroître petit à petit, mais des événements peuvent aussi faire basculer la destinée d'une espèce d'un seul coup comme lors d'une marée noire. L'altération de l'habitat est une des causes principales de la disparition d'une espèce, mais une pollution toxique peut aussi l'affecter insidieusement de manière progressive. Croissance ou chute des populations peuvent également résulter d'une gestion douteuse ou approximative de la faune, de mauvaises décisions, de régulation inadaptée de certaines espèces, d'une réglementation insuffisante de la chasse ou encore d'un trop grand laxisme à l'égard du braconnage.

La France, qui possède une diversité particulière due à ses territoires d'outre-mer, se situe parmi les 10 pays abritant le plus grand nombre d'espèces mondialement menacées : 1 147 espèces, dont 278 dans l'Hexagone selon la Liste rouge 2017 de l'Union internationale pour la conservation de la nature[44]. Or, sur l'ensemble du territoire national, environ 180 hectares de milieux naturels et terrains agricoles (= 250 terrains de football environ) sont détruits chaque jour, remplacés par des routes, des habitations, des zones d'activités. Le simple fait de l'expansion de l'habitat humain sur les zones naturelles est ainsi responsable de la disparition silencieuse de milliers d'espèces. Cela conduit à un effet domino, car les espèces animales et végétales interagissent entre elles : un petit insecte disparaît et c'est toute une chaîne de fonctionnements qui est coupée. C'est la théorie de l'effet papillon du météorologue Edward Lorenz : « *Le battement d'ailes d'un papillon au Brésil peut-il provoquer une tornade au Texus ?*[45] ».

« MAMAN, TOI, T'ÉTAIS NÉE QUAND IL Y AVAIT DES DODOS ? »

Les animaux n'ont pas de maison, eux : leur habitat, c'est la nature ! Un arbre, une forêt, un étang, la mer… Si on leur enlève, en coupant tous les arbres d'une forêt par exemple, ils n'ont plus nulle part où aller, mais n'ont plus non plus de nourriture et meurent directement par la faute de l'homme. Si une espèce habite une seule zone au monde, et que cette zone est rasée ou polluée, les animaux de cette espèce vont mourir petit à petit, être de moins en moins nombreux, ils auront de moins en moins de bébés, ou des bébés malades, et puis un jour il n'y en aura plus du tout. C'est le cas des orangs-outans, mais aussi de l'éléphant pygmée de Bornéo ou du tigre de Sumatra qui vivent dans les forêts tropicales, des zones secrètes et magiques où vivent plein d'autres d'animaux, d'insectes et de plantes extraordinaires. Mais les hommes achètent des morceaux de cette forêt, rasent et brûlent tout pour planter des palmiers afin de produire de l'huile de palme qui sert à faire de l'essence mais que l'on trouve aussi dans les aliments du supermarché comme les petits gâteaux pour le goûter, la pâte à tartiner, etc., alors que ce n'est même pas bon pour la santé et que ça fait mourir toutes les espèces qui vivaient là. C'est comme si on brûlait ou rasait des maisons avec des gens et leurs bébés dedans, sans les prévenir. Ils ne peuvent même pas aller ailleurs, la destruction va trop vite ! Parfois, une espèce disparaît quand tous les spécimens ont été tués par la pêche ou la chasse, comme ce fut le cas pour les dodos.

36

POURQUOI PARLE-T-ON DE « 6e EXTINCTION DE MASSE ? »

On parle d'extinction de masse quand un nombre important d'espèces animales disparaissent sur un temps géologique court. Chaque espèce est plus ou moins destinée à disparaître, mais cela prend en général plusieurs millions d'années. Ici, c'est l'accélération et l'ampleur de ce processus à l'origine naturel qui caractérisent l'extinction. C'est la 6e fois que cela arrive. En effet, la vie sur Terre a déjà presque disparu 5 fois en 500 millions d'années à cause de changements environnementaux de grande ampleur, comme une période glaciaire qui a duré 10 millions d'années, ou encore l'épisode volcanique et la météorite qui s'est écrasée dans le golfe du Mexique il y a 65 millions d'années, qui furent fatals aux dinosaures... Aujourd'hui, c'est la première fois que ces changements sont dus aux activités humaines, et que l'extinction totale peut être évitée. Pourtant, le taux d'extinction des espèces est cette fois particulièrement élevé : depuis 1900, les disparitions d'espèces se succèdent à un rythme sans équivalent depuis l'extinction des dinosaures. Cela représente une crise biologique majeure : on considère que d'ici à 2050, de 25 à 50 % des espèces connues auront disparu.

À notre niveau, les pertes de biodiversité seront irréversibles. Il faut en effet plusieurs millions d'années pour rétablir un équilibre : sachant que le premier homme est là depuis 2,4 millions d'années et l'*Homo sapiens* depuis 200 000 ans et que les espèces vertébrées (comme nous) ont une durée de vie moyenne d'1 million d'années environ, nous ne serons plus là quand (et si) la planète se rétablit, même si notre espèce survivait à la propre crise qu'elle a créée. Or le rythme de l'extinction actuelle est des centaines de fois supérieur au rythme naturel des précédentes extinctions. Le fonctionnement des océans est altéré (acidification, zones mortes...), des espèces essentielles à l'alimentation et à l'agriculture (insectes pollinisateurs, organismes vivants du sol, invertébrés...) sont décimées, les évolutions climatiques changent l'équilibre des écosystèmes, mettant l'homme en danger dans des temps extrêmement courts à l'échelle géologique.

« LES DINOSAURES, C'ÉTAIT IL Y A LONGTEMPS, ÇA COMPTE PAS ! »

Tu sais sans doute que les dinosaures ont existé il y a trèèèèès longtemps ! Il y a si longtemps que les hommes n'existaient même pas : aucun homme n'a jamais vu de dinosaures, car ils sont tous morts avant à cause de changements environnementaux liés en partie à des éruptions volcaniques. Encore bien avant eux, les espèces avaient aussi en grande partie disparu, cette fois-ci à cause du froid : la Terre s'était tant refroidie qu'elle est restée complètement gelée des millions d'années avant que la vie ne reprenne et que de nouvelles espèces se développent. C'est ça, une extinction massive : quand une très très grande partie des espèces animales ne peuvent pas survivre à un changement climatique. Et c'est ce qui se passe en ce moment. Sauf que, normalement, ces évolutions prennent des millions d'années alors qu'aujourd'hui, cela va bien plus vite, et que le réchauffement est de la faute des humains. En plus, d'autres actions humaines précipitent la fin de certaines espèces comme la pêche, la chasse, les épidémies, la pollution... Nous ne pouvons pas revenir en arrière ni arrêter le processus d'un coup mais peut-être le ralentir pour que les hommes puissent y survivre dans les prochains milliers d'années.

37

QUELS SONT LES LIENS ENTRE CLIMAT ET BIODIVERSITÉ ?

Le climat est depuis la nuit des temps le facteur numéro un dans l'apparition, l'évolution ou la disparition des espèces. Depuis 3,5 milliards d'années, lors de l'apparition de la vie, c'est le climat qui régule ou déclenche les transformations du vivant. Et *vice versa* : la biodiversité influence localement le climat de son écosystème en impactant par exemple son humidité ou sa température, comme le font les espaces verts dans les milieux urbains. C'est une interaction permanente, au niveau local mais aussi mondial : la biodiversité influence les grands cycles biogéochimiques. C'est le cas des plantes quand elles absorbent du CO_2 et produisent de l'oxygène, ou encore des forêts ou de la végétation qui préservent l'environnement des effets des dérèglements climatiques en protégeant les sols ou le littoral contre l'érosion, en atténuant l'intensité des crues, etc. En cela, les régions du monde dont la biodiversité est la plus grande jouent un rôle important dans la régulation du climat.

La différence aujourd'hui réside dans le fait que la biodiversité est fortement attaquée et abîmée par les activités humaines et se dégrade à une rapidité inédite. Le changement climatique lui aussi s'accélère dans un temps géologique très court, et transforme déjà les rapports entre les espèces et leurs milieux. Les températures poussent des animaux à se déplacer pour fuir la chaleur, à monter en altitude, par exemple. Cela impacte leurs nouveaux territoires, qu'ils doivent parfois partager avec les espèces déjà présentes. Même dans la mer, l'évolution de la température (et l'acidification des eaux) transforme les écosystèmes et le paysage sous-marin en faisant migrer les poissons. Les périodes de végétation sont aussi plus longues du fait de la chaleur, ce qui décale les migrations de certaines espèces.

Le réchauffement a aussi des conséquences directes sur les populations de certaines espèces qui adorent la chaleur et vont se développer ! La perte de biodiversité peut alors survenir à cause de la surpopulation d'une espèce, qui va dominer et éradiquer les autres. Ces déséquilibres ont ensuite de graves conséquences quand une espèce envahissante se déploie sur un territoire au détriment de tout le reste, comme c'est le cas des algues filamenteuses en Méditerranée (des espèces invasives mais endémiques qui se sont mises à proliférer). Ou de la célèbre *Caulerpa taxifolia* dont la souche tropicale a été introduite accidentellement en Méditerranée, qu'elle a envahie au point d'être aujourd'hui appelée « algue tueuse » à cause de sa toxicité pour la faune et dont le surdéveloppement inquiétant a un impact négatif sur la biodiversité.

Certains scientifiques préconisent ainsi l'extinction délibérée de certaines espèces, pour en protéger d'autres… ou protéger les humains, notamment celle des moustiques, vecteurs de maladies. C'est le cas de la scientifique Olivia Judson qui défendait dans un article du *New York Times* la cause du « specicide » de 30 espèces de moustiques, c'est-à-dire leur extinction programmée grâce à l'introduction d'un gène spécifique[46]. Pour elle, l'extinction d'une espèce n'a pas forcément de conséquence lourde ou négative sur l'écosystème mais elle peut en revanche sauver des vies. C'est le cas pour les 30 espèces en question, qui regroupent l'ensemble des moustiques anophèles (vecteurs de la malaria) et les moustiques aèdes (vecteurs de la dengue, de la fièvre jaune et de l'éléphantiasis). Les éradiquer pourrait sauver un million de vies humaines. Une solution qui pourrait être plus efficace que le contrôle des populations de moustiques actuellement testé dans les programmes anti-malaria…

« T'INQUIÈTE PAS, S'IL FAIT TROP CHAUD POUR LES OISEAUX, IL RESTERA LES POISSONS. »

La plupart des espèces animales et végétales dépendent de la chaleur et du soleil pour vivre, or l'augmentation de la température peut les déranger au point qu'ils en meurent ou doivent aller habiter ailleurs. Les interactions des espèces avec leur habitat et des espèces entre elles forment un tout : cela crée un dérèglement pour tous les organismes, qui se répercute sur d'autres et ainsi de suite. Certaines espèces vont se développer et envahir les habitats d'autres espèces qui en souffriront, certaines plantes ne survivront pas au réchauffement alors qu'elles étaient importantes pour certains insectes. Le climat, en changeant, en plus chaud ou en plus froid, modifie beaucoup d'échanges et d'habitudes entre les êtres qui ne peuvent plus contribuer à maintenir l'équilibre de leur écosystème.

38

QUE FAIT-ON POUR PRÉSERVER LA BIODIVERSITÉ ?

La prise de conscience de l'augmentation de l'extinction des espèces s'est accélérée dernièrement mais n'est pas récente. Dès 1928, l'Office international pour la protection de la nature fut mis en place pour amorcer une coordination des efforts de préservation au niveau mondial. Mais ce fut en 1948, lors de la conférence de Fontainebleau de l'Unesco qu'elle prit réellement forme sous le nom d'Union internationale pour la conservation de la nature (UICN), devenue une des principales organisations non gouvernementales mondiales consacrées à surveiller et conserver les espèces animales et végétales notamment connue pour sa « liste rouge » des espèces menacées. Des traités internationaux ont aussi été conclus, comme, en 1973, la Convention sur le commerce international des espèces de faune et de flore sauvages menacées d'extinction (connue par son sigle CITES), ou encore la convention de Washington, un accord intergouvernemental ayant pour objet de protéger les espèces menacées d'extinction par les échanges internationaux en contrôlant le commerce international des animaux et des plantes sauvages.

Le sommet Planète Terre de Rio, qui s'est tenu en 1992, a de son côté abouti au premier accord mondial abordant exhaustivement tous les aspects de la diversité biologique : la Convention sur la diversité biologique. Celle-ci avait pour objectifs « *la conservation de la diversité biologique, l'utilisation durable de ses éléments et le partage juste et équitable des avantages découlant de l'exploitation des ressources génétiques* » et reconnaît, pour la première fois, que la conservation de la diversité biologique est « une préoccupation commune de l'humanité », encourageant un partenariat entre les pays pour y arriver. Cette convention fait partie des trois principaux accords multilatéraux sur l'environnement (AME) issus du sommet de la Terre, à côté de la Convention-cadre des Nations unies sur les changements climatiques (CCNUCC) et de la Convention des Nations unies sur la lutte contre la désertification (CNULD). Sa portée fut tout d'abord plus symbolique que contraignante mais s'est renforcée en 2010 lors de la réunion de ses États parties. Ces derniers ont pris de nouveaux engagements et adopté un « paquet biodiversité » comprenant un plan stratégique, un protocole sur l'accès et le partage des avantages liés à l'exploitation des ressources génétiques, et une stratégie de financement pour augmenter l'aide publique internationale consacrée à la biodiversité.

Les moyens d'action pour préserver les écosystèmes et les espèces menacées peuvent prendre la forme d'aires protégées, comme les parcs nationaux ou les réserves naturelles, ou encore les réserves de biosphère (un territoire reconnu par l'Unesco comme une région conciliant la conservation de la biodiversité et le développement durable). On peut même les créer spécifiquement pour la protection d'une espèce en danger critique d'extinction. C'est le cas du parc national de la Vanoise, en France, qui a permis de stabiliser le nombre de bouquetins des Alpes. En parallèle, les gouvernements tentent de réguler, à travers les lois, la surexploitation par l'homme de certaines espèces ou la destruction de leurs habitats. Le sujet de la biodiversité n'ayant malheureusement pas réussi à susciter suffisamment l'attention pour déclencher de réelles mutations des politiques de conservation, ce sont aujourd'hui majoritairement les ONG qui s'en chargent. L'urgence écologique a en effet accéléré l'émergence de nouveaux mouvements d'organisations puissantes, voire internationales (telles que Ocean Conservancy, WWF, Birdlife International, Sea Shepherd, Alliance for Zero Extinction) qui travaillent à éduquer le public et à faire pression sur les gouvernements pour qu'ils prennent des initiatives de conservation. Mais on voit aussi se multiplier les petites associations locales et les collectifs. Les citoyens amoureux de leurs régions ne manquent pas d'idées pour contrer les réalités qu'ils constatent sur le terrain et qui échappent parfois aux politiques. Centres de soins pour les animaux blessés, refuges, jardins partagés, nettoyages des plages, ateliers sur la biodiversité, les actions de protection d'espèces menacées fleurissent et permettent au public de s'engager.

« C'EST TROP TRISTE, IL FAUT AUSSI PROTÉGER LES FLEURS ! »

Les gouvernements ont mis en place, petit à petit, de nouvelles règles, des lois et lancé des actions concrètes pour protéger la faune et la flore. Et partout dans le monde on se bat pour protéger la biodiversité en menaçant ceux qui détruisent la nature, en leur donnant des amendes, parfois même ils vont en prison. Mais on ne peut pas tous les attraper. Alors ce sont des organisations qui ne dépendent pas du gouvernement qui prennent le relais. Certaines sont devenues très fortes pour trouver les bandits et pourchassent les trafiquants et les braconniers qui tuent les animaux jusque sur la mer (comme l'organisation internationale Sea Shepherd), pour ceux qui pêchent par exemple des espèces de poissons menacées ou pêchent dans des zones protégées. Ces « ONG », organisations non gouvernementales, dévoilent les scandales liés à la pollution, par exemple quand une usine déverse ses déchets toxiques dans une rivière sans respecter les lois, aident les autorités et la police et essaient de réparer les dégâts en sauvant les animaux et les écosystèmes. Aujourd'hui, ce sont aussi de petits groupes de personnes, moins connus, parfois juste dans un village ou une région, qui surveillent les activités d'une entreprise louche, d'un élevage qui traite mal les animaux, ou empêchent des projets dont ils savent qu'ils détruiront la biodiversité dans une zone et la pollueront comme le projet d'aéroport de Notre-Dame-des-Landes lancé en 1963 et abandonné en 2018, contre lequel ont lutté les habitants et des dizaines d'associations pendant plus de 50 ans !

39

POURQUOI N'ARRIVE-T-ON PAS À MIEUX PROTÉGER LA NATURE ?

Vous connaissez cette blague : « *Si les arbres produisaient du WIFI, plus personne n'aurait le droit d'en couper un seul* » ? Cela résume bien la réponse qui suit. Aujourd'hui, le monde est dirigé par l'argent, les lobbies et les industriels qui font passer les intérêts financiers avant les intérêts du vivant. Globalement, dans une société capitaliste, si la nature est difficile à protéger, c'est sans doute… parce qu'elle ne vaut rien ? Ou disons, parce qu'elle n'est pas marchande.

Pourtant, quand la nature rapporte de l'argent (zone touristique, etc.), elle est peut-être un peu mieux entretenue, mais les intérêts commerciaux entrent souvent en conflit avec les intérêts conservationnistes : promoteurs immobiliers qui ont saccagé des côtes sublimes, surexploitation d'un plan d'eau… C'est donc le profit avant tout. Qu'il s'agisse de braconniers, d'industriels ou d'hommes politiques, bien souvent, c'est l'intérêt particulier ou celui d'un petit nombre qui l'emporte sur l'intérêt général. D'autant que la protection des ressources naturelles peut représenter un coût supplémentaire, ce qui, dans une telle vision à court terme, est vu comme une charge financière inutile.

C'est le principe de la « tragédie des biens communs », un concept décrivant le phénomène collectif de surexploitation d'une ressource commune à tous, que l'on retrouve en économie, en écologie, en sociologie. Un concept qui remonte à la nuit des temps et dont Aristote parlait déjà en ces termes : « *Ce qui est commun à tous fait l'objet de moins de soins, car les Hommes s'intéressent davantage à ce qui est à eux qu'à ce qu'ils possèdent en commun avec leurs semblables*[47]. » Un concept que l'on illustre souvent par un pâturage commun sur lequel chaque éleveur fera paître une bête de plus tant que cela servira son intérêt, sans se soucier des autres, jusqu'à l'épuisement du pâturage.

Les personnes qui utilisent un bien commun doivent choisir entre l'optimisation de l'utilité individuelle et l'utilité collective. Cette situation implique une compétition pour l'accès à une ressource limitée créant un conflit entre l'intérêt individuel et le bien commun qui aboutit à un résultat perdant-perdant. Une issue considérée comme inexorable sauf à diviser la terre en parcelles privatives, ou à réguler l'accès par l'État. Pourtant, les travaux de la chercheuse Elinor Ostrom[48] sur l'analyse des modalités de gestion réussie des ressources communes ont permis de déconstruire cette idée en montrant que d'autres formes de gestion peuvent être mises en œuvre par des communautés pour protéger et maintenir leurs ressources communes via des arrangements informels, et non des lois. Et en dehors de toute privatisation ou nationalisation. De ce point de vue plus humaniste, un bien commun n'est pas juste une ressource mais représente le système de la communauté et des liens sociaux qui s'y expriment.

Encore faudrait-il pouvoir transposer ce système à des biens communs mondialisés : difficile de l'imaginer, car une sorte de facteur

« kilomètre » peut aussi jouer : les hommes ont naturellement du mal à relier un produit qu'ils achètent à la biodiversité qu'il impacte si elle est lointaine. C'est l'exemple de l'huile de palme omniprésente dans les produits alimentaires industriels et de la déforestation en Indonésie et Malaisie.

Alors, valoriser la nature ? On a déjà tenté de chiffrer le coût que fait peser à terme sur l'économie mondiale l'absence de politique ambitieuse de protection de la biodiversité[49]. Mais comment évaluer économiquement ce que l'on perd chaque jour, chaque minute, et ce que l'on perdra dans le futur ? La première piste est de lister les « services » que l'environnement nous rend et de chiffrer les économies qu'il nous permet de faire (la digue que l'on n'a pas besoin de construire grâce aux rochers, les aménagements que l'on n'a pas besoin de faire grâce aux végétaux qui régulent les inondations...). Dans un rapport, il a été évalué que, « chaque année, les récifs coralliens et écosystèmes associés génèrent une valeur économique proche de 1,3 milliard d'euros, avec une estimation minimum de 950 millions et maximum de 1,5 million. [...] Les principaux services en termes économiques sont la protection contre les inondations côtières (près de 600 millions d'euros par an), le service d'attributs pour le tourisme « bleu » (315 M€/an), suivi de la production de biomasse pour la pêche (commerciale et d'autoconsommation pour 215 M€/an) et de la séquestration du carbone par les mangroves et herbiers (175 M€/an) ». L'idée n'est bien sûr pas de vendre ces biens communs (même si ce qui est privatisé est parfois mieux protégé), mais de faire payer une compensation à ceux qui les abîment et qui de ce fait nous empêchent de profiter de leurs services, obligeant la société à payer pour réparer. Il ne s'agit pas non plus de récompenser financièrement les pays ou les régions qui préservent leur patrimoine naturel (puisque faisant partie du bien commun de l'humanité), comme certains pays du Sud le soulèvent parfois, car cela amènerait à des dérives : n'importe qui menant une action de préservation pouvant alors y prétendre.

Non, l'idée est qu'aujourd'hui, on « consomme » la nature, sans en payer le prix et que chiffrer cette consommation, ou l'imposer financièrement sur le principe de la taxe carbone, engagerait des choix plus responsables. Mais il faudrait assortir ce système de régulations pour éviter l'écueil classique que ceux qui en ont les moyens, et tant que cela reste rentable pour eux, se sentent autorisés à polluer et détruire encore plus et sans remords « puisqu'ils paient ». Or on pressent bien que l'argent ne peut et ne pourra jamais compenser certains manques irremplaçables.

L'objectif est de montrer, chiffres à l'appui (puisque les politiques et le monde de la finance ne comprennent que ça), qu'il est rentable de protéger la biodiversité et d'évaluer les manques à gagner de sa détérioration. Le chiffrage devient un outil puissant dans les projets d'opposition à l'urbanisation de zones sauvages : que rapporterait le fait de conserver un étang ou une forêt *versus* le coût pour les supprimer et y implanter un centre commercial ? Il faut dès aujourd'hui intégrer la valeur du critère environnement chaque fois que l'on étudie un projet qui impactera la nature (création d'une route, d'un port...). C'est ce qui risque de se passer pour les pays vulnérables car soumis à des catastrophes écologiques récurrentes, comme la Chine, l'Inde, le Pakistan (l'Asie en général). La valeur (inestimable) d'une nature qui pourrait les protéger s'ils la préservent s'imposera à eux peut-être plus vite qu'à nous en Europe où nous avons moins conscience des conséquences de l'altération de la biodiversité dans le futur.

« LES GENS QUI FONT ÇA, MAMAN, ON DIRAIT QU'ILS N'ONT PAS DE CŒUR. »

Il a déjà fallu beaucoup de temps pour s'apercevoir que, partout dans le monde, des espèces disparaissaient. Il a ensuite fallu du temps pour comprendre à quel point c'était grave. Et encore du temps pour que les pays en discutent ensemble et réalisent que cela n'allait pas s'arrêter tout seul, mais au contraire arriver de plus en plus avec de graves conséquences pour tout le monde. À partir de là, les gouvernements ont donné leur parole qu'ils allaient changer des choses, obliger les entreprises à respecter des règles. Mais, parfois, ces règles ennuient beaucoup les gens car cela leur fait gagner moins d'argent, ou leur demande des efforts. Si seul l'argent les intéresse, alors il faudrait leur donner un équivalent de ce qu'une nature protégée leur fait économiser : quand il y a des arbres, il y a moins d'inondations, donc moins de travaux de réparation à faire, par exemple. Parfois, on ne peut même pas donner de prix au service que la nature nous rend, comme les océans et les forêts qui produisent de l'oxygène sans lequel on ne pourrait même pas vivre. Pour pouvoir s'en servir longtemps, il faut que chacun en prenne soin or, pour l'instant, certains l'aiment beaucoup, d'autres (nous) l'utilisent beaucoup, mais personne ne paie vraiment, et à la fin il n'y aura plus assez de nature pour personne. Faire connaître ou donner une valeur à la nature peut permettre de mieux la protéger, en particulier en tant que « bien commun », c'est-à-dire appartenant à tous, et donc relevant de la responsabilité de tous.

40

EST-CE QUE LES INITIATIVES DES CITOYENS SONT UTILES ?

OUI ! Bien sûr, prendre son vélo pour se déplacer ou fermer le robinet pendant que l'on se brosse les dents peut sembler une goutte d'eau (au propre comme au figuré) dans un océan et être bien vain face aux comportements des industriels. Choisir de construire ou équiper sa maison d'une manière écologique, installer un potager, une zone sauvage dans son jardin ou encore un récupérateur d'eau de pluie participe à la biodiversité, permet d'être aligné avec ses valeurs, et surtout participe à une prise de conscience plus large en envoyant des signaux aux marchés.

Puisque les industriels ne produisent que ce qui se vend, si la demande se tourne vers des technologies écologiques, ils en produiront.

En ce qui concerne la biodiversité en particulier, chacun peut agir à son niveau très concrètement, ne serait-ce qu'en plantant des fleurs pour maintenir les populations d'abeilles dans les villes, car la biodiversité se joue à l'échelle mondiale, mais aussi nationale, régionale et locale ! Soutenir la biodiversité revient à accueillir et maintenir une large diversité d'espèces végétales et animales (fleurs, arbustes, plantes potagères, aromatiques, oiseaux, insectes, batraciens...). Ainsi, un jardin familial, même de petite taille, peut devenir un écosystème vertueux pour la biodiversité : arrêt des engrais et pesticides, lutte contre les espèces exotiques envahissantes.

L'Agence française pour la biodiversité a d'ailleurs lancé un « appel à initiatives citoyennes », via l'opération « Mon projet pour la planète » en collaboration avec le ministère de la Transition écologique et solidaire et l'Agence de la transition écologique (Ademe) avec un financement de 3 millions d'euros. L'idée est de proposer aux citoyens de soumettre des idées de projets dans les domaines de l'énergie, de l'économie circulaire et de la biodiversité, comme créer un système d'accueil et de soins aux animaux blessés, dépolluer et restaurer une zone humide, créer un mur végétal dans une école, un verger pédagogique[50]...

Un exemple d'action facile et efficace : planter des haies. En effet, celles-ci, avec les bosquets et les alignements d'arbres, offrent à la fois un habitat et une source de nourriture à différentes espèces. Autre avantage important, les haies ont de nombreux intérêts physiques et agronomiques : elles jouent le rôle de coupe-vent, de contrôle des parasites, elles luttent contre l'érosion et retiennent l'eau. Enfin, elles permettent de reconnecter des parcelles fragmentées et vides, augmentant ainsi les chances de recolonisation et d'échanges directs entre les espèces, et ainsi de restaurer la biodiversité perdue. C'est ce qu'a montré une étude faite sur 18 années : la connectivité de l'habitat accroît drastiquement la survie et la richesse des espèces, chaque année et sur plusieurs décennies[51]. Une simple haie est ainsi un outil puissant pour la conservation de la biodiversité locale.

Enfin, pour préserver la biodiversité, des associations font des opérations de science participative locales. Par exemple, initié il y a plus de 20 ans avec le Suivi temporel des oiseaux communs (STOC) et des réseaux d'observateurs volontaires, le programme Vigie-Nature porté par le Muséum national d'histoire naturelle est le pionnier des sciences participatives en France. Il évolue depuis avec le suivi de nouveaux groupes comme les papillons, les chauves-souris, les insectes pollinisateurs, les plantes sauvages des villes... Une action mobilise par exemple des volontaires pour surveiller les nichées des rapaces de toutes espèces (aigle botté, aigle royal, vautour, faucon pèlerin, milan royal, chouette effraie, grand-duc...) pour permettre de les sauvegarder. La plateforme « J'agis pour la nature » recense ce genre d'actions d'écovolontariat afin de faire connaître les structures de protection à la recherche de bénévoles et les mettre en relation avec les personnes souhaitant être volontaires.

« MAIS NOUS, ON PEUT FAIRE QUELQUE CHOSE ? »

Même si certains ont de plus grands résultats que d'autres, et que certaines personnes ont plus de pouvoir que d'autres pour faire changer les choses, tous les gestes comptent ! La biodiversité, elle est partout ! Pour agir à l'autre bout du monde, il faut surtout que les adultes changent leur façon de consommer et que des lois empêchent les gens de détruire et polluer la nature, mais aussi obligent à la préserver. Mais pour agir en France, on peut rejoindre des groupes de gens et leurs associations afin de mener des actions : faire connaître la biodiversité de nos régions pour y être plus attentif, soigner des animaux victimes de braconnage, recenser les spécimens d'oiseaux, etc. Il est même possible de lancer toi-même des actions, comme un exposé à l'école pour expliquer ce qu'est la biodiversité, ou créer des maisons pour les insectes, ou encore semer des graines, organiser un ramassage de déchets...

C'est quoi, l'écoféminisme ?

Il s'agit d'un mouvement qui fait le lien entre oppression des femmes et destruction de la planète, les considérant comme deux conséquences de la domination patriarcale capitaliste.

Le phénomène apparaît dans les années 1970 alors que convergent des luttes de féministes et de ceux et celles chez qui émerge une conscience environnementale. S'ensuit l'analogie entre la domination des hommes sur les femmes et celle des humains sur la nature dont les liens indissociables renvoient à un même modèle qui s'impose de manière autoritaire, qu'il s'agisse de capitalisme ou de patriarcat.

Le parallèle est particulièrement approprié quand on réalise que les deux oppressions résultent d'une même culture destructrice qui exploite les femmes comme la nature pour en retirer un maximum, à moindre coût. Femmes et nature sont asservies pour servir les desseins d'hommes puissants qui ne s'encombrent d'aucunes considérations égalitaristes ou humanistes. De ce point de vue, comme le disait Greta Thunberg sur Twitter : « *Nous ne pouvons pas vivre dans un monde durable sans égalité entre les genres et les personnes*[52]. »

Les écoféministes font ainsi le lien entre la destruction du vivant et les oppressions imposées aux femmes qu'elles rassemblent dans le concept de « *reclaim* » pour « réappropriation » : se réapproprier la place des femmes dans le monde mais aussi réhabiliter la nature. Certains courants introduisent également la place des femmes dans l'éthique environnementale pour aborder les questions écologiques sous un angle lié à la santé, à la vulnérabilité et à la préservation du vivant.

C'est là qu'il faut se méfier de la responsabilisation des femmes qui s'insinue déjà dans nos quotidiens. À la « charge mentale » vient aujourd'hui s'ajouter la « charge environnementale » : ce sont majoritairement les femmes qui endossent la dimension écologique liée à la famille, et la tâche de gérer le quotidien de la manière la plus responsable et la moins polluante possible, savon de Marseille dans une main, couche lavable dans l'autre, tentant de décrypter les étiquettes au supermarché. Un double retour de bâton qui renvoie directement au modèle patriarcal. « *Tout ça représente un surcroît de travail dévolu, encore une fois, aux femmes, des activités chronophages et épuisantes mentalement et physiquement, mais exécutées au nom des générations futures* », écrit Nora Bouazzouni[53]. Retour en flèche de l'abnégation et du risque de perdre à nouveau en autonomie à cause de ces nouvelles tâches. Et si l'on se rappelle que le « éco » d'écologie vient de *oïkos* qui veut dire « foyer » en grec, on arrive vite à une « charge morale » responsabilisant les femmes quant à ce qu'il faut faire pour – tout simplement – sauver le monde.

Une étude a révélé que certains hommes se détournent inconsciemment des attitudes écolo car elles mettraient symboliquement en danger leur virilité[54]. Dans un test, un homme et une femme se rendent dans un magasin avec un sac en tissu pour faire leurs courses. Réaction : les sujets – hommes ET femmes – ont déclaré que venir avec un tote bag relevait d'un comportement plutôt féminin… Preuve supplémentaire qu'il est urgent de déconstruire les stéréotypes de genre issus de constructions patriarcales qui affectent et conditionnent nos actions…

« On peut transformer une prairie en une activité florissante mais le souci c'est la dimension économique, il est très difficile d'avoir un modèle qui tienne dans des conditions de travail normales. »

Maxime de Rostolan, fondateur de Fermes d'Avenir et Blue Bees, auteur de *En avant ! L'optimisme pour cap*.

AT : Qu'est-ce que la permaculture et l'agroécologie ?

MR : La permaculture est souvent assimilée à une technique agricole mais c'est en fait une question holistique, une vision globale. C'est une philosophie visant à prendre soin de la terre, des hommes et à répartir équitablement les ressources. Il y a plein d'outils pour faire cela, dont l'agroécologie qui propose des techniques pour travailler la terre en bonne intelligence. Elle répond à des règles de culture, comme favoriser un sol vivant, la biodiversité, cultiver une diversité de productions, même en intégrant l'élevage dans le cycle pour obtenir un pâturage dynamique par exemple. Dans le programme de recherches Drawdown, qui présente les principales pistes pour sortir de l'ornière climatique, l'agroécologie, la préservation des écosystèmes et la transition de modèle alimentaire apparaissent comme primordiales[55].

AT : Que signifie le nom du métier que vous avez inventé : « payculteur » ?

MR : Un « payculteur » est un entrepreneur, un ingénieur de projet alimentaire territorial (désormais institutionnalisé sous l'acronyme PAT). L'idée derrière ce mot, c'est de montrer qu'il pourrait y avoir des dynamiques de territoire sur lesquelles faire reposer des projets de grande envergure. Ces ponts ne se font pas spontanément car la plupart des fermes fonctionnent en parallèle les unes des autres, les paysans le nez dans le guidon. Le payculteur est là pour identifier des opportunités, faire de la veille sur le foncier et les débouchés possibles, accompagner des porteurs de projet, travailler avec les crèches, écoles ou hôpitaux du territoire pour créer des dynamiques locales. Il faut aujourd'hui former les gens susceptibles d'embrasser toutes les facettes de notre modèle alimentaire, qui comprennent parfaitement les filières (de la production à la consommation).

AT : Racontez-nous le projet Fermes d'Avenir

MR : J'ai réalisé qu'il fallait vraiment tout changer pour que notre agriculture ait un avenir désirable et, pour cela, j'ai voulu évaluer la viabilité économique, technique et sociale de ce modèle. Avec un comité scientifique, on a ainsi créé une première ferme comme un site expérimental, avec une structure et des salariés. Il s'agit d'une association que j'ai créée en 2013, après m'être formé en maraîchage et avoir découvert le biomimétisme c'est-à-dire le fait que la nature possède des technologies très au point, expérimentées depuis des millions d'années, dont on peut (on devrait) s'inspirer dans les activités humaines. La permaculture, en simplifiant, c'est cela appliqué à l'agriculture : comparé à un champ de blé, un écosystème naturel (prairie, forêt) produit bien plus de biomasse.

L'enjeu, c'est de comprendre comment cela fonctionne et de reproduire les interactions qu'on observe. Et, au final, nous avons démontré qu'il était très difficile que ce soit rentable.

AT : Quel est le problème économique auquel se heurtent l'agroécologie et la permaculture ?

MR : Ce qu'a pu montrer Fermes d'Avenir, c'est que l'on peut transformer une prairie en une activité florissante mais le souci, c'est la dimension économique. Il est très difficile d'avoir un modèle qui tienne dans des conditions de travail normales (35 ou 39 heures, au moins le smic).

Le problème, en définitive, c'est notre système comptable : on compte mal. Chaque fois qu'un pétrolier fait une marée noire, ça fait du PIB. Or le PIB, c'est la boussole de l'économie, donc une marée noire, c'est atroce sur le plan écologique mais bon pour l'économie. Tant que la boussole sera le PIB, ça ne marchera pas, il faut compter en triple capital : humain, naturel et financier.

Si on faisait les comptes de résultat de cette manière et qu'on indexait les impôts là-dessus, les entreprises seraient amenées mécaniquement à investir dans le capital humain et naturel. Pour rendre cela possible, il faudrait changer les règles de l'économie, et on sait le faire ! C'est juste une question de priorité. Dans cette optique, nous avions fait voter dans la loi des états généraux de l'alimentation un amendement à propos des « paiements pour services écosystémiques ». Cela permettrait de rémunérer les agriculteurs qui, par leurs pratiques, économisent des dépenses de santé ou de dépollution de l'eau, par exemple. Malheureusement, cet article a été retoqué par le Conseil constitutionnel… signe que nos institutions ont encore du mal à faire prévaloir l'intérêt général.

AT : Pourquoi le monde agricole ne prend-il pas position ?

MR : L'impasse économique dans laquelle nous sommes est le résultat de nombreuses années de lobbying. Pour assurer la croissance de l'industrie agroalimentaire, encouragés par une politique confondant standardisation et progrès, d'énormes investissements ont été faits afin de mécaniser, spécialiser des régions entières, abuser d'intrants et de pesticides. L'endettement de certains acteurs, de la multinationale au petit producteur, est un boulet qui empêche d'avancer vers les alternatives.

Au même titre, les crédits de recherche vont depuis des décennies à un modèle chimique, technologique, et il y a peu d'expérimentations sur les autres techniques, comme l'agroforesterie, l'agriculture de conservation, etc. C'est un autre facteur qui rend la transition compliquée.

Au final, ce sera bien aux pouvoirs publics, avec des outils comme la PAC (politique agricole commune), d'orienter notre modèle vers plus de résilience. Aujourd'hui, il y a une distorsion de concurrence entre une agriculture chimique qui fait payer aux contribuables les dégâts qu'elle cause, et une agriculture plus naturelle qui prend à sa charge le surcoût de ses bonnes pratiques, dont l'ensemble des citoyens bénéficie pourtant.

AT : Comment peut-on soutenir la biodiversité à notre niveau ? En ville, c'est possible ?

MR : Toute plante vivante peut être un bénéfice pour la biodiversité ! En fonction du sol, des conditions, on peut lancer son potager pour se nourrir. Pour une famille de quatre, ça demande un peu de temps et d'espace afin d'être autonome, mais sans même viser cet objectif, c'est important de cultiver chaque bout de terre. C'est un énorme plaisir de manger sa récolte, surtout pour les enfants, quelle fierté ! Jardiner avec eux, c'est une belle initiation, utile et enrichissante aux saisons ou aux cycles de la nature. On peut commencer avec un petit carré de terre, auquel on ajoute du compost ou de la matière organique, et il n'y a plus qu'à planter, arroser et attendre. Courgettes, radis, tomates (attention à enlever les « gourmands »), aubergines, salades... Ce n'est pas difficile d'obtenir rapidement un résultat. Si on a un terrain plus grand, on peut aussi planter des arbres fruitiers et des haies, qui permettent d'augmenter la biodiversité comme la faune du sol, les oiseaux, les insectes. On a tellement besoin d'eux !

AGRICULTURE BIO ET CONSERVATION DES SOLS

« Il faut récompenser l'agriculteur qui rend un service écologique avéré : le bio, la conservation des sols, des infrastructures agroécologiques. »

Anne-Charlotte et Sylvain Beaugrand-Rivière, agriculteurs céréaliers bio dans la Brie, Seine-et-Marne. Ferme de la Tessonnerie, 77540 Voinsles (@farmsupparis).

AT : Présentez-nous le projet Farm's Up.

AC & SBR : Nous sommes ingénieurs en environnement, et avons travaillé pendant plus de 10 ans dans le développement durable au sein de structures associatives pour Anne-Charlotte, et de l'industrie agroalimentaire pour Sylvain. En quête de sens, nous avons repris l'exploitation agricole de la famille d'Anne-Charlotte en 2018 avec une idée en tête : contribuer de manière concrète à faire avancer les choses quant à la situation écologique et alimentaire. Dès lors, convertir l'exploitation à l'agriculture biologique était une évidence. Au-delà du label Agriculture biologique, le projet Farm's Up a pour ambitions d'alimenter les circuits locaux de distribution avec des produits de qualité issus de pratiques préservant le sol et la nature ; de créer un lieu d'accueil porteur de projet, sorte « d'incubateur agricole », en favorisant des synergies entre différentes activités, et enfin de proposer de la formation au grand public comme aux entreprises agroalimentaires et tout acteur désirant s'informer.

AT : Qu'est-ce qui est compliqué pour passer du traditionnel au bio ?

AC & SBR : Déjà, l'emploi du mot « traditionnel » pour parler du « conventionnel » est extrêmement intéressant et révélateur. L'agriculture traditionnelle se voulait certes productive, mais c'est bien l'agriculture intensive de la chimie, liée à la révolution verte, qui a créé la situation de catastrophe écologique dans laquelle nous nous trouvons. Pour passer à « la » bio, il y a évidemment beaucoup de freins, notamment techniques. Mais notre perception est que les freins les plus forts sont plutôt d'ordre psychologique et dus à la cohérence de l'approche avec les principes de chacun. Il faut également pouvoir concevoir que les rendements en bio sont en moyenne deux à trois fois inférieurs à ceux du conventionnel. En réalité, nous avons constaté qu'il y a beaucoup d'« accélérateurs » et de leviers pour nous aider à y arriver. Entre le soutien technique des acteurs de la bio (chambre d'agriculture, Fédération nationale de l'agriculture biologique et ses antennes régionales GAB, l'association Pôle Abiosol, etc.) et les systèmes d'aides à la conversion et à l'investissement, tout est désormais en place (en tout cas en Île-de-France) pour faciliter ce passage, ce qui n'était pas aussi évident il y a 10 ans.

AT : Concrètement, comment mettez-vous la bio en pratique ?

AC & SBR : Produire de la nourriture bio implique de changer de paradigme quant au métier d'agriculteur. En effet, le recours à des produits chimiques de synthèse (phytosanitaires ou fertilisants) étant interdit par la charte, les paysans doivent « jouer » avec le contexte pédoclimatique (les conditions extérieures au niveau du sol), la biodiversité et les autres cultures. À la Tessonnerie, nous produisons de « grandes cultures », c'est-à-dire des céréales sur plusieurs hectares. Cela induit de repenser totalement la rotation : nous sommes passés de quatre cultures à une dizaine en intégrant des légumineuses (luzerne, féverole, pois, soja, lentille). Ces plantes « miracles » sont indispensables en bio : elles captent l'azote – élément primordial à la croissance des plantes – de l'air et le rendent disponible dans le sol pour les cultures grâce à des symbioses entre champignons et microbes au niveau des racines. Cerise sur le gâteau, ces légumineuses ont également une belle valeur ajoutée et contribuent donc de manière directe et indirecte à la bonne marche économique d'une exploitation bio.

AT : Quelles sont les faiblesses de l'agriculture bio ?

AC & SBR : Le cahier des charges et le label AB ont pour objectif de donner un cadre conventionné, certifiable, garantissant le non-usage de produits chimiques de synthèse et une certaine traçabilité. Bien qu'imparfait, il a représenté une avancée extrêmement importante pour l'évolution de l'agriculture, notamment depuis la révolution verte. Seulement, ce label a été largement récupéré par des filières de production intensive qui n'ont pas pris le « package philosophique » de la démarche bio. Et c'est là que le bât blesse… Car lorsqu'on analyse tous les aspects de la bio, il se dégage, au niveau agricole, deux impacts négatifs sur l'environnement : la détérioration des sols et les émissions de gaz à effet de serre. Ces deux aspects sont liés à une seule et même cause : un travail fréquent, en surface et parfois en profondeur, du sol afin de lutter contre la prolifération de mauvaises herbes (appelées « adventices »). Sans intervention, ces plantes prennent le dessus sur les cultures, et peuvent menacer l'activité agricole. En agriculture dite conventionnelle, on utilise la chimie de synthèse : un spray et on n'en parle plus. Mais en bio, il faut gratouiller / remuer / retourner le sol plusieurs fois par an, avec diverses alternatives pour couper, disperser, arracher, enterrer les mauvaises herbes et leurs graines sans produits. Or, ce travail du sol, et donc la perturbation fréquente et profonde des strates et de leur faune (bactéries, microbes, insectes, champignons, vers de terre, etc.), peut entraîner à terme une stérilisation des sols. Certains agriculteurs non bio se sont d'ailleurs lancés dans l'agriculture de conservation des sols (ACS) afin de minimiser les perturbations du sol, mais le recours au glyphosate pour se débarrasser des adventices vient noircir le tableau.

AT : Quelles solutions pour une agriculture meilleure pour tous, alors ?

AC & SBR : L'idéal, surtout dans un monde en crise énergétique (se référer au travail de M. Jancovici), serait que tout le monde ait un jardin et y produise sa nourriture. Au final, voici à nos yeux ce que devrait être l'agriculture de demain : une agriculture locale qui associe toutes les bonnes pratiques de la bio, de l'ACS et de l'agroécologie, l'idée d'une écologie appliquée à l'agriculture. Elle cherche à éviter l'usage de la chimie, limite au maximum la dégradation du sol et utilise des synergies naturelles entre plantes et animaux. Ses déclinaisons, qui suivent toutes les grands principes de régénération des sols et de lien entre les écosystèmes, sont : agriculture biologique de conservation (ABC), maraîchage sur sol vivant (MSV) ou permaculture (approches plus exhaustives pour plus petites surfaces), ou encore l'agriculture régénératrice, ce que nous développons à la Tessonnerie. Le chemin est compliqué, et surtout long, ce qui nous met hélas dans une temporalité décalée par rapport à la nécessité d'être rentable dès les premières années. Aujourd'hui, l'alimentation ne coûte plus rien ! Ce qui n'est pas normal, ce n'est pas le prix du bio français qui est cher (parce que la France protège les travailleurs mieux qu'ailleurs où ils peuvent être exploités pour faire baisser le prix final des aliments), mais bien le prix dérisoire de l'agriculture conventionnelle. Typiquement la fraise bio française à 8 euros le kilo à la vente *versus* la fraise conventionnelle marocaine ou du sud de l'Espagne à 1,80 euro le kilo…

AT : Vous travaillez aussi à accroître la biodiversité : quelles initiatives avez-vous mises en place ?

AC & SBR : En plus des pratiques de conservation des sols, nous avons lancé un projet d'agroforesterie qui consiste à réimplanter des arbres autour de nos parcelles. Ces haies rendront bon nombre de services, tels que le maintien des sols, l'abri de biodiversité et d'auxiliaires de cultures (animaux se nourrissant ou repoussant des espèces nuisibles), un effet coupe-vent, l'alimentation pour les futurs moutons qui pâtureront sur nos terres. Nous faisons aussi partie des 10 fermes pilotes nationales qui testent un diagnostic de biodiversité selon le protocole Sol'Agro, et nous avons intégré le comité de pilotage biodiversité du Groupement Agriculture biologique (GAB) qui a pour objectif d'échanger sur la biodiversité dans le milieu agricole et de faire un suivi par des naturalistes afin d'évaluer les bénéfices de nos initiatives. Nous nous sommes aussi inscrits au programme « Des Terres et des Ailes » de la LPO afin d'installer des nichoirs pour rapaces et passereaux et aménager des espaces pour hérissons s'appuyant sur les pierres, mares, points d'eau et hôtels à insectes déjà existants. Des nichoirs à insectes pollinisateurs ont été posés et nous souhaitons installer des ruches en lisière de forêt. Ah, j'oubliais : nous venons de démarrer la production de Litière Forestière Fermentées (LiFoFer) à partir de la fermentation de petites quantités de sols forestiers avoisinants afin de stimuler l'activité microbienne des terres, et donc leur biodiversité. On est pas mal occupés, quoi… mais venez nous voir quand vous passez dans le coin !

« C'est ça, l'histoire : quand on sauve l'éléphant, on sauve l'homme. »

Céline Cousteau, activiste et exploratrice, auteur de *Le Monde après mon grand-père*, réalisatrice du documentaire *Tribes on the Edge* (à venir).

AT : Quelles sont vos activités en tant qu'activiste écologique aujourd'hui ?

CC : Je travaille beaucoup en Amazonie brésilienne. J'y ai fait ma première expédition quand j'avais 9 ans, avec mon grand-père, et j'y suis retournée en 2007 avec mon père. J'ai alors rencontré les peuples autochtones de la région Javari et ç'a été une révélation. Cette zone fait 85 000 kilomètres carrés mais ne compte que 7 000 habitants… dont 2 000 personnes dites « non contactées », c'est-à-dire qu'elles n'ont aucun lien avec la société moderne. Les habitants que j'avais rencontrés en 2007 m'ont contactée pour raconter leur histoire avec pour but que le monde sache qu'ils existent et qu'ils ne veulent pas disparaître. J'en ai fait un documentaire, commencé en 2013, réalisé de manière indépendante pour être fidèle à notre lien et ne pas risquer de trahir leur confiance. Le film a agi comme un catalyseur et a donné lieu à « The Javari Project », des actions que nous allons prendre sur place avec les peuples pour soutenir leur indépendance économique, protéger leur culture, leur langue et leurs activités. Ce qui les menace aujourd'hui, ce sont les activités illégales : les chercheurs d'or qui déboisent, détruisent les lits des rivières et les contaminent, la déforestation pour le bois, la chasse et pêche illégales.

AT : Qu'avez-vous appris de votre grand-père, le Commandant Cousteau ?

CC : C'est surtout ce que j'ai appris de ma famille – les femmes de la famille qui sont parties en expédition. Mon grand-père était le sommet de l'iceberg mais tout le monde participait, ce qui lui a permis de faire ce qu'il a fait. Au début, ma grand-mère a aidé à financer le bateau et les expéditions de mon grand-père auxquelles elle prenait toujours part. Fille d'amiral, elle avait déjà ce lien avec la mer. Cela m'a montré, dans les actes, le pouvoir de la force de conviction, et de la force féminine. Ma grand-mère voulait vivre cette vie, être sur le bateau, pas être devant les caméras, et les équipages n'auraient jamais pu faire ce qu'ils ont fait sans elle. À bord, elle était tout : maman, psy, coiffeuse, et certains disent capitaine aussi…

Ma mère, elle, partait aussi en expédition en tant que photographe trois mois par an à partir de mes 9 ans. Elle m'a montré comment on peut vivre de ses rêves et voyager. Il faut sans doute être un peu fou… Imaginez : quand mon grand-père est parti en Antarctique avec la *Calypso*, c'était un bateau en bois, sans les moyens d'aujourd'hui. Avec ses équipes, ils ont fait des choses incroyables. Il faut avoir une vraie envie.

AT : Que vous ont appris vos propres expéditions ?

CC : Les expéditions ne sont pas toujours synonymes de plaisir, les conditions peuvent être dures, mais j'en ai besoin. J'ai besoin de contribuer. Un jour, j'ai eu un tête-à-tête avec une baleine à Hawaï : j'ai réalisé à quel point j'étais petite. Et j'ai eu la sensation viscérale d'exister. Avec cette baleine, on s'est fixées et je me suis dit : « J'existe, elle m'a regardée. » Ce que j'ai appris, c'est qu'il faut se sentir petit pour réaliser que le monde est immense mais qu'on en est un maillon quand même. Une dualité importante pour ne pas oublier la complexité de ce monde.

Les expéditions ont aussi et surtout été pour moi la découverte de l'intensité de cette nature, le retour de l'instinct, du mode survie. On n'est plus les plus forts en Amazonie. Dans nos quotidiens, on maîtrise ; là-bas, la perte de repères réveille nos instincts animaliers. Et c'est galvanisant, essentiel de vibrer comme cela. À Madagascar, par exemple, l'énergie est folle. Là-bas nous avons accéléré la mise en place de l'énergie solaire par les femmes dans un village, c'était fort. En Inde, j'ai visité Wildlife SOS, un sanctuaire d'éléphants qui ont été sauvés et dont le projet présente une volonté de réhabiliter l'homme en parallèle ! Les hommes qui maltraitaient et battaient ces éléphants sont formés et deviennent ceux qui s'en occupent et qui les soignent. Et les éléphants comprennent que l'homme a changé, je ne sais pas s'ils pardonnent, mais on revient au lien. La résilience existe. C'est ça, l'histoire : quand on sauve l'éléphant, on sauve l'homme.

AT : Quel est le message que vous voulez passer dans votre livre ?

CC : Faire du bien aux autres rend heureux, c'est même bon pour la santé. Il faudrait que chacun choisisse sa passion et son combat et le fasse tous les jours. Il faut se demander : Qu'est-ce qui m'inspire ? Où puis-je aider ? Pas besoin d'être documentariste, militant ou explorateur. On peut aider les orphelinats, sauver des arbres, etc. Or les gens sont parfois déjà en mode survie dans notre société, bien loin de ces considérations. L'écologie devient un sujet compliqué, presque anxiogène, envahissant, on en a tellement parlé… Quand on rentre le soir, on n'a pas forcément envie de s'y confronter. Il ne faut pas en demander trop à ceux qui ne peuvent pas, mais en revanche ceux qui peuvent n'ont aucune excuse : on sait ce qui se passe aujourd'hui ! Et on est quand même très nombreux à pouvoir donner un peu de temps ou d'argent. Je reste optimiste mais c'est dur, c'est un travail. La génération des jeunes d'aujourd'hui me donne beaucoup d'espoir. Ils ont un accès aux infos et des outils pour faire entendre leurs voix et partager leurs convictions sur les réseaux sociaux et dans les rues. C'est comme pour les peuples en Amazonie, on me dit souvent : « Tu es la voix de ceux qui n'en ont pas », mais ils ont une voix ! C'est juste qu'on ne les écoute pas.

5

CHANGEMENTS NÉCESSAIRES ET POSSIBLES

TOP 10 DES ACTIONS UTILES

1. Changer de banque pour une banque éthique qui ne finance pas les énergies fossiles.

2. Acheter moins de choses et privilégier l'occasion, le made in France, les petits producteurs et artisans.

3. Réduire au maximum les trajets en avion et en voiture. Privilégier le train et le vélo au quotidien.

4. Manger moins de viande et de poisson, végétaliser son alimentation et acheter en circuits courts, bio et de saison.

5. Réduire sa consommation d'eau et d'énergie, par les petits gestes et l'isolation de sa maison.

6. Éviter au maximum les super et hypermarchés, choisir des produits sans huile de palme.

7. Réduire ses déchets, en particulier le plastique.

8. Réduire sa consommation de médicaments : l'industrie pharmaceutique est une très grande consommatrice d'énergie et une grande source de pollution du cycle de l'eau.

9. Éviter le visionnage de vidéos en streaming et le stockage de mails et des pièces jointes.

10. Boycotter les produits des entreprises qui ne sont pas engagées, qui polluent, exploitent les travailleurs ou la planète (fast fashion, agroalimentaire, high tech).

L'éco-anxiété, c'est quoi ?

L'éco-anxiété, ou dépression verte, est une anxiété liée aux inquiétudes que génèrent les changements environnementaux et la perspective des conséquences du réchauffement climatique. Elle se caractérise par une peur de l'avenir, de la mort ou une tristesse profonde et chronique face aux comportements humains irrationnels, à un monde qui semble s'autodétruire. Ce stress « pré-traumatique » et sa sensation d'accablement peuvent être déclenchés par une prise de conscience, ou apparaître en réaction aux messages alarmants faisant état de la destruction des écosystèmes, de la pollution de l'air, du plastique dans l'océan, des catastrophes naturelles, des réfugiés climatiques ou encore de la disparition de nombreuses espèces. Le sentiment de détresse est principalement généré par le caractère inexorable et irrémédiable de la situation, et perdure via un sentiment d'impuissance oppressant.

C'est pour cela que la prise de position et l'enclenchement d'actions en faveur de la nature sont les premières pistes pour soulager cette angoisse. En changeant sa consommation et ses habitudes, en s'investissant auprès d'une association de soutien à la cause environnementale ou animale, ou en participant à des actions, la satisfaction de « faire sa part », selon le symbole du colibri cher aux écocitoyens, permet de faire baisser l'anxiété. Ça, et le fait d'être en contact avec la nature, souvent, de l'observer, de l'étudier et de s'en occuper.

GUIDE DU QUOTIDIEN ÉCOLO

Gérez votre pollution numérique

Bien qu'elle ait permis d'économiser du papier et de limiter les déplacements, l'utilisation de nos appareils numériques (Internet, e-mails, streaming…) a généré une nouvelle empreinte carbone considérable. Un e-mail avec pièce jointe de 1 Mo consomme autant qu'une ampoule de 60 Watts pendant 25 minutes…

- Choisissez un smartphone éthique dont on peut remplacer chaque élément chez Fairphone.
- Conservez vos appareils le plus longtemps possible (résistez à la nouveauté) et achetez des appareils d'occasion « reconditionnés » comme neufs (spécialistes : Backmarket.fr).
- Faites réparer, recyclez ou donnez vos appareils électroniques à une association (sur Zack.eco).
- Nettoyez votre boîte mail en supprimant régulièrement les mails les plus lourds.
- Sélectionnez les destinataires de vos mails : un destinataire en plus = 6 g de CO_2 produits.
- Désinscrivez-vous des pubs et mailings automatiques en cliquant sur le lien en bas du mail, et aidez-vous de Cleanfox (www.cleanfox.io) pour stopper les newsletters et les spams (tout en plantant des arbres).
- Changez de moteur de recherche pour Lilo.org, qui finance des projets environnementaux, ou Ecosia et son programme mondial de reforestation, qui compensent ainsi les recherches Internet.

- Changez de réseau social pour des réseaux plus éthiques (Ello, Mastodon, Diaspora ou Path).
- Éteignez votre box Internet lorsque vous partez en vacances, sortez ou dormez.
- Évitez de regarder des films ou séries en streaming, au pire diminuez la qualité de la vidéo et regardez-la à plusieurs, ça améliorera votre bilan carbone.
- Désinstallez tous les logiciels non utilisés.

Économisez votre eau

Moins de 1 % de l'eau terrestre est consommable et sous forme liquide, fournie par les nappes phréatiques, les cours d'eau et les réservoirs naturels ou artificiels (lacs, barrages...) : des réserves limitées et qui décroissent.

- Équipez les robinets et douches d'économiseurs qui mélangent de l'air à l'eau pour ne pas changer le débit. Une économie d'eau mais aussi d'argent sur la facture !
- Équipez les WC de chasse à double débit, ou placez une brique ou une bouteille remplie d'eau dans le réservoir pour gagner plusieurs litres par chasse !
- Préférez une douche (rapide) à un bain, fermez le robinet quand vous vous lavez les dents, pendant que vous vous rasez ou faites la vaisselle.
- Lavez la voiture avec des produits spécifiques sans eau qui font briller et ne se rincent pas (évidemment, on oublie les stations de lavage, leurs produits et leurs rouleaux !).
- Regardez la note en consommation d'eau lors de l'achat d'une machine à laver ou d'un lave-vaisselle.

- Installez un récupérateur d'eau de pluie dans le jardin, même sur le balcon ou via une gouttière pour arroser avec l'eau de pluie.

Réparez vos objets en panne

La difficulté est souvent de trouver quelqu'un « qui s'y connaisse » pour vous aider, mais ces services se développent beaucoup, et il existe des sites de mise en relation pour trouver un coup de main.

- Offrez l'objet cassé à une asso qui le réparera pour équiper quelqu'un dans le besoin (dans les « recycleries » ou « ressourceries » qui fleurissent à Paris et ailleurs, chez www.rejoue.asso.fr pour les jouets.
- Cherchez et trouvez la pièce à remplacer pour l'apporter clé en main à un voisin/ami bricoleur.
- Essayez de réparer vous-même grâce à des fiches pratiques ou des ateliers (https://repaircafe.org/fr, http://oureparer.com, www.mesdepanneurs.fr, https://www.sosav.fr, https://www.commentreparer.com, https://fr.freecycle.org, http://www.co-recyclage.com).

Mangez moins de viande, moins de produits laitiers

Pour produire 1 kg de bœuf, de 7 à 16 kg de céréales ou de végétaux sont nécessaires et environ 15 000 litres d'eau… Si vous ne le faites pas pour la planète, faites-le pour votre santé : trop de viande provoque cholestérol, maladies cardio-vasculaires et diabète, ou encore pour lutter contre la souffrance animale.

- Limitez votre consommation de viande rouge à 2 fois par semaine maximum. Ne mangez plus les bébés animaux (veau, agneau).
- Achetez votre viande auprès d'un boucher de votre région ou en circuit court type www.lescolisduboucher.com.
- Bannissez la viande industrielle et ses dérivés (lardons, saucisses type knacks, quiches au poulet...) qui utilisent les bas morceaux et beaucoup de gras.
- Évitez les produits laitiers (et le lait) des grands groupes industriels issus de l'exploitation animale et variez avec des alternatives végétales, ou à base de lait de chèvre ou brebis bio.

Optimisez l'utilisation de votre voiture

Selon un rapport de l'ONG Transport & environnement, la France avec ses « diesel sales » a le parc automobile le plus polluant de l'Union européenne. Une voiture rejette des oxydes d'azote et du monoxyde de carbone, faisant augmenter la pollution primaire de l'air néfaste au système respiratoire, du dioxyde d'azote qui contribue aux pluies acides et du CO_2 qui accélère le réchauffement climatique.

- Évitez la voiture au maximum : prenez le vélo, les transports en commun, la trottinette...
- Privilégiez le covoiturage ou l'autopartage.
- Louez votre voiture plutôt que l'acheter.
- Choisissez des véhicules légers, beaucoup moins polluants que les véhicules lourds types grosses berlines ou SUV.

- Ne vous précipitez pas sur les voitures électriques, surtout les SUV électriques qui sont des monstres de consommation.
- Roulez léger : plus la voiture est chargée, plus sa consommation augmente.
- Préférez toujours celles qui fonctionnent à l'essence plutôt qu'au gasoil (plus polluant).
- Limitez l'air conditionné qui augmente la consommation de carburant.
- Faites régler le moteur, surveillez l'usure des bougies, la pression et l'usure des pneus, nettoyez le filtre à air régulièrement.
- Conduisez écolo : évitez les coups d'accélérateur ou coups de frein, rétrogradez plutôt que de freiner et regardez le compte-tours sur le tableau de bord : entre 3 000 et 3 500 tours, le moteur consomme beaucoup plus.
- Favorisez l'aérodynamisme en évitant de conserver une galerie sur le toit.
- Coupez le contact à l'arrêt, ne faites pas « chauffer le moteur » à l'arrêt (il se réchauffe très bien en roulant).
- Réduisez les déplacements : développez le télétravail, la livraison des courses (déplacement optimisé pour plusieurs personnes), le coworking, etc.

Achetez local et sans huile de palme

Privilégiez les circuits courts si vous avez la chance de pouvoir aller directement chez les producteurs, en ville, évitez au maximum l'huile de palme qui implique une déforestation en amont, et donc de la pollution et le massacre de la biodiversité.

- Rapprochez-vous des AMAP (associations pour le maintien de l'agriculture paysanne, www.reseau-amap.org), de La Ruche qui dit oui (www.laruchequiditoui.fr), Au bout du champ (www.auboutduchamp.com) ou des petits magasins bio.
- Regardez sur l'étiquette pour repérer l'huile de palme, appelée huile de palme, de palmiste, graisse de palme/de palmiste, oléïne de palme, stéarine de palme, « graisse végétale en proportion variable ».
- Renseignez-vous sur les produits et les alternatives à l'huile de palme sur des sites dédiés (type http://vivresanshuiledepalme.blogspot.com).
- Boycottez les grandes enseignes aux comportements polluants, qui nuisent aux populations, exploitent la misère sociale ou sont responsables de déforestation à cause d'un recours systématique à l'huile de palme (Nestlé et Nestlé Waters, Coca-Cola, Starbucks, Ferrero...).

Réduisez votre consommation électrique

- Éteignez les lumières quand vous n'êtes pas dans la pièce.
- Privilégiez la classe A pour les produits d'électroménager (consomment moins d'électricité).
- Équipez-vous d'ampoules à basse consommation.
- Baissez le chauffage l'hiver et la climatisation l'été (valable à la maison et au bureau).

Consommez moins et mieux

- Offrez des cadeaux dématérialisés ou alimentaires : une place de concert, de théâtre, un cours de cuisine, des condiments ou une bouteille de vin, ou encore des produits basse empreinte écologique (des savons naturels, de beaux torchons, etc.).
- Faites des emballages « furoshiki » avec du tissu à nouer. C'est joli, écolo et durable : le tissu peut être un foulard ou un torchon. Sinon, utilisez des pages de magazines, ou du papier kraft !
- Évitez les enseignes de fast fashion (surtout si pas engagées à couper les liens avec les sous-traitants esclavagistes des Ouïghours) au profit de petits créateurs.
- Boycottez Amazon au profit des petits commerces, et des librairies pour les livres (cherchez les titres sur www.librairiesindependantes.com ou www.lalibrairie.com).
- Vendez les vêtements que vous ne portez plus (dépôts-vente, Vinted, vide-dressing.com...) et achetez, vous aussi, d'occasion !
- Achetez des vêtements durables en fibres naturelles (lin, coton bio ou recyclé, soie, coco, laine durable), si possible éthiques (le coton made in China résulte principalement de cultures esclavagistes).
- Achetez moins de médicaments, essayez des solutions naturelles et prenez soin de vous *avant* d'être malade (principe de la médecine chinoise). Rapportez les médicaments qui ne sont pas périmés à la pharmacie si votre traitement est fini.

Réduisez les produits chimiques

- Privilégiez les produits d'entretien naturels type bicarbonate, savon de Marseille, savon noir… ou fabriquez-les vous-même (tout se fabrique, même la lessive, le nettoyant à vitres ou le liquide vaisselle).
- Privilégiez les cosmétiques naturels, bio et sans silicones.
- N'utilisez pas d'engrais chimique dans votre jardin ou potager, ni dans les pots de votre balcon (voir monsieurmarguerite.com qui propose des jardinières éco-responsables).
- Vérifiez l'étanchéité de votre citerne à mazout (système anti-débordements). Soyez présent au moment de l'approvisionnement : en cas d'accident ou de débordement, il faut avoir à disposition un « kit d'intervention » de produits absorbants.
- Prévoyez un sol étanche aux endroits où des produits nuisibles sont manipulés.

Réduisez vos déchets

- Achetez en vrac pour éviter les emballages.
- Limitez votre consommation de biens matériels.
- Achetez des biens durables et réutilisables : sacs en toile et non plastique, serviettes en tissu et non essuie-tout, cup au lieu de tampons, culottes menstruelles ou serviettes lavables au lieu de serviettes hygiéniques jetables, couches lavables…
- Utilisez du shampoing solide et pas liquide, du savon et pas du gel douche.
- Refusez les plastiques à usage unique que l'on vous met dans les mains (pailles, couverts jetables…).

- Refusez les gadgets publicitaires que l'on vous offre.
- Bannissez les sacs jetables en plastique (emportez le vôtre, en tissu).
- Donnez ou vendez au lieu de jeter.
- Achetez d'occasion (jouets, appareils) pour éviter la production + les emballages.
- Utilisez des sacs en papier kraft en guise de sacs-poubelle, avec du papier au fond à la place du sac plastique.

Militez

- Proposez un bilan écologique à votre entreprise : listez les choses à améliorer et proposez des solutions de remplacement simples et sans surcoût (ex. : bannir les gobelets carton ou plastique de la fontaine à eau et de la machine à café (chacun utilise son verre ou son mug), choisir des fournitures écolos…).
- Interpellez vos commerçants en refusant le sac à la boulangerie, les barquettes plastique chez le traiteur chinois, japonais, italien… Venez avec les vôtres et profitez-en pour discuter.
- Proposez d'animer un atelier à l'école de vos enfants : sur les déchets, les méfaits du plastique, la pollution ou la biodiversité, de manière ludique et simple.
- Organisez des campagnes de sensibilisation dans votre entourage : amis, famille, collègues…

ACTIONS ET TUTOS À RÉALISER EN FAMILLE

- Consultez des applis pour consommer mieux, local et scannez les produits avec les enfants pour les initier.
- Allez ramasser fruits et légumes directement sur les exploitations qui proposent des cueillettes et les produits de la ferme sur place.
- Lancez un ramassage de déchets en famille, entre amis, avec les voisins ou un quartier (voir le tuto).
- Faites une campagne « zéro mégot » avec les commerçants de sa ville et auprès de votre entourage (voir le tuto).
- Trouvez des recettes végétariennes et préparez-les ensemble.
- Préparez un exposé avec les enfants à présenter en classe sur le plastique, les déchets, la souffrance animale…
- Lancez une pétition contre quelque chose d'anti-écolo (ou pour une action responsable) qui se passe près de chez vous.
- Rejoignez une association dédiée à la biodiversité.
- Regardez ensemble les empreintes écologiques des marques pour décider lesquelles boycotter (www.i-boycott.org et son appli buyornot).
- Trouvez des actions et petits gestes en ligne (https://cacommenceparmoi.org/agir, www.lespetitsgestes.fr/, www.onestpret.com) et faites-en des activités pour le week-end (fabriquer un savon, un nichoir à oiseau, un hôtel à insectes…).
- Équipez-vous d'un composteur pour éliminer les déchets organiques. Les « lombricomposteurs » pour cuisine ou balcon contenant des vers de terre ont beaucoup de succès auprès des enfants ! Sinon, une caisse en bois au fond du jardin fait l'affaire : les insectes viendront naturellement grignoter épluchures et restes, et en faire un excellent engrais une fois digéré…

- Initiez-vous à la cuisine antigaspi et zéro déchet pour réutiliser épluchures (bouillons, chips), les écorces d'agrumes (confites, séchées et réduites en poudre pour aromatiser, citron pressé réutilisé pour parfumer ses produits ménagers, dans le lave-vaisselle ou le réfrigérateur), les fanes de carottes et radis en pesto, les feuilles de betterave dans les smoothies, sautées à la poêle et/ou mixées dans un yaourt pour tremper les légumes à l'apéro...
- Lancez-vous un challenge « une semaine sans rien acheter » ou « une semaine sans déchet », ou encore pesez votre poubelle chaque semaine pour diminuer vos déchets.
- Engagez-vous auprès de la mairie en proposant de vous investir dans les actions locales.
- Faites ensemble des biscuits pour remplacer les goûters industriels.
- Faites un quiz sur le recyclage : quelle poubelle pour quel déchet ? etc.
- Allez en famille faire les courses dans un magasin en vrac et faites remplir bocaux et sacs à vos enfants.
- Offrez des pailles en inox à chaque enfant lors d'un goûter d'anniversaire.
- Organisez un apéro zéro déchet : du pain, des olives, crudités, tzatziki et houmous maison, noix achetées en vrac, chips, quiches, cakes, gâteaux et pizzas maison...
- Visitez des refuges et non des zoos, comme le zoo-refuge La Tanière près de Paris (https://lataniere-zoorefuge.fr/) ou le refuge de l'Arche, en Mayenne (www.refuge-arche.org/).
- Adoptez un animal avec WWF.
- Adoptez un animal familier dans un refuge.

- Inscrivez les enfants au Club Jeunes SPA (le mercredi après-midi, le samedi ou le dimanche pour les 11-17 ans) où ils peuvent devenir bénévoles.
- Inscrivez les enfants à des activités d'initiation à l'écologie et aux low techs type Lab Mobile qui organise des ateliers manuels d'initiation au bricolage, à la nature et à la réparation de manière ludique et thématique (la Terre, la biodiversité, les déchets). https://lelabmobile.fr
- Devenez un point de collecte d'objets ou d'emballages à recycler via les programmes Terracycle (www.terracycle.com/fr-FR/brigades).
- Construisez des meubles ou des objets en matériel de récupération (table basse avec une palette en bois...). Plein de tutos faciles et bien faits pour petits et grands (jardin, déco, rangement...) sur www.18h39.fr, catégorie « tutoriels ».
- Faites un inventaire des appareils dont vous disposez et créez un tableau de partage à afficher dans votre village, entreprise ou immeuble pour proposer en prêt des appareils peu utilisés, comme une perceuse, un appareil à raclette, un escabeau...

TUTO • ORGANISER UNE CAMPAGNE « ZÉRO MÉGOT »

L'objectif de cette action est de sensibiliser les citoyens au fait que les mégots sont extrêmement polluants. Avec ses centaines de substances toxiques (arsenic, plomb, goudron...), un mégot peut polluer à lui seul 500 litres d'eau, et le filtre est composé d'acétate de cellulose, une fibre plastique qui met plus de 15 ans à se décomposer. Or un tiers des mégots finit dans les décharges ou dans les centres d'incinération, et les deux tiers restants sont jetés par terre, soit 66 % qui finissent dans la nature, les cours d'eau et les mers partout autour du globe. Le mégot de cigarette est ainsi un des principaux déchets dans nos océans, et l'un des plus dangereux.

1 Trouvez autour de vous d'autres familles pour participer à l'opération.

2 Choisissez une date, ça peut être chaque soir pendant une semaine ou deux après-midi d'un week-end.

3 Définissez l'action : distribution de tracts, sensibilisation des commerces et notamment des bars et des terrasses.

4 Préparez l'action en amont en en parlant aux commerçants. Vous pouvez faire des affiches pour annoncer « la semaine sans mégot » ou « le week-end sans mégot » ou « rue sans mégot », et essayer d'avoir leur soutien avec, par exemple, une affiche « Je participe à la semaine/rue sans mégot » pour inviter les gens à ne plus jeter leurs mégots par terre.

5 Faites-vous éventuellement soutenir par la mairie ou des associations locales.

6 Vous pouvez lancer une cagnotte pour acheter des boîtes de collecte dédiées aux mégots, que l'on renvoie une fois pleines afin que les mégots soient recyclés (www.greenminded.fr, www.lemontri.fr/le-recyclage-des-megots, www.gumego.com), ou encore des cendriers portatifs qui permettent de jeter son mégot une fois rentré chez soi.

7 Vous pouvez assortir votre action d'un ramassage.

8 Le jour J, distribuez vos tracts, discutez avec les gens, organisez le ramassage (voir tuto ramassage déchets).

Pour aller plus loin

Sollicitez la mairie pour installer des cendriers de rue mais, attention, la difficulté réside dans l'entretien et le ramassage des mégots qui demandent une logistique derrière. C'est une action d'envergure que certaines entreprises peuvent monter (https://ecomegot.com, http://me-go.fr).

TUTO RÉALISER SON COMPOST DANS UN SAC

L'objectif est de créer un compost maison en décomposant des déchets organiques et d'y faire pousser une plante potagère, puis une fois le légume récolé, d'utiliser le compost pour fertiliser votre jardin. Le principe : créer un millefeuille de matières vertes et brunes pour obtenir le bon équilibre azote/carbone nécessaire à la réussite du compostage.

Il vous faut : un sac en textile, de la paille ou du foin, des feuilles mortes, des brindilles, des déchets de cuisine (épluchures, restes de fruits et légumes), des mauvaises herbes ou tonte de gazon et de la terre.

Note : les coquilles d'œufs sont longues à se désintégrer, donc à éviter pour ce type de compost à utilisation rapide. L'expérience se fait plutôt à l'extérieur et le sac sera posé par terre, comme un pot de fleurs qui peut relâcher de l'eau à l'arrosage.

1 Déposez au fond du sac une couche sèche d'environ 10-15 cm, mélange de paille, foin, feuilles mortes et brindilles, qui absorbera l'humidité « cracra » au fond du sac.

2 Déposez par-dessus vos déchets sur 5-10 cm.

3 Déposez les mauvaises herbes et/ou le gazon sur une couche fine, 5 cm.

4 Recouvrez de terre sur 5-10 cm.

5 Vous pouvez arroser immédiatement, mais le compost en formation va chauffer (pouvant atteindre 50 °C) et vous devrez alors attendre une semaine pour planter.

6 Pour planter dans la foulée, contentez-vous d'arroser légèrement, afin que la terre seulement soit humide (vous pouvez aussi l'humidifier avant de la déposer).

7 Plantez un légume de votre choix (tomate, chou, salade...) et attendez qu'il pousse, puis récoltez-le.

8 Le compost sera optimal entre 4 et 6 mois, le temps que tout se soit dégradé, plus vite s'il fait chaud, moins vite s'il fait froid.

9 Au bout de 5-6 mois, retournez le sac pour observer le degré de décomposition. Vous pouvez le répandre dans votre jardin !

TUTO • ORGANISER UN RAMASSAGE DE DÉCHETS

L'objectif de cette action est de nettoyer la nature ou la ville : on peut le faire absolument partout, à la plage, en ville, dans la nature, à la campagne...

1 Choisissez un lieu avec un périmètre délimité, et une date.

2 Imprimez des tracts, créez un événement sur les réseaux sociaux et mobilisez votre entourage : indiquez un lieu et une heure de RDV, une durée et le matériel à apporter.

3 Prévoyez des gants de jardinier ou pour la vaisselle, des sacs si possible réutilisables.

4 Le jour J, réunissez les gens en équipes, avec chacune une zone à sillonner.

5 Donnez rendez-vous aux participants à l'issue du ramassage.

6 Prévoyez une collation zéro déchet pour récompenser les participants.

7 Prenez des photos et publiez votre butin sur les réseaux.

S'il s'agit d'une zone en proie à des dépôts sauvages de matériel, prenez des précautions de sécurité pour ne pas vous blesser, éventuellement prévenez la mairie en amont si besoin d'un ramassage par les services de voirie, ou des encombrants.

Il est possible de prévoir deux sacs par équipe pour trier ce qui se recycle et le reste.

Vous pouvez imaginer des déclinaisons parents-enfants, running, amis, voisins...

Vous pouvez investir dans des boîtes à recycler les déchets qui habituellement ne se recyclent pas (www.boites-zero-dechet.fr/).

TUTO • INSTALLER DES TOILETTES SÈCHES

Si la perte d'eau potable utilisée à chaque chasse tirée vous rend malade, même en appartement, il suffit d'enlever les toilettes et de placer le dispositif à la place... si on arrive à lever le frein principal qui est psychologique. Seule condition : avoir accès à de la sciure de bois et à une zone dédiée au compostage. Sur le modèle du Low-tech Lab, voici les grands principes, retrouvez le tuto complet (et bien d'autres) ici : https://wiki.lowtechlab.org avec les explications sur la contamination des eaux usées grises par les eaux noires (toilettes) et ce grand gâchis.

1 Enlevez (ou faites enlever par un plombier) vos toilettes actuelles.

2 Installez une caisse avec un trou sous lequel sera placé un récipient type très grand seau.

3 Fixez un abattant de toilettes classique.

4 Déposez de la sciure au fond du seau.

5 Faites vos besoins sur les toilettes, jetez-y le papier toilette.

6 Recouvrez de 1 cm de sciure de bois.

7 Quand le seau est plein, videz-le dans la zone de compostage et recouvrez-le d'une couche de feuilles ou de paille.

8 À l'extérieur, nettoyez le seau à l'eau et au savon végétal naturel, et videz l'eau sale sur la zone de compostage.

9 Replacez le seau sous les toilettes avec un peu de sciure au fond.

10 Désinfectez les lunettes et la bavette au besoin, comme pour des toilettes classiques.

PS : NON, ça ne sent pas mauvais ;-)

TUTO • • FABRIQUER DES BEEWRAPS

Pour dire au revoir au film alimentaire étirable, 100 % polluant et à faible durée de vie, voici des « couvercles » écologiques réutilisables à l'infini à base de cire d'abeille.

Les ingrédients :

- cire d'abeille en copeaux ou pastilles (à acheter en vrac ou sur Internet)
- morceau de tissu en coton fin (pas de fibres synthétiques) avec ou sans motif selon votre goût (une vieille chemise, par exemple)
- papier cuisson

Optionnel : ciseaux crantés qui éviteront que le tissu ne s'effiloche, fer à repasser

1 Dessinez sur l'envers du tissu la forme et la taille voulues en vous aidant d'un plat ou d'un bol retourné.

2 Découpez les formes dans le tissu.

3 Placez les morceaux sur du papier sulfurisé sur une grille hors du four, et déposez-y les copeaux ou billes de cire selon la taille.

4 Enfournez comme un gâteau à 100 °C (th. 3/4) pour 3 à 4 minutes.

5 Observez la cire fondre pour vérifier qu'elle recouvre bien tout le tissu, sinon étalez-la avec le dos d'une petite cuillère et refermez.

6 Retirez les beewraps du four et laissez-les sécher : ils sont prêts !

7 Pour les placer sur un plat, repliez le bord tout autour et pressez avec les mains pour que la cire s'assouplisse et prenne la forme du plat.

8 Évitez la chaleur aux beewraps (donc pas de lave-vaisselle ni de micro-ondes), lavez-les à l'eau froide, à l'éponge ou tawashi. S'il est abîmé, il suffit de recommencer l'opération pour lui donner une nouvelle vie !

Il est aussi possible de les fabriquer en plaçant le tissu et la cire entre deux feuilles de papier cuisson et de les repasser à basse température jusqu'à ce que la cire fonde.

TUTO LANCER SON POTAGER AU JARDIN

L'objectif est de mettre en œuvre toutes les conditions pour que les plantes et les légumes poussent bien. Il est aussi possible de faire un petit potager surélevé « en carré » ou « sur butte » avec un encadrement en bois à construire (plein de tutos sur Internet).

1 Le terrain idéal est un terrain plat au sol meuble, riche et profond, ni trop acide ni trop calcaire, ensoleillé et à l'abri du vent (vous pouvez trouver des diagnostics des sols en ligne pour déterminer s'il est sableux, ou acide, etc. et comment y remédier).

2 Déterminez la taille que vous voulez y consacrer. Attention, l'entretien demande du temps. Si le but est de jardiner en famille, 10-20 mètres carrés suffisent au départ. À agrandir ensuite si vous visez des récoltes plus importantes.

3 Pour le protéger du vent, l'idéal est de l'adosser à un mur de la maison, à une haie ou des massifs. Sinon, vous pouvez planter un « rempart » végétal avec des groseilliers ou des framboisiers.

4 Pour commencer, choisissez des légumes simples afin d'être sûr de faire une récolte : radis, courgettes et courges, choux, haricots, tomates, salades, fraises, fines herbes ainsi que carottes, panais et pommes de terre, qui demandent un peu plus d'espace.

5 Pour vous donner toutes les chances, choisissez les autres légumes en fonction de la nature du sol et l'exposition (sur sol

argileux : betteraves, épinards, fèves ; sur sol sablonneux : asperges, pastèques, pommes de terre ; sur sol peu ensoleillé : laitues, épinards, céleris).

6 Dessinez un plan pour prévoir les plants selon l'espace dont chacun a besoin, sans oublier un passage pour les petits jardiniers entre les rangs !

7 Prévoyez des fleurs dans le plan du potager, elles attirent les insectes pollinisateurs nécessaires à la fructification.

8 Établissez un calendrier des semis et des récoltes selon les caractéristiques de chaque légume pour anticiper et prévoir les plantations suivantes.

9 Il vous faudra le fertiliser et l'enrichir avec du compost : préparez-le en amont (voir tuto précédent) ainsi que du purin d'ortie, excellent et antiparasitaire (cherchez en ligne).

10 Bêchez le sol pour en enlever les cailloux et les vieilles racines, idéalement avec une « grelinette », l'outil numéro un du jardinier bio, qui décompacte la terre sans la retourner, préservant ainsi l'activité biologique des différentes couches du sol.

11 C'est en général en automne que l'on désherbe et prépare le sol dans la perspective de semer au printemps, après l'avoir couvert pendant l'hiver avec de la paille. Paille que l'on peut ensuite conserver au pied des plants pour éviter que l'humidité du sol ne s'évapore ou pour le protéger du froid (renseignez-vous sur toutes les vertus du paillage qui sont nombreuses).

12 Au printemps, retirez la paille, enlevez les mauvaises herbes, et à vous de jouer !

• TUTO • • • • • VÉGÉTALISER SON ALIMENTATION • • • • • • • • • • • • • •

Si l'humanité devenait végétarienne, cela résoudrait à la fois les problèmes de santé les plus mortels liés à la surconsommation de viande principalement rouge et de mauvaise qualité, mais aussi une grande partie des émissions carbones liées au réchauffement climatique ainsi qu'une bonne partie de la faim dans le monde. Rien que ça. Mais les habitudes et les croyances (que la viande est nécessaire au corps) sont dures à perdre. Voici comment s'initier à l'alimentation végétale pour réduire (ou arrêter) sa consommation d'animaux.

1 Fixez-vous un objectif selon vos envies : végétaliser un repas ou une journée entière par semaine, ou faites un challenge en famille type « une semaine sans viande », pour voir.

2 Repensez votre vision de l'assiette parfaite. L'assiette végétale contient pour moitié des légumes crus et cuits avec des herbes aromatiques (persil, thym...), des épices (curcuma, curry...), des algues marines et des oléagineux (avocat, huile d'olive, de noix, de colza...). L'autre moitié est remplie de légumineuses (lentilles cuites ou en purée, pois chiches...) et des céréales complètes (quinoa, couscous, riz complet...). On l'assortit de fruits en dessert ou en entrée.

3 Découvrez les produits végétaliens qui vont pouvoir remplacer la viande : galettes de céréales, steaks végétaux, tofus, tempeh et regardez comment les cuisiner.

4 Faites une liste des aliments végétaux pour envisager vos repas :

- légumineuses : lentilles noires, vertes, corail, haricots rouges et blancs, flageolets, pois chiches, fèves, pois cassés, soja ;
- féculents et céréales : millet, quinoa, sarrasin, flocons d'avoine et d'épeautre, farines de châtaignes, de riz, de maïs... ;
- pâtes : de blé classiques mais aussi de sarrasin, de maïs, de lentilles et de pois chiches ;
- oléagineux : pistaches, noix, amandes, noix de cajou, noisettes, noix du Brésil... à croquer, à incorporer dans un plat ou sous forme de purée à tartiner (en magasin bio).

5 Commencez facile :

- Faites des houmous avec de l'huile d'olive et des pois chiches, puis en y ajoutant de la betterave ou des citrons confits, de la coriandre...
- Découvrez les farines de pois chiches, lentilles, pois cassés, qui sont pratiques pour préparer des terrines, des blinis, des crêpes ou être incorporées dans les pâtes à tarte.
- Adaptez vos recettes en version végétale : bolognaise aux lentilles et pâtes complètes, chili SIN carne avec des protéines de pois texturées (en magasin bio), tofu pané en remplacement du poulet pané, tofu fumé à la place des lardons, crème de soja à la place de la crème fraîche, lait d'avoine ou de riz à la place du lait de vache, etc.
- Faites des recettes simples : curry de légumes, risotto aux champignons, soupes, gratins, galettes multicéréales...

6 Inspirez-vous des restaurants végétariens en allant goûter leurs recettes et faites une liste de recettes végétales à étoffer au fur et à mesure.

7 Faites-vous un nouveau fonds d'épicerie avec des basiques pour donner du goût : cubes de bouillon, sauce soja, ail, échalotes, oignons, concentré de tomate, algues (nori, wakamé), etc.

TUTO — ORGANISER SON JARDIN POUR LA BIODIVERSITÉ

Chaque parcelle, chaque jardin, peut devenir favorable à l'installation de diverses espèces. Pour attirer et abriter un maximum d'insectes, de végétaux et d'animaux, il suffit parfois d'organiser l'espace différemment ou d'implanter certaines variétés de plantes. L'idée est d'aménager différents coins de jardin pour que la diversité s'enrichisse.

1 Libérez la terre au maximum en réduisant les revêtements (chemins de dalles, bois, terrasse bétonnée...).

2 Réduisez la taille de la pelouse vierge tondue qui n'est d'aucune utilité pour la biodiversité, surtout car on la tond avant la montée des graines.

3 Végétalisez la parcelle au maximum en bannissant les espaces monoculture type haie de thuyas ou parterre de géraniums : il faut mélanger les espèces, ce qui permet de varier les périodes de floraison et de pousse des baies.

4 Organisez différents types de jardins selon leurs caractéristiques en dessinant un plan en amont :

- un espace dans lequel on sème des fleurs qui fleurissent au printemps-été et servent de garde-manger aux insectes, abeilles et bourdons ;

- une haie en mélangeant les espèces ayant des périodes de floraison différentes : buddleia, forsythia, boule de neige, troène, cognassier du Japon... ;
- un coin potager sur un espace bien ensoleillé : tomates, courgettes et herbes aromatiques, très appréciées des abeilles ;
- dans un coin un peu ombragé, plantez des bulbes type tulipes et jonquilles ou des semis fleuris : cosmos, soucis, pavots ;
- si un endroit est totalement à l'ombre, installez-y des plantes de forêt, comme les fougères... ;
- dédiez un coin à la pousse sauvage, où les plantes locales pourront pousser librement, sans être ni entretenues ni désherbées. Quelques mètres carrés d'herbes folles suffisent pour accueillir les « mauvaises herbes » type orties ou pissenlits qui pourront servir à préparer des insecticides naturels aux autres zones du jardin et attirer des araignées et pucerons bénéfiques (ils entrent dans les chaînes alimentaires d'autres espèces utiles au jardin).

5 Installez au soleil des tas ou des murets de pierres qui pourront héberger des lézards, et un tas de bûches ou de bois à l'ombre pour héberger les insectes et même des hérissons.

6 Installez un nichoir et une mangeoire pour les oiseaux, un hôtel à insectes (facile à fabriquer) pour inviter les animaux à fréquenter votre espace et s'y installer.

7 Pour masquer les bordures type grillages, murs ou barrières, installez des plantes hautes qui apporteront des fleurs ou des plantes grimpantes type glycine, chèvrefeuille, vigne vierge ou lierre pour apporter de la végétation.

8 Installez des arbustes à baies (houx, aubépine, sorbier, sureau noir) qui, en hiver, apportent de la couleur au jardin et servent de garde-manger aux oiseaux.

9 Plantez des arbres. Même les plus petits, type catalpa boule, offrent un refuge précieux aux oiseaux qui peuvent y faire leur nid. Mieux, les arbres possèdent un « microclimat frais » de 1 mètre autour d'eux, permettant en été de naturellement réguler la température et de protéger les fleurs de la sécheresse dans ce périmètre.

10 Si l'espace est restreint, évitez les conifères qui pompent les nutriments alentour et en privent les autres plantes. Par ailleurs, leurs aiguilles acidifient le sol quand elles tombent, faisant le vide autour d'elles.

CHARTES D'ENGAGEMENT FAMILIALES

Choisissez les mesures que vous vous engagez à appliquer et complétez la liste au fur et à mesure de votre transition écologique !

Charte d'engagement des parents

- ☐ Trier mes mails.
- ☐ Acheter moins.
- ☐ Faire les courses dans des magasins engagés, pas en supermarchés, le moins possible
- ☐ Acheter des habits en fibres naturelles.
- ☐ Cuisiner végétalien.
- ☐ Faire mes courses « en vrac ».
- ☐ Célébrer sans gaspiller (anniversaires, soirées...).
- ☐ Me composer une garde-robe durable.
- ☐ Acheter des chewing-gums en gomme naturelle (Bonzaï, The Humble C, Too Good...) et non les classiques, dérivés de pétrole.
- ☐ ....
....
- ☐ ....
....
- ☐ ....
....
- ☐ ....
....
- ☐ ....
....

Charte d'engagement des enfants

- ☐ Toujours jeter mes déchets dans une poubelle, jamais par terre ni dans la nature. Si je ne peux pas, je mets mon papier/bâton de sucette dans ma poche pour plus tard, ou je le donne à un adulte.
- ☐ Penser à éteindre la lumière quand je sors d'une pièce.
- ☐ Fermer les robinets pendant que je me brosse les dents ou que je me savonne.
- ☐ Faire pipi dans la douche quand je le peux.
- ☐ Semer des graines vertes autour de moi.
- ☐ Accepter de recevoir des jouets d'occasion en cadeau.
- ☐ ....
....
- ☐ ....
....
- ☐ ....
....
- ☐ ....
....
- ☐ ....
....

Pourquoi social et environnemental sont indissociables

Les luttes sociales et environnementales apparaissent comme indissociables tant au niveau local qu'international : ce sont deux priorités qui vont dans le même sens et ne sauraient se concurrencer. En effet, si la question climatique s'affranchit des frontières, elle impactera en premier lieu les pays du Sud, et les citoyens les plus modestes chez nous. Opposer gilets verts et gilets jaunes serait une grossière erreur car leurs intérêts sont communs. Les luttes sociales ne sont pourtant pas toujours connectées aux luttes environnementales, notamment car il est souvent difficile pour ceux qui ne joignent pas les deux bouts d'intégrer la pensée écologique à leur (sur) vie. Pourtant, un mode de vie sobre est l'assurance de faire des économies et même d'augmenter son pouvoir d'achat : une alimentation plus saine, bio, bien qu'un peu plus chère au départ et loin des produits industriels à bas prix qui sont pourtant précisément destinés aux plus modestes, permet d'incroyables économies en frais de santé et est rapidement rentabilisée. L'écologie ne demande parfois aucun geste, mais plutôt des « non-gestes » comme ne pas acheter telle marque, ne pas laisser ses appareils allumés la nuit, etc. La sobriété au quotidien, en [illegible] la consommation de biens matériels, permet des dépenses plus vertueuses, en rapport avec l'humain et le lien social, comme des vacances ou des sorties. De ce point de vue, on oublie souvent que la base de la science de l'écologie s'appuie toujours sur la notion de relation et d'interdépendance, entre les êtres, et entre les organismes et leur environnement. Il en est de même pour les personnes et les sociétés que le capitalisme a éclatées en faisant primer la compétition sur la coopération, perdant de vue la dimension relationnelle qui est, elle, au centre des idéaux écologiques. Révolutions écologiques et sociales ont en commun de replacer l'entraide, le lien et le principe de solidarité au centre des enjeux, dans un esprit communautaire d'optimisation et d'effort collectif.

« L'ennemi, c'est le fatalisme. »

Raphaël Glucksmann, essayiste et député européen pour le mouvement Place Publique, auteur de *Enfants du vide. De l'impasse individualiste au réveil citoyen.*

AT : Comment résumer le scandale du travail forcé des Ouïghours et en quoi cela nous concerne-t-il ?

RG : Près de 3 millions de Ouïghours sont déportés, parqués dans des camps, non pas pour ce qu'ils font mais pour ce qu'ils sont. Le système concentrationnaire chinois les met à disposition d'entreprises qui sont souvent les fournisseurs des plus grandes marques internationales. Des dizaines et des dizaines de milliers d'esclaves se retrouvent ainsi à produire des biens que nous achetons ici, depuis nos chemises jusqu'à nos voitures. La mondialisation a éclaté les chaînes de valeur : les grandes marques ne produisent rien elles-mêmes, elles font reposer leur production sur des filiales et des fournisseurs qui échappent totalement à notre droit social et environnemental. Dans le cas de l'industrie textile en Chine, l'esclavage est présent sur tout le cycle de production, depuis le ramassage du coton – 85 % du coton utilisé en Chine vient de la région du Xinjiang. Les Ouïghours sont considérés par le régime comme du « matériel humain » : à disposition des entreprises en fonction de la demande. De notre demande. Leur calvaire peut sembler très lointain, mais il fait partie de notre quotidien, à travers nos chaussures, nos vêtements, notre matériel informatique et nos voitures. L'ONG australienne

ASPI a identifié 83 grandes marques internationales qui bénéficient de ce système. De Apple à Volkswagen, en passant par la quasi-totalité des grands noms du textile, cette liste raconte le versant sombre de la globalisation. Elle met en lumière un problème structurel : en cherchant à produire à un coût toujours plus bas, ce qui leur permet de dégager des marges incroyables, des marques-monde comme Zara ou Nike se retrouvent complices de crimes contre l'humanité. Et nous intègrent, lorsque nous achetons leurs produits, dans une chaîne de complicités insupportable. Voilà ce contre quoi nous nous battons.

AT : Comment ces marques, et les multinationales en particulier, sont-elles responsables ?

RG : Elles sont responsables car elles sont les bénéficiaires de ce système et décident de fermer les yeux. Parfois, lorsque nous les interpellons au cours de campagnes publiques qui rassemblent des centaines de milliers d'activistes sur les réseaux, elles nous répondent qu'elles n'ont pas de contrôle sur leur fournisseur, pas même accès à l'information, et ça peut être vrai, mais ce sont elles qui décident de travailler avec ce fournisseur. Elles choisissent de ne pas être regardantes sur la manière dont sont produits les biens qui les enrichissent. Leur quête du plus bas coût n'est contrebalancée par aucune précaution éthique sérieuse et, surtout, aucune obligation juridique véritable. Une entreprise comme Nike ou Zara crée des concepts, puis impose sa marque sur un produit fini et fait des campagnes de pub pour le vendre. Mais elle ne produit rien en tant que telle. Il n'existe pas d'usine Nike ou Zara ! C'est une usine Huafu qui produit la chaussure Nike et la chemise Zara. Ces entreprises n'assument aucune responsabilité juridique pour toutes les violations des droits humains ou environnementaux au cours de la production de leurs propres produits. Lors de nos campagnes d'interpellation, il arrive que des patrons de ces marques découvrent l'ampleur du problème. Ainsi avec Lacoste : son P-DG a lancé une enquête interne et a dit avoir appris que 10 % de ses produits dans le monde provenaient de ces entreprises chinoises qui esclavagisent les Ouïghours. C'est énorme, cela représente des montants et des volumes massifs. Couper les ponts avec ces fournisseurs suppose une décision politique difficile au sein de l'entreprise car cela engage des coûts massifs. Il faut donc une pression publique forte pour les y pousser. C'est sur ce terrain-là que nous jouons. Nous voulons montrer que le coût du manque à gagner dû au boycott et à la détérioration de leur image de marque sera plus important que le coût des changements demandés dans la chaîne de production. En attaquant leur image de marque, on attaque l'autre pilier de leur business model. L'image d'une marque est à la fois sa force et son talon d'Achille. C'est là qu'il faut frapper pour être entendu. C'est vrai pour toutes les grandes marques, mais en particulier pour le textile. Nike, par exemple, dépense des millions pour se façonner depuis des années une image de marque progressiste, qui soutient les mouvements comme « Black Lives Matter » et prône l'émancipation des êtres humains. Alors, quand on a des dizaines de milliers de jeunes qui commentent sous chaque post de Nike pour rappeler qu'ils sont esclavagistes, ça les inquiète. Mais tout cela, bien qu'efficace, reste artisanal, ce sont des actions qui reposent sur la volonté, celle des citoyens de s'engager, et celle des entreprises de changer. Car il n'y a pas de contraintes légales : il faut aujourd'hui aussi traduire l'esprit de ces campagnes de mobilisation civique dans la loi.

AT : Comment agir à notre niveau ? Faut-il boycotter ?

RG : Moi, je laisse chacun libre de ses choix, mon rôle est d'alerter et de mettre la pression sur les entreprises sans foi ni loi. Ensuite les gens sont libres de choisir où et comment ils dépensent leur argent. Je veux juste que chacun prenne conscience qu'il a du pouvoir face à ces mastodontes. Car on est tous en proie à une forme de fatalisme. Face au dérèglement climatique. Face à l'explosion des inégalités. Face au délitement démocratique. On pense qu'on n'y peut rien. Alors qu'on a du pouvoir. Nous avons du pouvoir sur les entreprises dont nous sommes les clients potentiels, sur les dirigeants dont nous sommes les électeurs éventuels, sur la Chine même, qui ne peut se passer du marché européen. Nous avons du pouvoir mais nous ne l'utilisons pas, nous ne l'exerçons pas. Si on fait sauter le loquet du « tu n'y peux rien », alors des choses se passent. Si on se met collectivement en mouvement, on peut faire bouger les lignes. Ce qui motive les gens qui participent à nos actions, au-delà de la noblesse de la cause elle-même, c'est qu'on obtient des victoires : quand le patron de Lacoste envoie un message un vendredi soir à 23 heures et échange avec des lycéens sur les réseaux, ou quand H&M nous écrit pour céder à toutes nos demandes, pour les jeunes qui participent, c'est motivant. C'est la clé de toute mobilisation : l'espoir de faire la différence. L'ennemi dans notre monde, c'est le fatalisme.

AT : Qu'est-ce que le devoir de vigilance que vous proposez ?

RG : La globalisation a engendré une pyramide d'irresponsabilité, où plus on est riche et puissant, plus on échappe à toute forme de responsabilité. Une multinationale peut violer les droits humains et détruire l'environnement via ses filiales ou fournisseurs sans être tenue responsable de rien. Plus vous avez d'impact négatif sur les droits humains et l'environnement, moins vous avez de responsabilité dans ce monde qui marche sur la tête. Cette impunité des puissants est LE trou noir qui mine le rapport à la politique, au droit, à la loi. L'idée du devoir de vigilance des entreprises est simple : réintroduire de la responsabilité à la tête. Le politique doit s'adresser ainsi à ces grands groupes : vous avez délocalisé la production, nous allons délocaliser le droit, nous allons vous rendre justiciables et responsables de la totalité de votre chaîne de production. Tout ce qui vous permet de faire de l'argent sera désormais de votre responsabilité. Je suis rapporteur au Parlement européen sur ce projet de législation européenne pour la commission des droits humains (le sujet est si dense qu'il y a plusieurs commissions impliquées) : c'est un combat immense, mais potentiellement une révolution juridique et une révolution dans l'ordre du monde. Si le droit européen impose ce devoir de vigilance, on aura un tout autre rapport aux responsabilités. Les victimes, ou des ONG qui portent leur cause, pourront porter plainte contre le dirigeant de Nike ou Zara parce que des esclaves produisent leurs chaussures et leurs chemises. On pourra même poursuivre une institution financière qui investit par exemple dans la recherche minière au Congo, qui sera tenue en partie responsable des écocides sur place, puisque c'est avec son argent et ses investissements que la destruction environnementale là-bas sera arrivée. Certains des dirigeants d'entreprise nous l'ont dit d'ailleurs, si notre projet est adopté, ça les poussera TOUS à changer leur business model : personne n'a envie de passer en procès à titre personnel par la « faute » d'un sous-traitant. C'est très compliqué et d'immenses et puissants lobbies s'y opposent bien sûr, mais plus le débat aura lieu sur la place publique, et non dans des couloirs obscurs, plus on a de chances de gagner la bataille. Le jour où un dirigeant d'une grande boîte passera en procès car un écosystème aura été dévasté par sa faute en Afrique ou parce qu'un esclave aura été utilisé pour produire ses chemises, on aura envoyé un message fort : la politique est de retour. Frapper fort, à la tête, est la seule manière d'inverser le cours des choses. Sinon, nous courons à la catastrophe humaine et écologique.

AT : Quelle est votre position et votre constat en termes d'écologie ?

RG : Pour moi, le combat écologique et les combats humanistes sont les mêmes. La fonction du politique est de corriger le cours des choses. Si on ne le fait pas, on arrive à la fin du monde, ce que l'extinction de la biodiversité et le dérèglement climatique nous montrent. La perspective de l'effondrement, de la disparition du monde, produit un retour du tragique dans nos existences, et donc le besoin du politique. Sans perspective tragique, la politique est une blague. C'est l'écologie qui est aujourd'hui la seule politique sérieuse, à condition qu'elle soit pensée de façon globale. Et les jeunes de 20 ans le comprennent mieux que les autres. Ils sont plus sérieux que les quinquas en costume cravate qui continuent à négocier des accords de libre-échange comme si de rien n'était. Si aucune puissance politique n'est capable de refonder notre système de production et d'échange, d'imposer aux multinationales de changer leur business model, de lancer tout de suite les grands chantiers de la transformation écologique, on court dans l'abîme. L'écologie, c'est aussi le rétablissement de la cité, légitimer le fait d'avoir une puissance publique capable de s'imposer aux puissances privées. Tout le monde veut une reprise en main du cours des choses. La question est : qui va le faire ?

Je ne vois que deux récits capables de « réenchanter » la politique. Soit le récit nationaliste à la Trump ou Salvini – qui dit « On va restaurer un État fort, sauver une identité menacée… » –, soit le récit écologique dont on sent la puissance sans saisir encore qui l'incarne vraiment.

L'écologisme est un humanisme. C'est même l'humanisme du XXIe siècle, celui qui réinsère l'homme dans le monde, dans la chaîne du vivant, qui rétablit les liens coupés. Qui nous sort de notre pesante solitude. Nous avons conscience de cela. Nous le sentons. Nous le savons. Le problème, c'est le temps. Le récit écolo est en retard sur le récit autoritaire. Nous sommes en retard ; 40 ans de sommeil sont responsables de ce retard. Notre monde est tragique, mais notre personnel politique est comique. Il faut donc le changer. Investir le champ politique est aujourd'hui, littéralement, une question de vie ou de mort.

« L'intelligence collective est un facteur clef pour relever les challenges de notre époque. »

Magali Payen, réalisatrice et fondatrice du mouvement On est prêt #OnEstPrêt.

AT : Pouvez-vous présenter le mouvement On est prêt ?

MP : J'ai créé le mouvement On est prêt en 2018 avec l'objectif de coordonner des artistes, des experts, des lanceurs d'alerte et des faiseurs sur le terrain, et faire advenir, grâce à la puissance de toute cette intelligence collective, un nouveau monde qui remette en son cœur le vivant et la justice sociale. On est prêt propose des moyens d'action concrets à travers la création et la diffusion de campagnes, d'événements et de programmes vidéo de sensibilisation sur des questions de société et d'environnement. La première campagne #OnEstPrêt à avoir agi pour le climat a rassemblé pendant un mois plus de 120 youtubers, sportifs, acteurs autour d'un message clé : les citoyens sont prêts. L'action finale de cette campagne a été de soutenir l'Affaire du Siècle, ce procès contre l'État pour inaction climatique, porté par quatre ONG. Aujourd'hui, l'objectif d'On est prêt est, d'une part, de produire et diffuser massivement des imaginaires inspirants pour transformer la société et, d'autre part, de mobiliser les citoyens à l'aide de trois leviers d'action : individuel, mais également industriel et politique.

AT : Comment vous y prenez-vous pour interpeller l'opinion publique ?

MP : Nous montons des projets de type campagne de plaidoyer, de communication, d'influence ou de lobbying construits en collaboration avec des organisations partenaires. Le but est toujours, ou presque, de mobiliser le public le plus large, pas celui qui est déjà convaincu ou militant, et de l'amener à se transformer et ainsi à faire pression sur les autres acteurs, économiques et politiques en premier lieu. Nos actions sont très variées : nous avons organisé un happening artistique avec la fondation JR et les 150 citoyens de la Convention citoyenne pour le climat, nous avons récemment interpellé Emmanuel Macron sur la tenue de sa promesse démocratique vis-à-vis des 150 via la campagne vidéo *Imagine on le fait*, nous organisons des rencontres et des collaborations entre experts (Valérie Masson-Delmotte du GIEC, Gilles Bœuf du Muséum d'histoire naturelle), avec des influenceurs…

AT : Avez-vous réussi à faire changer des choses ? Quelles sont les retombées ?

MP : On peut déjà parler de deux grandes victoires politiques : les 2,3 millions de signataires de l'Affaire du Siècle et la convergence des mobilisations sociales et écologistes qui s'est concrétisée en mars 2019 qui ont permis à nos partenaires proches de négocier dans la foulée avec le gouvernement la Convention citoyenne pour le climat. Ces actions ont eu lieu en collaboration avec d'autres acteurs : l'intelligence collective est un facteur clef pour relever les challenges de notre époque.

Côté victoire, d'un point de vue culturel, on peut mentionner le rassemblement de plus de 120 personnalités autour d'une même action environnementale, les engageant sur un mois complet (première campagne On est prêt, fin 2018) et rendant ainsi l'écologie plus « sexy », l'appel « Résister et créer » au festival de Cannes 2019, signé par plus de 250 noms du cinéma et qui a permis de mettre en lumière l'écologie dans cet événement culturel le plus médiatisé au monde ; la création de la campagne #Act4Amazonia qui a permis de rassembler plus de 40 acteurs clefs en deux jours et de donner des pistes d'actions concrètes à des citoyens désemparés.

AT : Qu'est-ce que cette « aventure » raconte sur l'évolution de la société ? Que constatez-vous ?

MP : Les gens sont prêts à changer de monde, la transition ne fait plus peur. La prise de conscience est maintenant généralisée ou presque. Mais il reste encore beaucoup de questions et bien trop de gens ne savent pas par quoi commencer ou quelle est leur place dans ces nouveaux récits. Il y a un discours militant qui est porté par des associations spécialistes, historiques et bien implantées. Mais ce discours militant ne s'adresse pas à tout le monde, et c'est la société dans son ensemble qui doit être embarquée pour permettre la métamorphose du monde et débloquer les écueils encore présents, économiquement et politiquement. L'aventure On est prêt essaie donc de combler ce fossé, de faire se rejoindre changement des modes de vie et transformation systémique, prise de conscience individuelle et passage à l'action collectif.

AT : Quelle attitude adopter face aux enfants qui se posent beaucoup de questions ?

MP : Y répondre ou en tout cas chercher à le faire ensemble ! Les adultes aussi se posent beaucoup de questions, c'est normal. Mais les enfants, eux, ne peuvent pas y répondre seuls et faire leurs propres recherches. Il faut donc prendre le temps nécessaire pour les accompagner, leur donner nos propres avis et leur dire là où, au contraire, on ne sait pas non plus. Le but n'est pas de répondre à tout ou d'essayer de les convaincre de faire comme nous, mais de leur apprendre à se positionner sur ces questions de manière autonome, petit à petit, de savoir où chercher les réponses et comment se construire sa propre opinion. Que ce soit sur le climat, la biodiversité ou plus largement sur n'importe quelle question politique ou sociétale !

« Aujourd'hui on peut réduire son empreinte écologique par quatre et diviser la taille de sa poubelle par dix, tout en économisant 300 euros par mois. »

Julien Vidal, fondateur du site Çacommenceparmoi.org, et auteur des ouvrages *Ça va changer avec vous*, *Ça commence par moi* et *Redonner du pouvoir à son argent*.

AT : Racontez-nous l'aventure de « Ça commence par moi »

JV : En 2016, je me suis lancé comme défi de tester et d'adopter chaque jour une nouvelle éco-action, pendant un an ! J'ai alors adapté à mon quotidien des actions parfois toutes simples pour montrer qu'un monde plus durable et plus égalitaire commence toujours devant sa propre porte. J'ai voulu montrer que si moi, je pouvais le faire, tout le monde pouvait s'y mettre et j'ai pour cela lancé le site afin de recenser les 365 actions de cette année. Ensuite est né le livre qui reprend ma démarche. Ça a fait boule de neige et aujourd'hui les gens qui veulent s'y mettre se rendent compte que chacun peut trouver des actions à sa portée, que l'on soit jeune, vieux, parent, urbain, étudiant ou chômeur… ça m'enthousiasme vraiment car si le monde entier appliquait ces mesures, nous consommerions les ressources de 0,8 planète contre 3 aujourd'hui pour les Français…

AT : Faut-il croire à l'effet de ces « petits pas » individuels ?

JV : Il est vrai que, face aux entreprises les plus polluantes qui sont responsables de 70 % des émissions de CO_2 dans le monde, cela ressemble à David et Goliath. Mais c'est parce que l'on se trompe de perspective : comparer action individuelle et action collective n'a pas vraiment de sens car cela n'a pas exactement la même finalité. Convaincre les gens de faire ces petits (ou grands) changements dans leur quotidien a surtout pour objet d'expérimenter l'écocitoyenneté dans la vie de tous les jours. Adhérer au principe du colibri (chacun fait sa part), c'est surtout s'éduquer par l'expérience. Ce sont aussi des étapes vers de plus grands changements car, en général, quand on commence, on s'aperçoit que ce n'est pas si difficile, la prise de conscience grandit et on veut faire plus. Les petits gestes deviennent des gestes tout court qui ont un impact de plus en plus grand, comme changer de fournisseur au profit d'une électricité d'origine renouvelable comme chez Enercoop, devenir végétarien ou arrêter de prendre l'avion… Aujourd'hui, on peut réduire son empreinte écologique par quatre et diviser la taille de sa poubelle par dix, tout en économisant 300 euros par mois. Tout cela mis bout à bout permet d'inverser la tendance et *in fine* de faire bouger les gouvernements et les grandes entreprises.

AT : Que faut-il changer en priorité à votre avis, et est-ce difficile ?

JV : À titre individuel, ma démarche écocitoyenne a remis du sens dans ma vie. En ayant changé de perspective, plus rien ne me semble dur car je prends plaisir à faire ces choix qui m'apportent un réel bonheur et un sentiment de plénitude inédits. Renoncer à tous ces réflexes est une libération une fois que l'on a pris le pli, et non un renoncement comme on peut le croire. Pour se lancer, il faut y aller en douceur en commençant par se lancer un défi à notre portée, par ce qui nous parle le plus, et ce qui nous semble – justement – le plus facile, qui est différent pour chacun. Je préconise toujours de commencer par ce qui donne déjà du plaisir dans la vie : la technologie, la cuisine, les voyages, la mode ? La notion de plaisir est essentielle si vous voulez tenir dans la durée.

AT : Qu'est-ce qui est encourageant ? Comment avoir le déclic ?

JV : J'ai toujours l'impression que les choses vont trop lentement, mais en même temps, regardez ce qui a changé en seulement quelques années ! Les enjeux écologiques deviennent de plus en plus importants dans l'esprit des citoyens, et cela se voit : la pétition de l'Affaire du Siècle a été en quelques semaines la plus soutenue jamais vue en France avec plus de 2 millions de signataires ! Ils consomment mieux et moins, privilégient le « made in France ». Les citoyens se bougent, reste à faire bouger les gouvernements… Et là, c'est une autre histoire : il faut changer d'axe, complètement, notamment en arrêtant de prendre comme seul indice de croissance le PIB. La croissance est toujours considérée par le prisme économique, alors que le prisme du bien-être et du bonheur serait un bien meilleur indicateur de la santé de la France car il serait forcément corrélé au niveau de vie et à la sécurité, par exemple. Question de perspective. Le déclic vient parfois avec les enfants, ou quand on comprend l'impact écologique de ses habitudes. Cela peut venir d'un livre, d'un film, mais aussi de discussions. Pour moi, la démarche écologique, même personnelle, ne peut se passer de la facette sociale et collective. Il faut penser local, lien, échange. Être dans l'empathie de la Terre passe par l'empathie que l'on a pour les gens car on ne pourra construire un nouveau système que tous ensemble.

« Il faut comprendre que l'on est dans une société de surconfort, quand on assimile cela, on peut commencer à réduire notre consommation sans faire d'effort. »

Gregory Pouy, analyste culturel, conférencier, fondateur du podcast *Vlan !* et auteur de *Insoutenable Paradis*.

AT : La plupart des écologistes prônent des changements drastiques, pas vous ?

GP : Non, car pour prôner le drastique, il faut être sûr d'avoir raison, qu'il n'y ait aucun doute possible quand on prendra la décision. La réalité, c'est qu'il y a beaucoup d'externalités. Personne ne sait comment prendre l'ensemble du problème, sinon on aurait déjà pris des décisions.

Moi, je pense qu'il faut changer d'état d'esprit, il faut changer son rapport au monde, à la croissance, à la nature, changer son rapport au bonheur et cela ne peut pas se faire en un claquement de doigts, de manière drastique. En revanche, c'est en cours, donc pour moi la question est plutôt : « Comment accélérer ce mouvement ? » C'est ce que j'essaie de faire à travers mon livre, mon podcast, les actions menées avec des marques… Imposer des changements drastiques peut braquer, ce qui est contre-productif, car culpabiliser les gens induit en général une réponse défensive. Le message à partager doit être plus global et centré sur la manière dont il faudra tôt ou tard se passer d'une partie de notre bien-être, de notre confort, car dans le pays où l'on vit aujourd'hui, avec la consommation d'énergie qu'on a, ce qu'il faut, c'est d'abord réduire notre consommation d'énergie. On entend souvent que, si on continue comme ça, la radicalité va de toute façon s'imposer à nous, et c'est vrai, mais on pourrait aussi inverser la courbe. En revanche, je ne crois pas non plus aux petits gestes si on ne change pas de fonctionnement. Je pense qu'il faut vraiment changer nos modes de vie pour que les évolutions inexorables qui vont s'imposer à nous arrivent sans rupture. Ça passe par casser le modèle de société performative, des éléments bien plus mortifères que le reste. Prenez l'exemple de la voiture électrique : l'enjeu, c'est de réduire l'usage de la voiture tout court, ce qui implique de changer le rapport au travail, à la ville, à la vie…

AT : Concrètement, comment faire ?

GP : Pour moi, la question, c'est comment changer sans rien sacrifier. Il faut comprendre que l'on est dans une société de surconfort, quand on assimile cela, on peut commencer à réduire notre consommation sans faire d'effort. L'idée est d'enlever l'épaisse couche de la société de services qui fait que l'on ne sait plus rien faire avec nos mains. Et quand on ne sait plus rien faire soi-même, on perd confiance en ses capacités, on se prive de grandes satisfactions. Une fois que l'on est reconnecté à la nature, aux autres et à nos savoir-faire, ce qui pouvait sembler un effort devient une évidence. On n'a plus besoin de la grande maison, de la grosse voiture, plus besoin de ces objets qui sont là comme des totems. Plus besoin, et plus envie.

Quand j'étais jeune, manger du saumon fumé, c'était pour Noël ou pour une occasion spéciale, aujourd'hui on peut en manger au déjeuner. Ça n'a plus aucun sens. Quand on prend conscience de ça, ça n'est pas un sacrifice de ne plus en consommer, au contraire. Cela redonne du sens.

Je n'aime pas les injonctions au bonheur ou à être écolo, je crois à l'étape essentielle de la prise de conscience, c'est comme une thérapie. Quand on prend conscience de ses blocages, de ses névroses, une grande partie du travail est faite ! Le problème, c'est que notre société est construite pour ne pas avoir conscience de la pollution qu'on génère : pas de compteur de CO_2 sur les voitures, pas de compteur d'eau quand on prend une douche. C'est difficile de reprocher des choses à des gens qui ne s'en rendent pas compte. C'est comme pour la viande : je crois fortement à cet argument des végétariens qui disent que s'il fallait tuer l'animal pour le manger, plus personne ne mangerait de viande… On a tout fait pour nous éloigner de la nature, alors qu'on est un peuple de paysans. À partir du moment où plus personne autour de nous ne travaille la terre, dans nos têtes on perd le lien. Le mode de vie est déconnecté. C'est ça qu'il faut changer, et après les mécanismes s'enclenchent tous seuls.

AT : Ce « pas de côté » pour voir les choses d'un œil nouveau suffira-t-il sachant que le timing est LE problème auquel nous devons faire face ?

GP : Je pense que la société va forcément s'effondrer, et c'est plutôt une bonne nouvelle car en l'état elle ne nous rend pas heureux. Il n'y a pas de solution miracle : à partir du moment où l'on vit, où l'on respire, on pollue. Mais je crois que oui, le « pas de côté » peut faire la différence car c'est comme cela qu'on change son propre paradigme. Ce pas de côté est souhaitable au niveau global mais aussi au niveau individuel simplement pour mieux vivre les nouveaux modes de vie qui vont s'offrir à nous. Si on modifie notre vision, quand les changements arriveront, il n'y aura pas de frustration. À partir du moment où l'on change de vision, ce qui va disparaître du surconfort qui est le nôtre ne sera pas vécu comme une privation.

Même si ce « pas de côté » prend du temps, je pense que déjà, dans 10 ans, on vivra différemment. Et même si, pour l'instant, ce sont surtout des considérations prises en compte par les populations CSP++, ce sont aussi celles-là qui font bouger les entreprises dans leurs postures, dans la manière de fabriquer les biens. Et en tant que consommateurs, ces personnes ont déjà bougé, grâce aux militants, ce qui a fait bouger les marques, qui à leur tour influent leurs autres consommateurs. En faisant ça, à partir du moment où de nombreuses entreprises bougent, le gouvernement devrait en venir à réguler, et l'accélération des problèmes va pousser l'ensemble à modifier les usages. On peut avoir envie de s'agiter en tous sens pour faire bouger les choses, mais je crois qu'il faut se mouvoir doucement vers cette ligne de mire pour atteindre notre objectif. C'est cette vision apaisée, non dogmatique, qui prend en compte la complexité de la vie quotidienne des gens qui est la mienne.

Conclusion

Vous n'allez pas me croire, mais la veille du jour où j'ai rendu mon manuscrit, ma fille m'a encore scotchée. Alors que je lui disais : « *Maman a bientôt fini son gros travail, je vais pouvoir à nouveau passer beaucoup de temps avec vous dès que j'aurais rendu mon livre* », elle a répondu : « *C'est sur quoi, déjà, ton livre ? Ah oui, l'écologie, c'est vrai.* » Avant de lancer : « *Mais c'est quoi, en fait, l'écologie ?* »

BIM.

« *Alors, ben, l'écologie, c'est heu, c'est tout ce qu'on fait et qu'on ne fait pas pour ne rien abîmer partout autour de nous, pour protéger les animaux et la nature.* »

Avais-je tout faux ? Avais-je tant parlé de points de détail pour me mettre à son niveau que j'en avais oublié de dézoomer pour lui donner une vision globale ?

C'est ce que ce livre tente de démontrer, en premier lieu : que tout est lié. Qu'il faut du courage pour renoncer à certaines choses mais que l'avancée inexorable de la crise climatique forcera très certainement nos enfants à subir ces changements de toute façon. Qu'il faut leur apprendre et leur donner les ressources dont ils auront besoin pour y faire face. Et que d'ici là, il faut attaquer partout, défendre la vie partout, lutter partout, et en premier lieu à la caisse, j'en suis persuadée. Nos mitraillettes sont nos porte-monnaie, quand ils restent fermés.

Comme on ferme la porte à nos ennemis, ne laissons pas entrer les ennemis de la planète dans nos placards ! Ce sont les mêmes. La planète et nous, c'est pareil. Laissons-les dans les rayons, et fréquentons d'autres rayons. Fréquentons d'autres gens. Regroupons-nous pour ne pas avoir le sentiment que l'on est seul et que la cause est vaine. Car nous sommes nombreux en fait, nous sommes même la majorité je crois, mais séparés. Rassemblons-nous pour être plus forts. Pour ne plus faire office d'exception quand nous refusons la viande en famille, arrêtons de prendre l'avion par conscience écologique, gardons le même téléphone pendant 6 ans et offrons des cadeaux faits maison ou d'occasion.

Et scrutons le débat public, participons, lançons des actions. Devenons des emmerdeurs professionnels, partout, tout le temps. Ne lâchons pas les Ouïghours réduits en esclavage en Chine, ni les marques qui profitent du fruit de leur travail forcé et de leur captivité dans des camps. Mobilisons nos ressources. Soyons dignes.

À l'heure où je relis ces lignes, le « crime d'écocide » qui était l'une des 149 propositions émises par la Convention citoyenne a été abandonné au profit d'une proposition de « délit général de pollution » et un « délit de mise en danger de l'environnement », qui seraient passibles de peines plus lourdes que ce que prévoit la loi actuellement. L'idée de crime contre la planète a été en substance vidée de son sens et reléguée au rang de délit environnemental, diront certains. C'est vrai. Mais ces mesures devraient toutefois rendre plus efficace le droit pénal de l'environnement et la justice pourra également appliquer un principe de pollueur-payeur beaucoup plus sévère, surtout si l'intention est prouvée (avis à tous ceux et celles qui se dispensent actuellement d'aller à la déchetterie, c'est pour vous !). L'avenir nous le dira.

Reste que l'écocide, défini dans la proposition de loi comme « *toute action concertée et délibérée tendant à causer directement des dommages étendus, irréversibles et irréparables à un écosystème, commise en connaissance des conséquences* » pourrait finir par mettre tout le monde derrière les barreaux... Car nous sommes tous responsables et concernés. Et maintenant, nous savons. Vous savez. Ils et elles savent.

Notes

1. Carbon Majors Report 2017, 10 juillet 2017, Reports/documents/000/002/327/original/Carbon-Majors-Report-2017.pdf (en anglais).

2. Global Carbon Project.

3. Alexander Petersen, *Nature Communications*, août 2019, université de Californie à Merced.

4. https://mythesmanciesetmathematiques.files.wordpress.com/2019/10/wcd-16-10-9lr.pdf

5. https://naturemicrobiologycommunity.nature.com/posts/44806-maps-to-anticipate-the-global-spread-of-mosquito-vectors-and-how-to-control-them.

6. https://www.nasa.gov/feature/goddard/2019/2015-2016-el-nino-triggered-disease-outbreaks-across-globe/

7. Chantal Abergel, directrice de recherche au CNRS, et son mari Jean-Michel Claverie, cofondateurs du laboratoire Information génomique et structurale (IGS) à Marseille, lauréats du prix Jaffé de biologie en 2019 pour leur découverte des Pandoravirus, des virus complexes de grande taille, l'isolement de virus géants dans le permafrost sibérien, et leur contribution à la réflexion sur la notion de virus.

8. Selon les données de la Banque mondiale et du Groupe d'experts intergouvernemental sur l'évolution du climat.

9. « Comment mieux intégrer les enjeux de justice climatique dans les politiques publiques ? », ministère de la Transition écologique et solidaire, juin 2018, sur https://www.ecologie.gouv.fr.
10. *Le Déni climatique*, de Thomas Porcher et Henri Landes, Éditions Max Milo, 2015.
11. https://www.hautconseilclimat.fr/publications/rapport-2019
12. https://www.hautconseilclimat.fr/publications/rapport-annuel-2020
13. Étude Oxfam : https://www.oxfamfrance.org/rapports/banques-des-engagements-climat-a-prendre-au-4eme-degre/
14. Voir, par exemple, les publications de l'OCDE, du World Economic Forum, de la Commission Oxford-Martin pour les générations futures, etc.
15. Abattoir du Vigan dans le Gard.
16. « Peut-on se passer du cuivre en protection des cultures biologiques ? », janvier 2018. www.inrae.fr
17. *L'Humanité en péril*, Fred Vargas, Flammarion, 2019.
18. Documentaire *We Feed the World. Le marché de la faim*, Erwin Wagenhofer, 2005.
19. Voir *Le Livre du Lagom*, Anne Thoumieux, First, 2017.
20. Journal *Le Monde* du 13 décembre 2018.
21. https://cdn.greenpeace.fr/site/uploads/2017/02/Les-dessous-toxiques-de-la-mode_2012.pdf
22. https://www.wwf.fr/sites/default/files/doc-2019-07/20190718_De_la_nature_aux_humains_jusquou_iront_les_plastiques-min.pdf
23. *Comment tout peut s'effondrer*, Pablo Servigne et Raphaël Stevens, éditions du Seuil, 2015.
24. *Des hommes qui lisent*, Édouard Philippe, éditions JC Lattès, 2017.
25. L'équilibre de Nash a été nommé d'après le mathématicien John Forbes Nash. Il lui a valu le prix Nobel d'économie en 1994. Cette

contribution a été célébrée dans le monde de l'économie comme une des plus grandes avancées intellectuelles du XXe siècle.

26. Thomas Münzel, université de Mayence (Allemagne).

27. https://news.flinders.edu.au/blog/2019/03/14/coal-fired-power-stations-disrupt-rainfall-patterns/

28. « Updated analysis of the non-CO_2 climate impacts of aviation and potential policy measures pursuant to EU Emissions Trading System Directive », Article 30(4), 23-11-2020.

29. https://blogs.mediapart.fr/atelier-decologie-politique-de-toulouse/blog/290920/avion-hydrogene-quelques-elements-de-desenfumage

30. IPCC, *Climate Change 2014: Mitigation of Climate Change* et document base Carbone, ADEME.

31. Trainor *et al.*, PloS ONE (2016), *Environmental Science Technology* (2019).

32. UNSCEAR 2016 Report, http://www.unscear.org/docs/publications/2016/UNSCEAR_2016_Report.pdf

33. https://www.sciencedirect.com/science/article/abs/pii/S0959652618336084?via%3Dihub

34. La ciprofloxacine est un puissant antibiotique à large spectre vendu sous le nom de Ciflox en France, Cipro au Canada. https://royalsocietypublishing.org/doi/full/10.1098/rstb.2013.0571 et Martha Mendoza, « World's highest drug levels entering India stream », *New York Times*, 26 janvier 2009.

35. « Médicaments et environnement », mars 2019, Académie nationale de pharmacie, https://www.acadpharm.org/dos_public/Rapport_Medicaments_Environnement_2019.04.24_VF.pdf

36. « Pharmaceuticals residus in freshwater », Hannah Leckie et Xavier Leflaive, responsable de l'équipe Eau à l'OCDE (Organisation de coopération et de développement économiques).

37. Voir l'interview de Philippe Gauthier, dans l'ouvrage *J'arrête le plastique* d'Anne Thoumieux (Leduc, 2019).
38. Terme inventé par les biologistes Linda Amaral-Zettler et Erik Zettler (NIOZ-Royal Netherlands Institute for Sea Research).
39. « The Shift Project » : « Climat : l'insoutenable usage de la vidéo en ligne », publié en juillet 2019.
40. https://www.theguardian.com/environment/2020/apr/23/microsoft-climate-crisis-moonshot-plan
41. Lean ICT 2018, https://theshiftproject.org/wp-content/uploads/2018/11/Rapport-final-v8-WEB.pdf
42. *Comment j'ai arrêté de manger les animaux*, Hugo Clément (Points Seuil, 2020).
43. *Ibid.*
44. Ministère de la Transition écologique et solidaire.
45. Conférence à l'American Association for the Advancement of Science : « Predictability: Does the Flap of a Butterfly's Wings in Brazil Set off a Tornado in Texas? », 1972.
46. « A Bug's Death », 25 septembre 2003.
47. Dans *Principes de l'économie*, 4e édition, Gregory Mankiw et Mark Taylor, De Boeck, 2015.
48. Elinor Ostrom figure en 2009 parmi les lauréats du prix Nobel d'économie pour son analyse de la gouvernance économique, notamment en ce qui a trait aux biens communs
49. Conférence des Nations unies sur la diversité biologique, Nagoya (Japon), 2010.
50. https://www.afbiodiversite.fr/actualites/mon-projet-pour-la-planete-appel-initiatives-citoyennes
51. https://www.aaas.org/news/habitat-corridors-increase-plant-diversity-over-decades
52. Twitter, 7:17 AM, 8 mars 2019.

53. Autrice de *Faiminisme, quand le sexisme passe à table*. http://www.slate.fr/story/180714/ecologie-feminisme-alienation-charge-morale
54. Aaron R. Brough, James E. B. Wilkie, décembre 2017, étude réalisée sur 2 000 Américains et Chinois volontaires, https://www.scientificamerican.com/article/men-resist-green-behavior-as-unmanly
55. https://drawdown.org/

Remerciements

Merci à la planète, aux mers, aux terres, aux plantes, aux animaux, aux microbes et micro-organismes sans qui nous ne serions même pas là. Merci au vent et à la pluie, au soleil et aux nuages. Bravo pour la perfection de vos systèmes, l'intelligence de vos interactions et la beauté que vous offrez chaque jour à nos yeux.

Merci à toutes celles et tous ceux qui luttent, changent, s'engagent, militent pour sauvegarder ceux ci-dessus.

Merci à Marie, Christine et Sophie, beaucoup beaucoup.

Merci à Jean Jouzel pour sa confiance et sa bienveillance, ainsi qu'à Nicolas Hulot et Pablo Servigne pour leur précieux soutien.

Merci à Flo, for ever épaule, yeux, cerveau, idées, soutien, correcteur, contradicteur, relecteur.

Merci à mes filles, pour l'inspiration. Merci de me rappeler chaque jour de quoi le miracle de la vie est capable.

Merci à Raphaël Glucksmann, Clément Chabot, Guillaume Sainteny, Maud Caillaux, Jean Haëntjens, Jean-Marc Gancille, Guillaume

Pitron, Natalie Gontard, Julien Vidal, Grégory Pouy, Magali Payen, Maxime de Rostolan, pour votre confiance, pour avoir pris le temps de répondre à mes questions et avoir ainsi éclairé ma prose de vos lumières.

Merci à Anne-Charlotte et Sylvain en particulier, et Jean-Noël, pour nos échanges et votre précieuse participation, ainsi qu'Antoine L. (je parlerai du cacao dans un autre livre !).

Merci à Aurélien Barrau et Jean-Marc Jancovici, même si vous n'avez pas pu répondre à mes questions, pour vos travaux essentiels, vos explications et vos prises de paroles précieuses.

Merci encore à Pablo Servigne d'avoir défriché et ouvert la voie pour nous tous, et à Gaël Giraud de pousser notre réflexion toujours plus loin.

Merci à Anne L., Caroline O., Christophe de A. pour participer à la diffusion de ma parole. (c'est bon, Christophe, plus de gobelets, tout le monde a son mug ?).

Liste de lectures pour aller plus loin

CLIMAT

- *Finance, climat, réveillez-vous !*, Pierre Larrouturou, Anne Hessel, Jean Jouzel (Indigène Éditions, 2018)
- *Climat. Parlons vrai*, Jean Jouzel et Baptiste Denis (François Bourin, 2020)
- *Pour éviter le chaos climatique et financier*, Pierre Larrouturou et Jean Jouzel (Odile Jacob, 2017)
- *Le climat qui cache la forêt*, Guillaume Sainteny (Rue de l'Échiquier, 2015)
- *Climats passés, climats futurs*, Jean Jouzel (CNRS Éditions, 2019)
- *Dormez tranquilles jusqu'en 2100, et autres malentendus sur le climat et l'énergie*, Jean-Marc Jancovici (Odile Jacob, 2015)
- *Le changement climatique expliqué à ma fille*, Jean-Marc Jancovici (Seuil, 2017)
- *Du temps et de l'eau, requiem pour un glacier*, Andri Snær Magnason (Alisio, 2021)

CONSOMMATION

- *Se libérer du superflu : vers une économie de post-croissance*, Niko Paech (Rue de l'Échiquier, 2016)
- *N'achetez rien, changez tout !*, Liesl Clark et Rebecca Rockefeller (Leduc, 2020)
- *Insoutenable Paradis*, Gregory Pouy (Dunod, 2020)
- *Ça commence par moi*, Julien Vidal (Seuil, 2018)
- *Ça va changer avec vous !*, Julien Vidal (First, 2019)
- *Redonner du pouvoir à son argent*, Julien Vidal (Actes Sud, 2020)
- *Ma bible de la slow cosmétique*, Julien Kaibeck (Leduc, 2020)
- *Comment devenir écolo sans devenir chiant*, Professeur Feuillage (First, 2017)
- *Notre empreinte cachée*, Babette Porcelijn (Seuil, 2018)

POLLUTIONS, DÉCHETS ET RECYCLAGE

- *La Guerre des métaux rares. La face cachée de la transition énergétique et numérique*, Guillaume Pitron (Les Liens qui libèrent, 2018)
- *Produire plus, polluer moins : l'impossible découplage ?*, collectif (Les Petits Matins, 2017)
- *Recyclage : le grand enfumage*, Flore Berlingen (Rue de l'Échiquier, 2020)
- *Ma bible du zéro déchet*, Monica Da Silva (Leduc, 2020)
- *Plastique, le grand emballement*, Nathalie Gontard (Stock, 2020)
- *J'arrête le plastique*, Anne Thoumieux (Leduc, 2019)

BIODIVERSITÉ ET NATURE

- *En avant ! L'optimisme pour cap*, Maxime de Rostolan (Michel Lafon, 2020)
- *Comment j'ai arrêté de manger les animaux*, Hugo Clément (Points Seuil, 2020)
- *Un million de révolutions tranquilles*, Bénédicte Manier (Les Liens qui libèrent, 2016)
- *La Vie au cœur de la forêt, ses hôtes, ses secrets, ses fragilités*, Peter Wohlleben (J'ai Lu, 2019)
- *Je m'initie à la permaculture*, Blaise Leclerc (Leduc, 2018)
- *Ma bible de la permaculture*, Blaise Leclerc (Leduc, 2020)
- *Une enfance en liberté*, Richard Louv (Leduc, 2020)
- *Le Monde après mon grand-père*, Céline Cousteau (Fayard, 2020)

ÉNERGIES ET ÉCONOMIE

- *Or noir. La grande histoire du pétrole*, Mathieu Auzanneau (La Découverte, 2016)
- *Les Limites à la croissance (dans un monde fini)*, Donella Meadows, Dennis Meadows *et al.* (Rue de l'Échiquier, 2017)
- *Plaidoyer pour l'écofiscalité*, Guillaume Sainteny (Buchet-Chastel, 2012)
- *Illusion financière*, Gaël Giraud (Éditions de l'Atelier, 2014)

SOCIOLOGIE ET POLITIQUE

- *Homo Domesticus. Une histoire profonde des premiers États*, James C. Scott (La Découverte, 2019)
- *Comment les géants du numérique veulent gouverner nos villes*, Jean Haëntjens (Rue de l'Échiquier, 2018)
- *Comment l'écologie réinvente la politique*, Jean Haëntjens (Rue de l'Échiquier, 2020)
- *Enfants du vide. De l'impasse individualiste au réveil citoyen*, Raphaël Glucksmann (Allary Éditions, 2018)
- *La Théorie des jeux*, Gaël Giraud (Champs essais, 2009)
- *Sapiens. Une brève histoire de l'humanité*, Yuval Noah Harari (Albin Michel, 2015)
- *Réconciliations*, Rémy Rioux (Débats publics, 2019)
- *L'Amazone verte*, Elise Thiébaut (Charleston, 2021)

EFFONDREMENT

- *Comment tout peut s'effondrer*, Pablo Servigne et Raphaël Stevens (Seuil, 2015)
- *Ne plus se mentir, petit exercice de lucidité par temps d'effondrement écologique*, Jean-Marc Gancille (Rue de l'Échiquier, 2019)
- *Effondrement, Comment les sociétés décident de leur disparition ou de leur survie*, Jared Diamond (Folio, 2019)
- *Une autre fin du monde est possible. Vivre l'effondrement (et pas seulement y survivre)*, Pablo Servigne, Raphaël Stevens et Gauthier Chapelle (Seuil, 2018)

- *L'Entraide. L'autre loi de la jungle*, Pablo Servigne et Gauthier Chapelle (Les Liens qui libèrent, 2017)
- *L'Humanité en péril*, Fred Vargas (J'ai Lu, 2020)
- *Le Plus Grand Défi de l'histoire de l'humanité. Face à la catastrophe écologique et sociale*, Aurélien Barrau (Michel Lafon, 2020)
- *L'humanité disparaîtra, bon débarras !*, Yves Paccalet (J'ai Lu, 2007)
- *Le Syndrome du Titanic – 2*, Nicolas Hulot (J'ai Lu, 2010)

Table des matières

CONSOMMATION 72

POLLUTIONS 154

CHANGEMENTS NÉCESSAIRES ET POSSIBLES 266